개정판

State and National Security

NCS National Competency Standards 기반

국가와 국가안보

노병석

National Competency Standards

도서출판 진영사

NCS기반 **국가와 국가안보**

노병석

2020년 03월 04일 초판 인쇄
2020년 03월 10일 초판 발행
2024년 02월 07일 개정판 발행

발행인 박 진 영
발행처 도서출판 진영사
인천광역시 부평구 주부토로 236(갈산동 94) 인천테크노밸리 U1 지식산업센터 B동 1507호
전화 : 032)505-4207
팩스 : 032)505-4206
E-mail : 0183734207@hanmail.net
등록 : 122-91-77317

ISBN 978-89-6541-641-8 93390
값 18,000원

서 문

미국의 쇠퇴와 상대적 중국의 부상으로 추동된 미·중 패권경쟁의 '뉴노멀(new normal)'이 국제 정세를 주도하고 있다. 세계는 지금 기술패권으로 변화된 미·중 전략적 경쟁이 지속되는 가운데 우크라이나 전쟁의 장기화, 이스라엘-하마스 분쟁 격화, 대만 및 남중국해 문제 등 관련 주요국·지역뿐만 아니라, 국제금융과 통상, 국제법과 기후변화 등 다양한 글로벌 이슈의 도전에 직면해 있다. 이러한 도전은 글로벌 리더십이 약화된 가운데 상대적 약소국은 미국과 중국이 전략적 선택을 강요당하는 진영화가 강화될 것이며, 모든 국가는 자국의 안보와 경제이익 확보를 최우선시하는 추세가 지속될 전망이다.

동북아의 정세는 북한 핵 이슈를 중심으로 한·미·일 협력과 북·중·러의 밀착 구조의 작용과 반작용의 변화가 반복되면서 갈등이 고조되고 있다. 특히, 북한은 핵 무력 고도화에 박차를 가하면서 공세적인 대남, 대미 전략과 함께 도발을 천명하고 있다는 점은 한반도 안보 정세의 불확실성을 증가시키고 있다. 이러한 북한의 핵 무력 강화를 묵인하고 있는 중국과 러시아에 대응하여 한미일의 안보협력이 가속화되는 신냉전 구조가 강화될 것으로 전망된다.

이러한 국제질서 속에서 주권 국가로서 변함없이 추구되고 있는 가치는 '자구책(self-help)'으로서 국가의 생존이며 미래번영이다. 생존의 가치에는 국가는 국민에게 안전을 제공하면서 예측 가능한 생활의 기반을 마련해 주어야 한다는 헌법적 가치가 포함되어 있다. 다시 말해서 국가는"국민의 생명과 재산을 지키며 자유민주주의를 고양하고, 국민의 삶의 질을 높이는 역할을 수행해야 한다."는 것이다. 그래서 국가는 개인의 자유와 안전을 보장하기 위해 대외적으로 적의 침략으로부터 국민과 영토, 그리고 주권을 보호하는 국가 안보적 기능과 대내적으로는 국민의 생명과 재산을 보호하고 사회질서를 유지하는 치안 유지 기능을 수행해야 한다고 할 것이다.

그럼에도 2022년 대한민국의 서울 이태원에서 젊은이들 159명이 압사하는 가슴 아픈 국가적 참사가 발생하였다. 그것도 대한민국이 선진국의 반열에 들어서고, 일류 국가를 지향하는 시점에 발생한 사고였다. 이 참사는 국가의 기능과 정부의 역할을 다하지 못함으로서 발생한 대표적인 사례라 할 것이다. 2022년 10. 29일 국가인권 위원회는 이태원 참사 당시 피해자를 보호할 의무가 있었던 정부의 역할이 부족했다고 평가했다. 모든 위험을 막을 순 없더라도 대처와 예방에 책임이 있는 정부와 지자체가 국민의 안전권을 보호하기 위한 의무를 다하지 않았다는 것이다.

상대적으로 2019. 12월부터 발생한 중국발 '코로나19 바이러스'의 확산은 개인의 삶을 좌우하는 직접적인 위협이자 국가안보 차원의 위기였다. 코로사 위기에 직면한 한국 정부는 자국의 국민을 보호하면서 세계차원의 피해를 최소화하고자 하는 주권 국가로서 역할과 책무를 모범적으로 수행하였다. 이 과정에서 대한민국은 세계 최저 수준의 사망률을 근거로 모범적인 코로나 방역 국가로 평가되었다. 코로나 19 대유행 속에서 한국은 "대응 민첩성 지수 6위"(영국, BBC, '22. 04. 01), "전 세계 방역 모범"(영국, Telegraph, '22. 04. 01), "최초의 엔데믹 국가 가능성"(미국, WSJ, '22. 03. 30.)을 지목받기도 했다. 특히, "한국은 전인구 대상 예방 접종을 실시하여 사망자를 최소화하고 경제 손실 회복 추진"하였고, "한국은 방역체계를 유지하며 글로벌 도시로서의 재부상 준비 중"(싱가포르, Todayonline, '22. 04. 04)이라는 찬사를 받기도 했다.

여기에서 '코로나바이러스' 감염병 대응과 연계하여 '국가와 개인의 삶'에 관해 생각해 보자! 소속된 국민은 어떤 국가에서 살고 싶어 할 것인가? 그 어떤 국가는 '상대적으로 훌륭한 국가'일 것이며, '상대적으로 좀 더 나은 국민의 안전과 행복을 보장하는 국가'일 것이다.

흔히들 '훌륭한 국가 없이는 국민의 행복한 삶도 있을 수 없다.'라고 말한다. 그렇다면 국민은 어떤 기준을 가지고 소속된 국가가 훌륭한 국가인지를 판단해야 할 것인가이다. 그것은 '국가란 무엇인가'라는 명제로부터 출발하여 역사 발전과정에서 결과된 보편적인 '국가의 본질과 책무'를 이해해야 한다.

인간이 이성적인 성찰을 하는 것은 '어제보다 나은 자신의 삶을 살기 위한 것'이듯,

국가의 역할과 책무도 20세기 초반의 국가주의 국가론에 대한 이성적 성찰을 통해 자유주의 국가론으로 이어지면서 소속된 '국민의 자유와 안전과 행복을 최대한 보장' 하는 방향으로 이행되고 있다. 이는 "훌륭한 국가 없이는 국민의 훌륭한 삶도 있을 수 없다."는 것을 역사가 입증하고 있는 것이다.

그렇다면 훌륭한 국가는 누가 만드는 것인가? 그것은 깨어있는 국민으로서 '훌륭한 국민'이 만든다. 오늘 살아가고 있는 대한민국을 생각해 보자. 6.25 전쟁 이후 폐허 속에서 다시 일어설 수 없는 국가로 치부되었던 세계 최빈국 대한민국은 세계 10위권 경제대국이자 2017 촛불혁명을 통해 선진 민주주의 꽃을 피우면서 세계가 부러워하는 국가로 발돋움 했다. 그 바탕에는 지난 70여 년 동안 열정과 헌신, 눈물과 희생을 아끼지 않은 대한민국 국민이 자리하고 있다. 국가가 그 역할과 책무를 다하지 못하고, 올바른 방향으로 나아가지 못할 때 국민은 '주권재민'의 실천을 통해 지금의 대한민국을 만들었던 것이다.

한편 국가는 국제관계에서 주된 행위자이다. 만약 국제관계가 '힘의 논리' 중심의 무정부체계라면 '생존'은 국가의 역할과 책무를 수행하기 위해 핵심적 이익이다. 결국 국가차원의 외교행위는 궁극적으로 생존을 중심으로 한 '자국 이익'을 추구할 수밖에 없으며, 이를 보장하는 실체적 요체가 '국가안보'이다. 특히 대한민국은 세계에서 유일하게 남과 북이 군사적으로 대치하고 있는 '분단국가'라는 사실이다.

이러한 전통적 국가안보 개념 외에 '코로나바이러스' 감염병 사태가 의미하듯이 국가안보에 영향을 미치는 대상과 범위가 포괄적으로 변화되고 있다. 따라서 국가안보관은 남북관계를 뛰어넘어 미·중 패권경쟁의 종속변수로서 한반도의 지정학을 극복할 수 있고, 포괄적 안보개념을 포함하는 다차원적 국가안보관이 필요하다고 할 것이다.

정리해 보면 "우리들과 우리들의 자손의 안전과 자유와 행복을 영원히 확보할 것을 다짐하면서 …." 라는 헌법전문에 명시된 국가의 역할과 책무를 완수하기 위해서는 필요충분조건으로서 생존과 미래번영을 담보되어야 한다. 대한민국의 생존과 미래번영을 통해 국민의 안전과 자유와 행복을 보장하는 훌륭한 국가는 훌륭한 국민이어야만 가능하다. 깨어있는 국민으로서 훌륭한 국민이기 위해서는 바람직한 국가관과 안보관을 견지와 실천이 요구된다. 따라서 본고를 통해 미력하나마 학생들에게 21세기 민주시민으로서 가치관 확립과 더불어 다음과 같은 3가지 학습목표 달성에 기여하길 기대합니다. 먼저 학습자들에게 '국가란 무엇인가?' 물음을 통해 '정의로운 국가'에 대한 관점을 갖게 하는 것이다. 두 번째는 국가와 나의 삶과의 관계가 무엇인지? 접근을 통해 '바람직한 국가관'을 형성하는 것이다. 세 번째는 국제관계 속에서 국가가 추구하는 국가이익 중심의 '공공재(公共材)로서 안보관'을 확립하는 것이다.

끝으로 국민 한 사람으로서 대한민국의 평화와 우리의 행복을 위해 국민통합을 이루는 대한민국, 확고한 국가안보관을 바탕으로 미래번영을 이루는 대한민국이 되기를 소망해 봅니다.

2024년 2월
노병석

차 례

제2부 개인과 국가

제3부 국가안보

활 용 안 내

개 요

시대의 흐름과 함께 보편적 이성의 결과로 '국가의 철학적 헌법적 의미'와 국가안보의 영역과 범위도 변화·발전하였다. 이는 국가에 소속된 '개인이 추구하는 가치와 역할'의 진화를 추동했다. 이를 수용하면서 민주시민의 역할과 책무를 실천하기 위한 인문학이자 교양교과목이 '국가와 국가안보'이다. 따라서 본 교재는 직업인을 지향하는 학생들에게 '국가와 국가안보' 영역에 관해 '자기 주도 학습'을 할 수 있도록 제작된 학습자용 워크북이다.

교양교과로서 '국가와 국가안보'란 21세기 민주시민이자 국민의 한 사람으로서 바람직한 국가관 형성과 함께 그에 합당한 실천적 태도, 그리고 공공재로서 국가안보관을 확립하기 위한 내용이다. 교재 내용은 크게 '국가란 무엇인가?', '개인과 국가' 그리고 '국가안보'라는 3가지 영역으로 구성하였다.

교양교과목도 NCS 기반 교육과정 운영이 요구되면서 직무와 연계된 학습효과를 제고시킬 수 있는 교재가 필요하였다. 이를 충족시킬 수 있도록 NCS 기반 학생용 워크북으로 '국가와 국가안보' 교재를 개발하였다. 즉, 국가와 국가안보 교재는 제1부~제3부의 영역을 직업능력단위 요소로 그리고 그 세부영역을 13개의 수행준거로 적용하였다.

구 성

본 교재는 크게 활용안내, 사전평가, 학습모듈, 사후평가로 구성되어 있다. 먼저 **활용안내**는 교재의 전체적인 개요와 구성을 설명하고, 학습자에게 교재의 효과적인 활용방법 및 학습방법을 안내하는 역할을 한다.

사전평가는 본 내용을 학습하기 전에 국가와 국가안보에 대한 학습자의 현재 수준을 진단하고, 학습자에게 필요한 학습활동을 안내하는 역할을 한다.

학습모듈은 자체능력단위요소 ① 국가란 무엇인가?, ② 개인과 국가, ③ 국가안보 3개로 구성되어있다. 자체능력단위요소 ①은 '국가의 철학적 본질 이해하기 등 3개의 수행준거, 능력단위요소 ②는 정의로운 국가와 대한민국 이해하기 등 3개의 수행준거, 능력단위요소 ③은 주된 행위자로서 국가와 힘 논리 중심의 국제관계 이해하기 등 7개 수행준거로 구성하였다.

각 학습활동은 필요지식, 사례, 발표 및 토의로 구성되어 있다. 필요지식에는 해당 학습활동과 관련이 있는 이론 등 관련 지식이 제시되어 있으며, 사례에는 해당 필요지식과 관련된 다양한 사례가 제시되어 있다. 발표 및 토의는 필요지식을 통해 학생 스스로에게 요구되는 가치관, 신념, 관점, 행동화 할 수 있도록 토의 주제를 제시하고 이를 준비하여 발표하도록 하였다.

성취평가 및 사후평가에는 모든 학습모듈에 대한 학습을 마친 후 학습자들이 성취수준을 평가하며, 사후평가를 통해 부족한 부분을 피드백 받을 수 있도록 하기 위한 체크리스트, 평가방법, 평가결과 및 후속조치가 제시되어 있다.

활용방법

본 학습자용 워크북은 집단적으로 수강하는 학생과 개별 학습자 모두를 대상으로 하며, 학습자 스스로 자기 주도적으로 국가와 국가안보와 관련된 수행준거들을 학습하거나 향상하고자 할 때 모두 활용될 수 있도록 제작되었다. 특히 워크북은 필요지식 외에 실제상황에서 발생하고 있는 사례와 이와 관련된 주제를 가지고 발표 및 토의를 하도록 자기 주도 학습이 가능하도록 편성하였다.

학습자 스스로 자기 주도적으로 활용하는 방법은 다음과 같다. 이 워크북은 처음부터 순차적으로 학습해도 좋으나 우선 사전평가를 통해서 부족한 부분을 먼저 확인하고, 그에 따라 중점적으로 학습하는 것이 효과적이다. 이 워크북 시용안내 다음에 제시된 사전평가 부분을 활용하여 학습자 스스로가 '국가와 국가안보'와 관련된 수준을 스스로 진단할 필요가 있다. 사전평가(진단평가)는 진단 결과 자신의 수준이 충분한 부분은 점검만 하고 다음 학습활동으로 넘어가고 자신의 수준이 부족한 부분은 진단 문항별로 제시된 관련 학습모듈 및 페이지를 참고하여 해당 분야를 학습하여야 한다.

학습활동은 필요지식, 사례, 발표 및 토의로 구성되어 있다. 먼저 필요지식에 대해 이해를 한 뒤, 학습내용과 연계된 대표적인 사례에 대해 살펴보고 이어 학습자들이 직접 연구하여 발표 및 토의에 참여해야 한다.

사후평가는 자신의 성취수준을 점검하기 위한 것으로 평가 수준에 따라 미흡한 경우 모듈 전체를 다시 복습하고, 보통인 경우 부족한 부분을 복습해야 하며, 우수인 경우 다음 학습모듈을 학습하여야 한다.

사전 진단 평가

Ⅰ. 다음은 모든 학습자에게 일반적으로 요구되는 '국가와 국가안보'에 관한 지식 수준을 스스로 알아볼 수 있는 체크리스트이다. 아래 문항에 대해 스스로가 이해, 숙지, 실천 등의 차원에서 일치하는 것에 체크해 보시오.

문 항	미흡	보통	우수
1. 나는 '리바이던'에 기초한 국가의 필요성을 이해하고 있다.	1	2	3
2. '국가주의 국가론'을 이해하며 그 문제점을 인지하고 있다.	1	2	3
3. '자유주의 국가론'을 이해하며, 국가의 역할과 책무을 알고 있다.	1	2	3
4. 나는 스스로 '정의로운 국가'에 대한 관점을 이해 및 설정하고 있다.	1	2	3
5. 국가와 국민의 관계 속에서 바람직한 국가관이 무엇인지 알고 있다.	1	2	3
6. 민주시민으로서 애국심을 어떻게 실천해야 하는지에 대해 인지하고 있다.	1	2	3
7. '사드(THAAD)문제'를 통한 국제관계의 본질을 이해할 수 있다.	1	2	3
8. 21세기 국가안보의 영역의 확장과 그 개념의 변화를 설명할 수 있다.	1	2	3
9. 동북아시아의 안보 정세에 대해 이해하고 있다.	1	2	3
10. '한반도 지정학'에 대해 과거, 현재, 미래로 구분하여 이해하고 있다.	1	2	3
11. '한반도 안보'를 위협하는 요인들을 설명할 수 있다.	1	2	3
12. 해양안보의 중요성에 대해 이해할 수 있다.	1	2	3
13. 국가위기관리의 프로세스에 대해 이해하고 있으며, 위경경보에 따라 행동할 수 있다.	1	2	3

Ⅱ. 체크리스트의 문항별로 자신이 체크한 결과를 아래 표를 이용하여 해당하는 개수를 적어보자.

문 항	수 준	개 수	학습모듈
1~3번	미흡	( )개	제1부 국가란 무엇인가?
	보통	( )개	
	우수	( )개	
4~6번	미흡	( )개	제2부 개인과 국가
	보통	( )개	
	우수	( )개	
7~13번	미흡	( )개	제3부 국가안보
	보통	( )개	
	우수	( )개	

Ⅲ. 상기에서 제시된 체크리스트와 진단방법에 따라 자신의 수준을 진단한 후, 한 문항이라도 '미흡'이 나오면 그 부분이 부족한 것으로 평가된다.

따라서 상기 Ⅱ항에 제시된 표의 학습모듈의 관련 내용을 참조하여 해당되는 학습내용을 사전에 학습하시오.

제1부

국가란 무엇인가?

Chapter

01 국가의 철학적 본질

Ⅰ. 필요지식

1 개요

'국가란 무엇인가?'라는 명제에 대해 생각해 보자. 일반적으로 국가의 개념은 "국가(國家)는 일정한 영토를 차지하고 조직된 정치 형태, 즉 정부를 지니고 있으며 대내 및 대외적 자주권을 행사하는 정치적 실체이다. 통상 국가 구성의 3요소로는 영토, 국민, 주권이다."로 정의된다.[1] 이 개념을 대한민국에 대입해 보면 '국가의 주인은 국민이고, 우리의 국가는 주권을 가지며, 우리의 영토는 한반도와 그 부속 도서이다.'라는 매우 일반적인 접근이 가능하다. 그런데 이것은 현대국가의 추상적인 개념으로서 매우 형식적인 의미일 뿐이다. 왜냐하면 이러한 추상적 개념은 개인과 국가의 관계에 있어서 '국가의 필요성'을 설명하기에는 한계가 있기 때문이다.

역사 발전과정에서 다양한 얼굴을 지녔던 국가와 21세기를 살아가는 개인과이 올바른 관계를 설정하기 위해서는 국가의 철학적 본질과 역할에 대한 이해가 필요하다. 즉 국가란 국민의 행복한 삶을 위해 국가는 무엇을 하는 그리고 그 무엇을 해야 하는 존재이다. 그 무엇은 개인 또는 국민의 삶과 연계된 국가로서의 본질과 역할을 의미하며, 이것이 국가의 철학적 의미이다.

1) 「위키백과」, https://ko.wikipedia.org/wiki/%EA%B5%AD%EA%B0%80(검색일: 2020. 2. 8.)

이를 확인해 보기 위해서 영국의 토마스 홉스(Thomas Hobbes)의 대표작 『리바이어던』(Leviatban)을 따라가 볼 필요가 있다. 사람들은 평화와 안정이 정신적으로나 물질적으로 많은 혜택을 준다는 것을 알고 있고, 누구나 서로 협력하면 더 나은 삶을 살 수 있다는 것을 알고 있으면서 '왜 사람들이 서로 사이좋게 어울려 살지 못할까?' 에 대한 근본적인 물음이다.

2 리바이어던[2)]이란?

리바이어던은 1651년 1월 런던에서 발표된 사회계약론자 토마스 홉스의 저서이다. 이 책은 총 4장으로 구성되어 있으며 1장은 인간에 관하여, 2장은 국가에 관하여, 3장은 그리스도 왕국에 관하여, 4장은 어둠의 왕국을 기술하고 있다.

리바이어던은 구약성서 욥기 41장에 나오는 바다의 괴물의 하나로 엄청난 힘을 가진 거대한 동물이다. 성서에서는 이 동물을 혼돈과 무질서한 동물로 표현하지만 홉스는 반대로 리바이어던을 통치와 안전을 보장할 수 있는 막강한 권력의 소유자 내지는 정부로서 사람들을 복종시킬 수 있는 존재로 여겼다. 홉스는 이 바다의 괴물을 통해

2) 「나무위키」,https://namu.wiki/w/%EB%A6%AC%EB%B0%94%EC%9D%B4%EC%96%B4%EB%8D%98 (검색일: 2020. 2. 8)

국가라는 창조물의 필요성을 논증하고 있으며, 이것이 의미하는 바는 바로 절대 주권[3] 국가이다.

홉스가 리바이어던에서 언급한 내용을 요약해 보면 다음과 같다. 그는 모든 인간은 평등하게 태어났다고 보았다. 인간의 육체적, 정신적 능력은 거의 차이가 없다. 이러한 평등한 능력은 인간으로서 대부분 비슷한 욕망과 평등한 희망을 품게 된다. 모든 사람이 같은 수준의 기대와 희망을 품고 자기의 목적을 추구하면 경쟁은 피할 수 없는 운명이 된다. 특히 인간은 이기적 존재이며, 자기 보존의 욕구를 최우선시 한다. 그래서 사람들은 모두가 두려워하는 공동의 권력이 존재하지 않은 자연적인 상태에서는 자기 보존 또는 욕구를 충족시키기 위해 폭력적 성향을 드러낸다. 이것은 곧 '만인의 만인에 대한 투쟁'의 상태가 될 수밖에 없다고 보았다. 이와 같은 자연 상태의 불안하고 비참한 삶에서 벗어날 수 있는 해결책은 '인간은 모두가 두려워하고 복종하는 공동의 권력을 세워야 한다.'는 것이다. 한편 '사람들은 타고난 자연법의 권리를 공동의 권력에 양도해야 한다.'는 것이다.[4]

다시 말해서 국민들은 자신의 자연법적 권리를 국가에게 양도하고, 국가는 사회 내부의 무질서와 범죄, 외부 침략의 위협으로부터 인민의 생명과 안전, 재산을 보호하

3) 홉스가 제시한 절대 주권은 국가가 그 땅위에 살고 있는 모든 개인에게 강제력을 행사할 수 있는 권력을 의미하며, 국가 권력의 최고성, 절대성을 강조하고 있다.
4) 유시민, 『국가란 무엇인가?』(서울: 돌벼개, 2011). p. 24-25.참조

는 것을 전제로 무소불위의 권력을 정당하게 사용하는 세속의 신이다. 국가는 숭배하고 찬양해야 하는 그 무엇이며, 국가는 인간이 만들었지만 인간을 넘어서는 존재로 보았다. 이것은 오늘날 현대적 국가이론의 출발점으로서 국가는 합법적인 폭력을 행사하는 주체이자 국가의 합법적 폭력에 무제한의 정당성을 부여했다.

3 홉스의 인간관

가. 인간의 본성[5]

우리가 살아가는 세상이 '에덴동산'과 같다고 가정해 보자. 그곳은 인간의 욕구를 모두 충족시켜 줄 수 있는 곳이기에 분쟁이나 갈등이 생길이유가 없다. 그러나 현실 세상은 어떠한가? 다양한 갈등과 다툼이 일상화 되어 있다. 왜 그러는 것일까?

우리는 '필요한 것'과 '원하는 것'들을 충족시키면서 살아간다. 이를 해결하기 위해서는 노동을 해야만 한다. 그러나 문제는 인간의 본능적인 측면이다. 인간은 더 많은 것을 갖고자하는 '강렬한 욕구'를 가지고 있다. 한편으로 사람들 관계 속에서 상대를 믿지 못하는 '불신'이 자리하고 있다. 만약 사람들이 노동을 통해 벌어들인 만큼 적은 것을 가지고도 만족하면서 살아갈 수 있다면 갈등과 분쟁은 많이 줄어들 것이다. 그러나 인간의 욕구는 늘 더 많은 것을 추구하기에 현재에 만족하지 못한다. 이러한 불만족은 '불신'으로 이어진다. 그래서 갈등과 다툼이 발생할 수밖에 없다.

5) 박완규,『리바이어던, 근대국가의 탄생』(경기도: 사계절, 2014). 참조

인간이 동물과 다른 점은 이성에 있다. 이성은 현존하는 사물에 대해 감각적으로 반응하게 할 뿐 아니라 현존하지 않은 미래를 상상하게 해 준다. 이것 때문에 인간은 '현재의 배고픔'뿐 아니라 '미래의 배고픔'에도 반응한다. 예컨대, 동물들은 대부분 당장 배고프지 않아도 배고파질 때를 생각해서 사냥을 하지는 않는다. 미래의 배고픔을 대비해서 사냥을 하는 것은 인간밖에 없을 것이다. 그래서 인간이 본능적으로 가장 약탈적이면서 위험하다고 판단하는 까닭이 여기에 있다.

이를 근거로 우리가 행복하지 못하는 이유를 생각해 보자! 각자 자신의 삶을 되돌아보면 일반적으로 과거 지난시절 보다 경제적, 사회적, 문화적 측면에서 훨씬 많은 것들을 누리고 있다. 그렇다면 우리는 행복해야 되는데 행복하지 못하는 이유를 무엇으로 설명할 수 있을까? 그것은 만족할 줄 모르는 인간의 강렬한 욕구라고 할 수 있다. 인간은 상대방이 무슨 생각을 하는지 알지 못한다. 서로에게 한번 의심이 생기면 그것은 좀처럼 사라지지 않는다. 이와 같은 불신과 함께 자신의 욕구를 채우려 하기 때문에 갈등과 다툼은 그치지 않으며, 이로 인해 행복하지 못하는 것이다.

나. 상대주의적 도덕관

홉스는 인간을 움직이는 근본적인 힘을 추상적인 '도덕'이나 '신앙'이 아니라 인간의 욕망이나 욕구를 드러내는 정념(情念)에서 찾았다. 이 정념에는 사랑, 미움, 혐오 같은 인간의 감정적인 욕망만이 아니라 아름다움과 추함, 선과 악처럼 추상적인 욕망도 포함된다. 이렇게 다양한 정념의 운동을 사물로의 '다가섬'과 '물러섬'이라는 두 가지 운동으로 설명한다. 즉 사랑, 아름다움과 같은 선은 사물에게 '다가섬'이고, 미움, 추함과 같은 악은 사물에서 '물러섬'이다. 이를 쉽게 정리해 보면 인간은 고통을 피하고 쾌락을 추구하는 존재라는 것이며, 그 근본 원동력은 바로 힘에 대한 욕망으로 보았다.

모든 인간은 항상 다른 무엇보다도 자신의 현재와 미래에 이득을 가져올 수 있는 수단을 확보하고자 한다. 그 수단 중 가장 강력한 것이 힘 또는 권력이다. 그래서 인간의 힘에 대한 욕망은 죽을 때까지 사라지지 않는다.

홉스는 "인간의 삶 자체가 운동일 뿐이고 감각 없이 존재할 수 없는 것처럼 욕망이나 공포 없이 인간은 존재할 수 없다."고 보았다. 그리고 이런 서로 다른 욕망의 운동이 사람들 사이에 충돌과 경쟁을 불러온다고 했다. 재미있는 것은, 이런 무한한 인간의 욕망 때문에 공포가 생기므로 이 혼란과 공포를 끝내고 평화를 보장하려면 모두가 인정하는 힘이 있어야 한다며 권력의 정당성을 도출해 냈다는 점이다. 인간이 폭력과 혼란 속에서 느끼는 죽음에 대한 공포는 평화를 유지하고 국가를 설립하는 심리적인 토대가 된다. 따라서 홉스는 도덕을 추상적인 원칙이 아니라 인간 사이의 충돌을 피하기 위한 현실적인 규범으로 보았다. 결과적으로 홉스는 "인간의 행위 동기는 자기 이익에 있다는 것이며, 인간은 선과 악의 기준을 욕구와 혐오에 두고 있다."고 보는 '상대주의적 도덕관'을 제시하고 있다.

사람들은 그것이 무엇이건 간에 욕구나 의욕의 대상을 '선(善)'이라고 하며, 증오나 혐오의 대상을 '악(惡)'이라고 한다. 선과 악이란 그 말을 하는 사람과 관련이 있다.

따라서 절대적인 선과 악은 존재하지 않는다.

국가가 없는 곳의 선과 악의 공통 규칙은 대상자체의 본질에서 나오는 것이 아니다. 모든 논쟁은 내 것과 네 것, 올은 것, 그른 것, 유익한 것, 무익한 것, 선한 것, 악한 것, 정직한 것, 부정직한 것 등에 관해 사람들의 의견이 다르다는 데서 일어난다. 예컨대, 아래 그림에서 보는 바와 같이 강한 사람에게는 약하고 약한 사람에는 강한 사람을 흔히 볼 수 있다. 사람들은 다른 사람이나 사물을 자신의 이해관계가 반영된 시각으로 보는 경우가 다반사이며, 이에 따라 선과 악에 대한 평가를 다르게 하는 경우가 있다.

欺軟怕硬(欺 속일 기, 軟 연할 연, 怕 두려워할 파, 硬 굳을 경)

무엇이 좋은 것이고 무엇이 나쁜 것인가? 옳은 것이 어떤 것이고 그른 것이 어떤 것인가? 하는 문제는 우리가 살아가는 동안 중요한 철학적 논쟁거리이다. 이러한 관점은 윤리에 대한 회의주의에 빠지기 쉽다. 하지만 현재를 살아가는 우리는 법의 잣대에 의해 해결될 수 없는 일상적인 관계에서 적용할 수 있는 절대적인 선과 악의 기준을 찾기란 쉽지 않다.

다. 정념과 이성

홉스는 인간론에서 가장 강조되는 부분은 정념(情念, passion)과 이성(理性)이다. 인간은 정념의 존재이자 한편으로 이성적 존재라고 보았다.

정념이란 죽음에 대한 공포와 권력에 대한 보편적이고도 천부적인 욕구를 바탕으로 하고 있다. 즉, 이성적 판단을 압도하는 강렬한 감정을 의미한다. 이를 정리해 보면 아래 그림과 같다.

정서(情緖)	⇨	욕구(慾求)	⇨	정념(情念)
예쁘다, 멋있다.		사귀고 싶다		포옹/키스(소유, 사유화)

인간의 모든 자발적 행위는 심사숙고에 의한 최후의 욕구로서 자신의 '다가섬' 이나 '물러섬'에 따라 결정되며, 그 행동이 자신의 욕구를 충족시킬 수 있을지, 행동의 결과는 어떻게 나타날지 면밀하게 계산함으로써 결정하게 된다. 이렇게 계산이라는 행위가 이 바로 이성(理性)이다.

라. 평등(平等)

홉스는 인간은 나면서부터 평등하다고 보았다. 이 말은 우리가 일반적으로 인식하는 인권(人權)이라는 관점의 평등을 의미하는 것이 아니다. 인간의 육체적 · 정신적 능력은 거의 차이가 없거나 크게 차이가 없다는 것이다. 인간은 힘과 지식의 차이가 거의 없으며, 힘이나 지혜가 모자란 사람이라도 더 강한 힘을 가진 인간을 파멸시킬 수도 있다고 인식했다.

우리는 성서에 나오는 '삼손과 데릴라'라는 이야기를 잘 알고 있다. 구약성서에 나오는 이스라엘 사람인 괴력의 삼손은 팔레스타인의 여인인 데릴라를 본 이후 이내 사랑에 빠진다. 당시 팔레스타인 사람들은 삼손의 놀라운 괴력의 원천을 알아내려고 골몰하고 있었다. 매수된 데릴라는 교태와 미모를 무기로 삼손의 힘이 어디서 나오는지를 알아내고 어느 날 삼손에게 술을 먹인 후 잠재운다. 삼손이 잠들자 데릴라는 팔레스타인을 불러 삼손의 머리카락을 자르게 한다. 결국 삼손은 힘이 빠져 제대로 저항을 하지 못한 채 가자지역의 감옥에 갇힌 뒤 두 눈을 뽑히고 만다.

이처럼 "사람들은 모두 공격당하기 쉽다는 점에서 별 차이가 없으며 가장 약한 사람도 서로 힘을 합치면 가장 강한 사람을 얼마든지 죽일 수 있다."고 보았다.

이 말의 본질은 "인간 상호 간 공포의 원인은 부분적으로 인간의 자연적인 평등에 있으며, 부분적으로는 그들 상호 간에 서로 해치려는 의지에 있다."는 것이다. 평등한 능력을 가지고 태어났기에 만인은 누구나 비슷한 욕망과 평등한 희망을 품게 된다. 모든 사람이 같은 수준의 기대와 희망을 품고 가기의 목적이나 욕구에 대한 충족을 추구하게 되면 서로 간의 경쟁을 피할 수 없는 상황이 된다. 결과적으로 경쟁의 목적은 자기 보존의 욕구에 따라 자기 자신을 지키는 것이며, 이는 만인의 만인에 대한 투쟁의 상태가 될 수밖에 없게 된다는 것이다.

마. 권력

홉스에 따르면, 인간은 자기 보존에 대한 욕망 때문에 쾌락을 얻으려 하고 고통을 회피하려고 한다. 인간은 욕구와 마찬가지로 끊임없는 더 큰 권력(power)[6]을 추구한다고 보았다. 그래서 "인간의 일반적인 성향은 죽음에 이르기 전까지는 권력에 대한 끝없는 욕구를 갖는다."는 것이다. 왜냐하면 권력은 욕망을 만족시켜 주는 수단이기 때문이다. 이러한 권력은 신체적, 정신적 능력, 부(富), 권위 있는 지위, 행운을 얻을 수 있는 여분의 힘으로서 아래와 같이 인간의 타고난 '자연적 권력'과 '도구적 권력'으로 구분된다.

자연적 권력(natural power)	도구적 권력(instrumental power)
'우월한 신체적 · 정신적 능력' (뛰어난 힘, 외모, 사려분별, 기예, 웅번, 관대함, 고귀함 등)	'더 많은 것을 획득하기 위한 수단' (자연적 권력이나 운을 통해 얻어지는 것으로 부, 명성, 친구, 행운 등)

6) 여기서 의미하는 권력은 우리가 흔히 언급하는 정치권력보다 포괄적인 의미이다. 사회적 맥락에서 자신이 바라는 일을 다른 사람에게 시킬 수 있는 능력을 의미한다. 즉, 어떤 사람의 권력이란 미래에 분명히 이익이 될 것으로 보이는 것을 획득하기 위한 현재의 수단이다. 그것은 고유한 것이거나 도구적인 것이다.

인간의 타고난 권력이란 한 인간의 능력 자체가 아니라 우월한 능력으로 상대적인 의미이다. 권력은 한 인간이 개인적인 능력을 발휘하여 사물을 지배하는데서 성립하는 것이 아니라 한 개인의 능력이 다른 사람의 능력을 얼마나 능가하느냐 하는 능력의 초과분을 의미한다. 한사람의 권력은 다른 사람의 권력의 영향을 저지하거나 방해하기 때문에 진정한 의미의 권력은 다른 사람의 권력보다 우월한 권력의 초과분일 뿐이다. 왜냐하면 대립하는 동등한 권력은 상대방의 권력을 서로 상쇄하기 때문이며, 이러한 권력의 대립을 투쟁이라 한다.

이처럼 권력은 자신이 원하는 것(욕구 또는 욕망)을 얻을 수 있는 능력이자, 한편으로는 다른 모든 사람의 능력과 대립한다는 의미를 내포하고 있다. 선거의 경우를 예로 들어 살펴보면 권력의 의미가 보다 명확해 진다. 각종의 선거에는 후보로서 결격사유만 없다면 출마할 수 있다. 하지만 당선은 후보들 가운데 표를 가장 많이 얻은 후보가 당선된다. 당선자는 여러 후보들 중에서 지지를 가장 많이 받는 사람이며, 그 지지는 후보의 영향력이자 권력의 척도가 된다. 다른 후보들에 비해 많은 표를 얻어 상대적으로 남은 표가 있어야 당선이 되는 것이다.

이처럼 권력이란 절대적인 것이 아니라 상대적인 것으로서 타인의 필요와 판단에 따르는 것이다. 유능한 야전 지휘관은 전쟁이 임박하거나 발발했을 때 가치가 높다. 하지만 평시는 그렇지 않다. 한편 학식이 풍부하고 청렴한 재판관은 평시는 가치가 높다. 하지만 전시에는 그렇지 않다.

시장에서 물건의 가치가 매겨지듯, 사람 역시 가치(가격)가 매겨진다는 뜻이다. 이것은 "다른 사물과 마찬가지로 인간도 파는 사람이 아니라 사는 사람이 가격을 결정한다."는 홉스의 말과 일맥상통한다.

바. 자연적 욕구와 이성

홉스는 인간의 본성에는 두 가지 원칙이 있다고 보았다. 하나는 다른 모든 사람이 가지려고 하는 사물을 독점하려는 '자연적 욕구'를 말한다. 다른 하나는 자연적인 파멸(죽음)을 피하려고 하는 '자연적인 이성'이다.

자연적 욕구는 감각 기능에 뿌리를 두고 있는 인간의 동물적인 본성이다. 그러나 인간이 동물과 다른 점은 이성에 있다. 이성은 현존하는 사물에 대해 감각적으로 반응하게 할 뿐 아니라 현존하지 않은 미래를 상상하게 해 준다. 이 때문에 인간은 현재의 배고픔뿐만 아니라 미래의 배고픔에도 반응하게 된다. 동물들은 배가 부를 때에는 잠을 자거나 한가하게 여유를 부린다. 그러다가 배가 고파지면 사냥을 나선다. 즉 현재의 배고픔에만 반응을 한다. 그러나 인간은 향후 다가올 배고픔에 대비하여 반응한다. 이것은 인간이 가장 약탈적이며, 가장 강하면서 위험한 동물인 까닭이다.

4 자연 상태

일반적으로 자연 상태란 우주 사이에 저절로 된 그대로의 상태, 즉 사회나 국가의 성립 이전 인간의 자연 본성(human nature) 그대로의 생존상태를 말한다. 그러나 토마스 홉스가 설정한 자연 상태는 모든 사람이 두려워할 공동의 권력이 없는 곳에서 인간의 삶이 어떻게 전개될 것인지를 묘사한 개념이다. 이러한 자연 상태는 원시 시대뿐만 아니라 21세기 현재에도 쉽게 찾아볼 수 있다. 예컨대 최근 소말리아, 시리아, 아프가니스탄 등 여러 나라에서 내전이나 정치 혼란으로 인해 소위 무법천지와 다를 바 없는 상황에 직면해 있다는 21세기의 현실에도 '자연 상태'의 의미가 실증되고 있다.

가. 자연 상태론

홉스는 자신의 인산관을 바탕으로 "모든 사람의 모든 사람에 대한 전쟁" 소위 만인이 만인을 대상으로 한 투쟁이라는 자연 상태론은 제시했다.

홉스는 "자연이 인간을 신체와 정신의 능력에 있어 평등하게 창조했다."는 관점을 근거로 자연 상태의 논리를 전개하고 있다. 때로는 다른 사람보다 육체적으로 강하고 기민한 정신을 가진 사람이 있지만 모든 것을 감안하면 두드러진 차이는 없다고 본다. 따라서 능력의 평등은 희망의 평등을 낳는다. 누구든지 자신이 남보다 못한 게 없다고 여긴다면 무엇을 욕구하는 정도도 남에게 뒤지지 않게 된다는 뜻이다. 이는 같은 것을 욕구하는 사람들 사이에 경쟁을 불러일으킨다.

만일 어떤 두 사람이 같은 것을 원하지만 그것이 두 사람이 함께 가질 수 없는 것이라면 그들은 적이 된다. 또한 목표에 이르는 도중에 상대를 죽이거나 굴복시키려고 노력한다. 예를 들면 어떤 사람이 씨를 뿌리고 풍성한 먹을 것과 쾌적한 거처를 갖게 된 반면 그 사람에 비해 힘 외에는 두려울 것이 없는 사람이 거처는 고사하고 굶주림에 시달리고 있다면 그는 다른 사람들과 힘을 합쳐 노동의 결실뿐 아니라 상대의 생명 또는 자유를 빼앗으려고 할 것이다. 그리고 그 침입자는 다시 자신과 같은 어떤 다른 상대로부터 똑 같은 위험에 놓이게 된다. 누구든지 다른 사람이 언제 나를 공격할지 모른다는 불안감이 팽배한 상황에서 살아남으려면 어떻게 해야 할까? 이런 경우에는 자신을 지키기 위해 선수를 치는 것이 가장 적절한 방법이 될 수 있다. 자연 상태에서는 개개인이 자신의 행동에 대한 재판관이 된다. 따라서 사람들은 끝없는 분쟁에 빠져들게 된다.

나. 자연 상태의 인간 생활

인간은 자신을 통제 및 관리하는 힘이 없는 곳에서는 자신에게 이로운 것을 얻기 위해 모든 노력을 한다. 홉스는 이러한 인간의 본성에는 '경쟁, 불신, 명예'가 있으며, 이것은 인간 생활에서 분쟁의 원인이 된다고 보았다.

경쟁은 인간이 스스로 이익을 위해, 불신은 안전을 위해, 명예는 명성을 얻기 위해 서로간에 다툼을 벌이게 된다. 경쟁은 자신을 다른 사람의 인격과 처자식과 그가 가진 가축의 지배자로 만들기 위해 폭력을 사용하게 된다. 불신은 스스로 방어하기 위해 폭력을 사용하게 한다. 명예는 한마디의 말, 다른 의견, 자신의 친척 · 친구 · 종족 등에 관한 이해관계 때문에 폭력을 쓰게 된다.

사람들은 원하는 것을 모두 가질 수는 없지만 그렇다고 부족한 것을 나눠 가지려 하지도 않는다. 그리고 부족한 것을 채우기 위해 끊임없이 경쟁을 한다. 예컨대 형제지간에도 재산분배 문제로 소송을 하는 사례를 우리 주변에서 흔히 볼 수 있다. 유치원에서 아이들이 선생님에게서 상으로 주어지는 사탕이나 스티커를 많이 받으려고 경쟁을 한다. 사탕과 스티커는 별것이 아니지만 아이들은 자신이 다른 아이보다 더 잘했다는 것을 인정받고 싶기 때문에 경쟁을 벌인다.

불신의 관점에서 우리는 직장생활의 경쟁상대를 믿지 못하는 경우가 허다하다. 내가 경쟁상대를 어떻게 생각하는지를 보면 다른 사람이 나를 어떻게 생각하는지도 알게 된다.

명예의 관점에서도 우리는 상대 입장 보다는 내 입장에서 판단하는 경향이 매우 강하다. 일반적으로 특정 행위에 대해 '자기합리화'를 생각해 보면 이해가 된다.

다. 자연 상태와 문명

홉스가 설정한 자연 상태는 법이나 계약을 강제하는 어떠한 권위도 존재하지 않을 때 현재 있는 그대로의 인간이 필연적으로 취하게 되는 행동의 행태를 묘사한 것이다. 이는 지금의 정치조직이 없을 때 인간이 놓이게 되는 상황을 의미하며 매우 적실성이 있다. 그런데 홉스는 자연 상태를 역사적 경험이 아닌 인간의 본성으로부터 추론해 냈다. 오로지 살아남는 것만이 아니라 더 잘 살려는, 더 안락하게 살려는 문명화된 인간의 욕망에서 자연 상태를 도출하였다.

1) 자연 상태의 모델

홉스가 '만인의 만인을 대상으로 한 투쟁'으로 묘사한 자연 상태는 당시 17세기 영국을 분열시킨 내전[7]을 염두에 둔 것이다. 현실정치에서 영국의 '왕당파'와 '의회파'가 세 번에 걸쳐 발생한 내전 즉, 정치적 진공상태에서 발생한 내전을 자연 상태로서 '정치적 무(無)'의 상태를 가정하게 된다. 이와 관련하여 홉스는 "두려워해야 할 공동의 권력이 없는 곳에서 어떤 생활 방식이 이루어질지는, 이전에 평화로운 통치 아래

---

7) 잉글랜드 내전(영어: English Civil War, 1642년 ~ 1651년)은 잉글랜드 왕국의 왕당파와 의회파 간에 있었던 내전이다. 1642년에서 1646년까지 있었던 첫 번째 내전과 1648년에서 1649년까지 있었던 두 번째 내전은 찰스 1세의 지지자들과 의회파 간의 내전이었고, 1649년에서 1651년까지 있었던 세 번째 내전은 찰스 2세의 왕당파와 의회파 간의 내전이었다. 1651년 9월 3일에 우스터 전투로 내전은 의회파의 승리로 끝났다. 내전의 결과 찰스 1세는 처형되었고 찰스 2세는 추방되었으며, 의회파는 잉글랜드 연방(1649년 ~ 1653년)을 구성하여 1653년에 올리버 크롬웰을 호국경으로 선출하였다. 잉글랜드 내전은 영국 정치에서 의회가 군주에 대항하는 첫 번째 사례가 되었고, 이후 1688년에 일어난 명예혁명에 영향을 주었다. 「위키백과」, https://ko.wikipedia.org, (검색일: 2020. 2. 8)

살던 사람이 내전이 벌어졌을 때 빠져드는 생활 방식에서 찾아볼 수 있을 것이다."라고 언급했다.

또한 홉스가 자연 상태의 모델로 삼은 곳은 당시 식민지 개척이 시작된 아메리카 대륙이다. 개척 시대 미국 서부에서는 제도에 의한 법질서가 채 자리 잡지 못했고 총잡이들이 날뛰었다. 그래서 "신이 인간을 만들었고 총이 인간을 평등하게 만들었다."는 말이 유행했다.

이처럼 역사발전 과정에서 더 나은 삶을 위한 문명화된 욕망은 모두가 두려워하는 '정치적인 권력'이 위협을 받거나 '법질서'가 확립되지 않은 상태에서는 자연 상태라는 위험에 직면할 수밖에 없음을 언급하고 있다.

2) 자연 상태와 현대사회

홉스가 묘사한 자연 상태는 오늘날에도 흔히 보고 체험할 수 있다. 비록 우리가 자연 상태의 삶이 아닐지라도 부분적으로 자연 상태에 대비하고 있다. 부모가 자식들에게 호신용으로 무도를 가르치는 행위, 으슥한 밤길을 걸을 때 주위를 경계하거나 호신용 방망이와 같은 것들을 찾게 되는 것, 잠자러 갈 때 문을 잠그는 것, 집안에 있는 금고를 잠그는 것 등은 매우 자연스러운 행위로 인식한다. 자신에게 가해지는 모든 침해를 응징할 법과 무장한 관리가 있다는 사실을 알면서도 말이다.

자연 상태에 놓인 인간의 행위, 곧 정념에 끌린 인간의 본능적 행위는 불완전한 주권 국가 안에서 살면서 내전 상태에 있는 자신들을 발견하는 문명인의 행위에서도 찾아볼 수 있다. 이것은 단순히 생존하고자 하는 것뿐 아니라 더 잘살고 더 편리하게 살고자 하는 문명화된 인간의 욕망에서 자연 상태가 연역 되었음을 의미한다.

3) 자연 상태와 국제관계

현실주의적인 관점에서 힘의 논리가 중심인 국제관계에서는 자연상태가 더욱 분명하게 드러난다. 이에 대해 홉스는 다음과 같이 밝혔다.

모든 시대의 왕들과 주권적 권위를 지닌 사람들은 그들의 독립성 때문에 끊임없이 검투사들이 하는 것처럼 서로 무기를 겨누며 눈을 떼지 않고 있다. 그들이 국경에 둔 요새, 수비대, 그리고 끊임없이 인접국에 보내는 스파이가 그렇다. 이것은 전쟁 태세이다.

이 같은 묘사는 대표적으로 '미국의 선제공격 독트린'[8]과 유사하다. 선제공격 독트린은 미국이 9.11테러 이후 채택한 국가안보 개념으로 그것은 임박한 공격이나 침략을 물리치거나 패퇴시키기 위해, 또는 임박한 전쟁에서 전략적 이익을 취하기 위해 수행되는 전쟁 개념이다. 선제공격은 예방적 자기 방어 수단의 하나다. 그러나 그것은 임박한 위협이 존재한다는 것이 입증되어야 한다. 선제공격의 명분은 미국의 이라크 침공에서와 같이 근거 없는 것으로 들어나는 경우가 있다. 선제공격의 선행조건인 임박한 위협이 입증되지 못하면 국제 법을 위반하는 것이다. 미국이 이번에 재차 강조한 선제공격 전략의 의도는 선수를 치는 이점을 얻자는 것이고, 적의 방어가 허술한 틈을 타서 적에게 타격을 가하자는 것이다. 선제공격은 적으로부터의 예상되는 공격이나 그 충격을 방지하거나 감소시키기 위해 수행되는 군사공격이다. 이런 행동은 물질적 또는 비물질적인 형태를 취할 수 있다.

그러나 미국의 이라크 선제공격처럼 그 명분이 허위였다 해도 사후적으로 미국에게 어떤 제재를 가할 수 있느냐 하는 것도 문제다. 미국이 국제 법에 저촉되는 행위를 했다 해도 초강대국 미국에게 실질적인 제재를 누가 가할 것인가 하는 것이 국제사회의 고민이다.

---

8) http://www.mediatoday.co.kr/?mod=news&act=articleView&idxno=44979#csidxe8291c66a6b1dc8b71b 1f2dd7e0c676(검색일: 2018. 8. 20)

선제공격의 정당성은 미국의 이라크 침략으로 논란이 확산되고 있었다. 즉 선제공격 전략은 부시 행정부가 이라크 침공의 구실로 앞세운 이라크의 대량살상무기(WMD) 개발 증거를 발견하는데 실패했기 때문이다. 부시 대통령도 그런 실패를 공개적으로 인정한 바 있어 그 보고서의 주요 내용들은 미국식 합리주의에 대한 회의를 깊게 던져주었다. 선제공격 전략은 이라크 침공의 명분이 입증되지 않음으로써 그것을 유지하기 어려울 것으로 관측돼 왔었기 때문이다

전쟁에서 공격과 방어의 개념이 모호하기 때문에 적이 어떤 상태인가에 대한 규정에서 많은 혼란이 발생한다. 관점에 따라 적대국의 상태가 방어용인지, 공격용인지 큰 차이가 난다. 이 때문에 진주만에 대한 일본군의 공격이 선제공격이라고 주장하는 전쟁이론가들도 있다. 미국은 선제공격을 적절한 시기에 수행한다는 것을 정책으로 삼고 있다. 지난 2004년 미국 대통령 선거 당시 민주당 후보였던 존 케리도 미국의 선제공격 정책을 지지했다.

선제공격에 대한 반대의견은 평화주의자나 과거 외국으로부터 침략을 당했던 국가들을 중심으로 제기되고 있다. 이들은 미국의 선제공격 주장이 방어적이 아니라 공격적인 것이라고 주장한다.

하지만 선제공격이 실제로 공격적인 것인지 방어적인 것인지를 구분할 수 있을까? 어떤 나라라도 다른 나라의 침공 가능성이 있다는 의심이 들면 서둘러 무장하고 물리칠 준비를 한다. 갈등이 높아져 전쟁이 임박했다고 판단될 경우 어떤 나라든지 선제공격 가능성을 검토할 수 있다. 이런 상황에서 어느 나라가 공격적이고 어느 나라가 방어적이었는지를 판단하는 것은 불가능하다. 결국 오늘날 국제 사회는 자연 상태를 완전히 벗어나지 못한 상황으로 평가할 수 있다.

라. 자연 상태를 벗어날 수 있는 해결책

흡스는 '만인의 만인을 상대로 한 투쟁'을 의미하는 자연 상태로부터 벗어나는 해결책으로서 아래 그림과 같이 강력하고 안정된 국가를 제시했다.

자연 상태를 벗어나는 최선의 길은 국가를 창조하는 것이다. 늑대와 같이 만인이 만인에 대해 투쟁하는 불안하고 비참한 삶에서 벗어나기 위해서는 모두가 두려워하고 복종하는 공동의 권력을 세우는 것이다. 이를 위해 자연이 각자에게 부여한 자연법적 권리를 '공동의 권력'에 양도하고 '공동의 권력'은 인민들의 생명과 안전을 보호해 주는 사회계약을 맺었다. 이것을 소위 '신약'(信約, covenant)이라 했다. 홉스에 따르면 모든 사람이 자기의 자연법적 권리를 한 사람 또는 하나의 합의체에 양도함으로써 하나의 인격으로 통일되는 것이 곧 국가(commonwealth)라고 보았다. 국가는 모두가 두려워하는 공동의 권력이자, 신민(인민)에게는 사회내부의 무질서와 범죄, 그리고 외부 위협으로 안전과 평화를 보장해 주는 주체이다. 아울러 신민(인민)은 자연법적 권리를 국가에 양도했기에 국가의 폭력은 당연시되었고 국민은 그 폭력에 복종해야 한다는 것을 의미하고 있다.

Ⅱ. 사례

출구(出口) 안보이는 소말리아 내전[9]

아프리카 대륙 동북쪽 뾰족하게 튀어나온 반도에 위치한 소말리아. '아프리카의 뿔'로 불렸지만 이제는 '실패한 국가'라는 호칭이 더 어울리게 됐다. 지난달 26일로 20년을 넘긴 내전은 여전히 진행형이고 그동안 약 40만 명이 목숨을 잃었고 67만 명가량은 난민으로 세계를 떠돌고 있다. 소말리아 내에서 삶의 터전을 잃고 유랑민이 된 사람도 142만여명에 달한다. 부족에 뿌리를 둔 세력들이 벌이는 내전으로 인해 소말리아의 젊은 세대들은 총과 함께 성장해 총으로 인생을 마무리하는 경우가 빈번하다. 생계를 위협받은 사람들은 해적으로 내몰린다. 무법천지가 된 소말리아 사태의 출구는 과연 없는 것일까.

소말리아 내전은 1991년 1월26일 모하메드 시아드 바레 독재정권이 군부 지도자인 무함마드 파라 아이디드가 이끄는 군벌연합의 쿠데타로 무너지면서 시작됐다. 이후 군벌들의 권력다툼으로 격렬한 대립이 지속되면서 무정부 상태가 된다. 같은해 가뭄과 기아 등이 겹치면서 수십만명이 사망했지만 무력충돌은 되레 격화됐다. 정전을 위한 평화협상 시도가 없었던 것은 아니지만 군벌 사이의 이해관계가 엇갈리면서 성과를 거두지 못했다.

2004년 압둘라히 유수프 아메드 대통령의 과도정부가 들어서면서 한때 사태가 잦아들 것으로 기대했다. 하지만 통제력이 없는 정권은 오히려 군벌의 비웃음을 샀고 내전은 꼬리를 물었다. 정부가 국제사회의 지지를 받고 있지만 통치의 범위는 대통령궁과 수도 모가디슈의 일부에 제한돼 있는 상태다. 독재정치를 해온 바레 정권조차 부족 간 경쟁을 뿌리 뽑고 소말리아 내부의 동질감을 퍼뜨리려고 수년 동안 노력했지만 허사였다.

소말리아 현황
(자료:CIA 월드팩트북, 유니세프)

인구 : 1011만2453명
연령 구성 : 0~14세 45%, 15~64세 52.6%, 65세 이상 2.5%(추정치)
평균수명 : 50세
영아 사망률 : 1000명당 109명 (연간)
1인당 GDP : 600달러
문자해독률 : 37.8%
종교 : 무슬림(수니)
민족구성 : 소말리 85%, 반투 등 소수민족 15%

소말리아 난민 현황 (자료:유엔난민기구, 2009)
내부 난민 : 142만명
국외 망명자 : 67만8000명
주요 망명 국가별 인원

케냐	31만280명
예멘	16만1468명
에티오피아	5만8980명
영국	3만2299명
네덜란드	1만1068명
남아프리카공화국	9718명
미국	7112명
노르웨이	7064명

소말리아 내전 일지
1991년 1월26일 : 모하메드 시아드 바레 독재정권 붕괴. 내전 발발
1992년 12월 : 가뭄과 기아 등으로 수십만명 사망. 유엔 부대 파견 결정. 미군, 군사작전 시작
1993년 10월 : 미군, 모가디슈 작전 실패
1995년 3월2일 : 유엔군 철수
2000년 : 과도 의회 구성. 군부세력 거부
2004년 8월 : 과도정부 수립
2006년 6~7월 : 이슬람법정군벌(ICU) 모가디슈 장악
2006년 12월 : 미국의 지원을 받은 에티오피아군 개입. ICU 고위층 도피. 아프리카연합(AU) 평화유지군 활동 결정
2007년 1월8일 : 미군, 93년 철수한 이래 처음으로 ICU가 알카에다와 연계됐다며 공습 개시
2007년 3월 : AU 평화유지군 8000명 모가디슈 도착
2009년 1월 : 에티오피아 철군. 알샤바브 세력 확장
2010년 7월 : 알샤바브, 우간다 테러로 76명 사망

---

9) 「경향신문」, "출구(出口) 안보이는 소말리아 내전", , 2011. 2. 1.

미국과 국제사회도 사실상 손을 뗀 상태다. 아프리카연합(AU) 평화유지군 8000명 정도가 배치돼 있지만 주민들의 안전을 보장하기에는 미흡한 상태다. 미국의 소말리아 개입 실패는 영화 〈블랙호크다운〉에서 적나라하게 드러난다. 92년 클린턴 행정부가 군벌 소탕을 내세워 모가디슈 작전을 펼쳤지만 오히려 군벌의 포탄에 맞아 최첨단 블랙호크 전투헬기가 추락했다. 이후 파견된 유엔 평화유지군도 군벌의 공격에 노출됐다가 95년 소말리아 활동을 실패로 규정하고 완전 철수했다. 한편 만성적인 내전에 노출된 소말리아 국민들은 기본권조차 보장받지 못하고 있다. 소말리아가 '실패한 국가' '무법천지'로 불리는 이유다. 소말리아 주민의 평균수명은 유럽연합(EU)의 3분의 2 정도로 50세가 채 되지 않는다고 AFP 통신은 전했다. 유엔난민기구가 지난해 7월 발표한 자료에 따르면 소말리아는 아프간과 이라크 다음으로 많은 망명자들을 양산하는 나라가 됐다. 지금까지 약 67만명이 케냐, 예멘, 에티오피아 등 외국으로 망명했으며, 전투가 지속되면서 집과 일터를 잃은 사람들도 140만 명이 넘는다. 수많은 여성들이 성폭력 피해에 노출된 상태고 목숨을 걸고 외국으로 도피하는 사례도 속출하고 있다. 유엔난민기구에 따르면 지난해 9월 낡은 밀수 선박을 타고 아덴만 너머 예멘으로 향하던 소말리아 난민들이 바다에 빠져 익사하거나 실종되는 사례가 보고되기도 했다.

사실상 무정부상태의 소말리아 정부는 속수무책이다. 무능한 소말리아 정부가 국민들을 해적 행위를 하도록 내몰고 있다는 비판이 나오는 대목이다. 미국에 본부를 둔 비정부기구 '원 어스 퓨처 재단'이 발표한 '해적의 경제적 비용' 보고서에 따르면 지난해에만 44건의 소말리아 해적 행위가 있었고, 인질의 몸값도 540만 달러(약 60억6000만원)에 달했다.

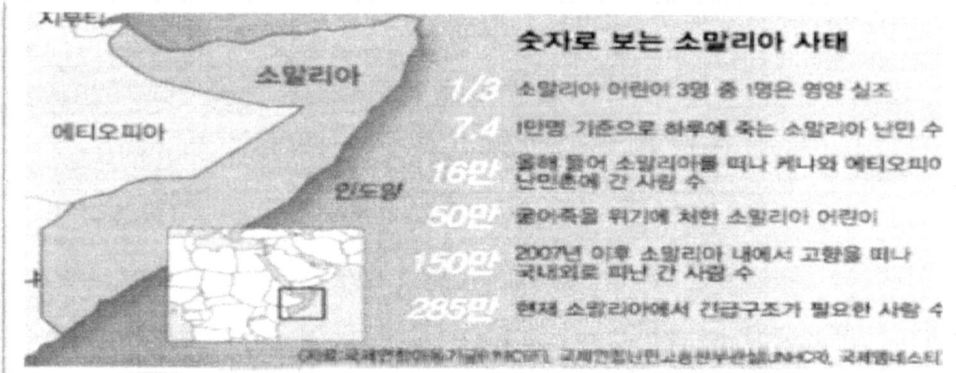

☞ 홉스의 리바이어던을 통해 주장했던 '국가의 필요성'과 연계했을 때 소말리아 내전의 근본 원인은 무엇인지에 대해 토의해 보자

시리아 내전 8년을 돌아보다[10)]

오랜 역사와 풍부한 문화유산, 농업, 산업, 관광, 석유 산업까지 빠른 경제 성장을 이뤄가던 나라, 시리아(Syria). 8년 전(2011년) 그 평범한 일상을 앗아간 분쟁이 시작되었다.

시리아 내전은 2011년 3월 바샤르 알 아사드 시리아 대통령의 독재를 비판하는 낙서를 한 학생들이 체포돼 가혹행위를 당한 것이 시작이었다. 아사드 정권이 반대 세력은 철저하게 억압하고, 정치사범은 군사법정에서 엄격하게 처벌하는 등 수십 년 동안 시리아를 통치하고 있던 상황. 열악한 인권 수준에 불만을 품었던 시리아 국민은 이 사건을 계기로 대규모 반정부 시위에 나섰다. 독재 정권의 과도한 탄압이 반정부 시위의 태동을 이끈 셈이지만 이후 시리아 내전은 정부군 대 반군, 정부군 대 반군 대 이슬람국가(IS), 정부군 대 반군 대 이슬람국가 대 쿠르드족이 각축하는 구도로 변화됐다. 미국과 러시아, 터키, 이란 등이 각자의 이해관계를 내세우고 내전에 개입해 점점 복잡해진 것이다.

영국에 본부를 둔 시리아 내전 감시단체 시리아인권관측소에 따르면 만 9년째 접어든 시리아 내전으로 지금까지 약 37만 명이 사망했다. 이 중 민간인이 11만2000명, 어린이가 2만1000명이다. 내전이 벌어지기 전 2100만 명 수준이었던 시리아 전체 인구 중 절반이 넘는 1200만 명이 집을 잃고 피란민이 됐다. 600만 명 정도는 고국을 떠나 터키(360만 명), 레바논(95만 명), 요르단(67만 명) 등에 머물고 있다. 시리아인권관측소는 보고서를 통해 "아직 시리아 국민 300만여 명이 접근 불가능한 지역에 남아 있다"며 "이들은 신변 안전뿐 아니라 음식이나 교육, 의료 등 기본권조차 보장받지 못하고 있다"고 밝혔다.

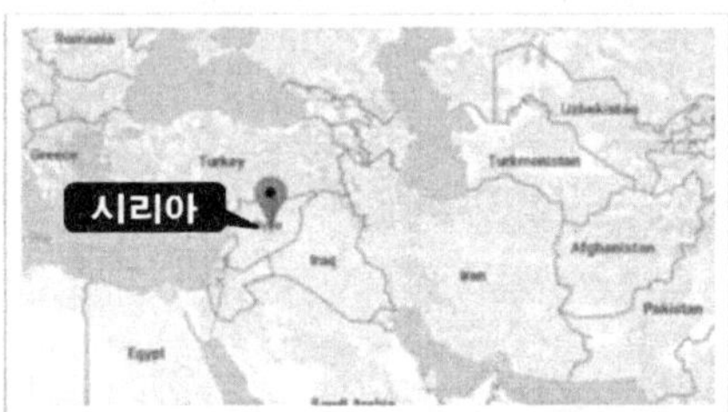

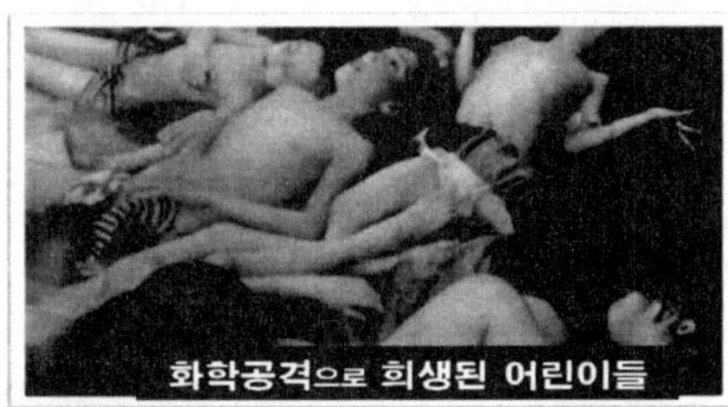

화학공격으로 희생된 어린이들

시리아 내전이 9년째로 접어들었다. 2011년 3월 15일 시리아 남부 소도시에서 반정부 시위로 시작해 미국 러시아 등 강국의 '대리전쟁'으로 번진 뒤 수백만 명의 전쟁 난민과 사망자를 낸 시리아 내전의 향방은 여전히 오리무중인 가운데 계속해서 악화되어 가고 있는 현재 진행형 시리아 전쟁. 그에 반해 제한적인 국제 사회의 원조로,560만 명에 달하는 시리아 난민은 점점 비참한 상황에서 세계로부터 점점 잊혀져 가고 있다.

10) 「world vision」, "모든게 사라진 그날", http://magazine.worldvision.or.kr/8718(검색일: 2020. 2. 9)

Ⅲ. 발표 및 토의

구분	토의 주제	비고
주제 1	'만인 대 만인의 투쟁'의 의미는 무엇이며, 왜 홉스는 그런 상태가 될 수밖에 없다고 주장했는지? 그 해결책은 무엇인지? 에 대해 토의해 보자	개별 발표
주제 2	21세기를 살아가는 민주 시민의 한사람으로서 홉스의 주장은 무엇이 문제인지에 대한 의견을 제시하고 토의해 보자.	
주제 3	만일 “국가가 없다면 어떻게 될 것인가?”에 대해 각자의 생각을 발표하고 토의해 보자	

Chapter

02 국가주의 국가론

Ⅰ. 필요지식

1 홉스의 이상국가

홉스는 '만인의 만인을 상대로 한 투쟁'을 의미하는 자연상태로부터 벗어나는 해결책으로서 강력하고 안정된 국가를 제시했다. 자연 상태를 벗어나는 최선의 길은 국가를 창조하는 것이다. 늑대와 같이 만인이 만인에 대해 투쟁하는 불안하고 비참한 삶에서 벗어나기 위해서는 모두가 두려워하고 복종하는 공동의 권력을 세우는 것이다. 이를 위해 자연이 각자에게 부여한 자연법적 권리를 '공동의 권력'에 양도하고 '공동의 권력'은 인민들의 생명과 안전 그리고 재산을 보호해 주는 사회계약을 맺었다. 이것을 소위 '신약(信約, covenant)이라 했다. 이 신약(信約)의 목적은 사회내부의 무질서와 범죄, 외부 침략의 위협에서 신민(臣民)들의 생명과 안전을 지키기 위한 것이다. 이를 위해 모든 권력을 손아귀에 넣고 절대 권력을 행사하는 전제군주제가 가장 이상적인 국가형태가 필요했다.

이렇게 탄생한 국가는 모든 절대 권력을 행사하는 이상적인 국가형태로서 전제군주제[11]를 의미했다. 강력하고 안정된 국가로서 '세속의 신'은 '불사(不死)의 신'으로서 주권자이자 정부이자 국가인 군주에게 무소불위의 전제적 권력을 부여했다.

---

11) 전제군주제는 이상화된 정부 모습으로 수반자가 법률이나 합법적인 반대 세력의 의견에 상관없이 자신의 나라와 국민을 무제약적으로 수반하는 권력을 사용하는 군주제이다. 이론적으로 전제 군주는 자신의 국민, 영토와 귀족 계급, 때때로 성직자까지 포함해서 거느리는 절대적인 권력을 갖는다.
https://ko.wikipedia.org/wiki/%EC%A0%84%EC%A0%9C%EA%B5%B0%EC%A3%BC%EC%A0%9C(검색일: 2018. 8. 27)

모든 인민들의 자연법적 권리를 양도 받아 하나의 인격인 '국가(君主, 王)로 정리된 만큼 신민이 된 사람들은 주권자에게 저항할 수 없다. 그 이유는 주권자의 행위는 곧 신민들 자신의 행위이기 때문이다. 한 번 맺은 신약은 파기할 수 없다. 신약에 반대하는 사람도 다수의 동의를 받은 주권의 설립에 복종할 의무가 있다. 주권자의 어떤 행위도 백성의 권리를 침해하지 않은 것으로 간주한다. 입법권과 사법권, 전쟁선포권도 모두 주권자의 것이다. 주권은 분할할 수도 없고 견제를 받아서도 안 된다. 주권자의 명예는 백성 전체의 명예보다 위대하다. 따라서 주권자 또는 통치권자가 이 목적을 달성하고자 하는 한 누구도 여기에 대항할 수 없다. 왜냐하면 국가의 목적 수행을 방해하는 상황이 되기 때문이다. 이것이 바로 통치권의 본질이다. 따라서 군주가 곧 정부이며 정부가 곧 국가이다.

홉스에 따르면 모든 사람이 자기의 자연법적 권리를 한 사람 또는 하나의 합의체에 양도함으로써 하나의 인격으로 통일되는 것이 곧 국가(commonwealth)라고 했다. 이것이 바로 국가의 철학적 흐름의 출발인 '국가주의 국가론'이다.[12)]

2 국가주의(國家主義)와 이데올로기

국가주의란 무엇인가? 국가주의는 정치철학 분야에서 먼저 이론화되었는바, 국가를 가장 우월적인 조직체로 인정하고 국가 권력이 경제나 사회 정책을 통제해야 한다고 주장하는 신조를 의미한다. 국가가 그것을 구성하는 개인·집단·시민사회보다 우월하며 그 구성요소를 초월하는 실재성과 가치를 갖는다는 사고를 지칭한다. 다시 말해서 국가는 "부동의 절대적 자기 목적"으로 규정되며, 이 "궁극목적은 개인에 대해 최고의 권리"를 갖는다. 따라서 개인에게 "지고의 의무는 국가의 구성원이 되는 것"이다.

이러한 사고에 따르면 개인이 국가를 위해 희생하는 것은 당연한 일로 평가되며, 이 점에서 국가주의는 자유주의와 정면으로 대립한다. 이러한 국가주의는 전체주의, 야경국가[13)], 복지국가와 다른 온건한 형태의 국가체제 등 매우 다양한 형태를 취하

---

12) 유시민, 『국가란 무엇인가』(서울: 돌베개, 2011), p.23~72. 참조

13) 야경국가는 국가가 오로지 자본주의 질서 유지에 필요한 군사, 치안, 법률 등의 기능만을 수행하는 체제를 일컫는다. 「위키백과」, https://ko.wikipedia.org(검색일: 2020. 2. 9)

고 있다.

이러한 국가주의와 관련된 이데올로기는 '파시즘', '제국주의', '내셔널리즘' 등을 들 수 있다. 먼저 파시즘은 제1차 세계대전과 제2차 세계대전 사이의 시기에, 유럽 국가들을 중심으로 각지에 등장한 일종의 정치 이데올로기이다. 그 어원은 이탈리아어 파쇼(fascio)에서 유래한 말로서 원래 '묶음'이라는 뜻이었으나 '결속' 또는 '단결'의 뜻으로 전용(轉用) 되었다. 파시즘의 본질은 자국의 인종, 민족이 이를 구성하는 개인, 무리, 기구보다 우월하다고 주장하며, 국가를 최고의 숭배 가치로 여긴다. 즉 국가, 민족, 인종이 개인보다 중요하다고 주장하며 찬양한다. 가장 협의(狹義)의 파시즘은 1922년부터 1942년까지 이탈리아를 지배하였던 무솔리니(Benito Mussolini)의 체제를 제시하는 고유명사이다. 한편 파시즘은 스탈리니즘과 함께 전체주의(全體主義)의 대표적인 유형이라고 보는 경우도 있다.

제국주의(帝國主義,Imperialism)는 특정국가가 다른 나라, 지역 등을 군사적, 정치적, 경제적으로 지배하려는 정책, 또는 그러한 것을 목적으로 하는 사상을 가리킨다. 엄밀히 정의하면 영향력, 즉 패권보다는 영역의 지배를 확대하는 정책 또는 사상을 가리킨다.

내셔널리즘(nationalism) 또는 국민주의(國民主義)는 동일한 국민 정체성을 공유하는 국민(nation)을 사회의 조직과 운영의 근본적인 단위로 삼는 이데올로기를 의미한다. 정치 이데올로기로서의 내셔널리즘은 국민(nation)이 외부의 간섭없이 스스로를 통치해야 한다고 주장하며 이는 민족자결주의와 연결된다. 내셔널리즘은 문화, 언어, 종교와 정치 공통된 조상 등의 공유된 사회적 특성에 기초한 민족적 정체성을 개발하고 유지하는 방향으로 나아간다. 따라서 내셔널리즘은 민족적 업적에 대한 자부심으로 민족문화를 보존하고자 하며, 애국주의와 밀접하게 연관된다.

결과적으로 국가주의는 우리가 익히 아는 '파시즘'(이나 나치즘)은 물론 일본의 초국가주의, 좌파 전체주의 등에서도 공통적으로 발견된다. 예를 들어 파시스트들에게 자유는 개인적 자유가 아니라 "민족의 자유", "전지전능한 국가의 자유", "유기적 전체의 자유"를 의미했다. "진정한 자유는 국가에 봉사하는 데 있다."고 보는 것이다.

3 국가주의 국가론의 폐해

실제 역사에서는 합법화된 국가의 폭력을 군주나 정부의 소유물로 사용한 사례가 많았다. 국가주의 국가론은 국가의 목적을 "위협으로부터 국민의 안전과 생명을 지킨다."는 것으로 규정한 가운데 "다른 모든 가치를 희생시킬 수 있으며, 어떤 수단이든 다 쓸 수 있다."는 본질을 악용하면서 국가(권력자, 정부)의 행위를 정당화 했다. 정당화가 가능한 이유는 인간이 느끼는 가장 강력한 감정인 공포감, 무질서와 범죄 또는 외부의 침략에 대한 본능적 공포감을 기반으로 하고 있기 때문이다. 이를 통해 국가를 절대화하고 개인을 국가에 종속시키면서 국가폭력의 정당성을 은폐 또는 확보하였다.

국가주의 국가론은 지난 20세기의 문명국가 안에서 오랜 세월 권력자들의 정신세계를 지배했으며, 대표적인 권력자들은 구 소련의 스탈린, 루마니아 차우셰수크, 독일의 히틀러, 이태리의 무솔리니, 일본의 군국주의, 스페인의 프랑코 등이다.

히틀러의 나치즘은 국가주의 국가론의 변형된 전형이라고 할 수 있다. 흔히 일컬어지는 나치즘(Nazism)[14]은 히틀러와 그를 추종자 하는 자들에 의해 만들어진 정치집단주의로서 생물학적 인종차별과 반유대주의가 섞인 독특한 파시즘이었다. 그래서 나치는 그들에게 반대하였던 특정 공산주의자들, 유대인들 그리고 사회민주주의자들에게 폭력적인 공격을 하기 위해 그들의 준군사적인 조직인 돌격대를 활용하였다. 결국 이것은 유대인들의 비극인 홀로코스트(Holocaust)[15]의 직접적인 요인으로 작동하였다.

뿐만아니라 김일성의 조선민주주의인민공화국도 김정일 그리고 현재의 김정은 체제에 이르기까지 국가주의 국가론을 철저하게 체현해 오고 있다.

실질적으로 북한사회는 전제군주제를 바탕으로 한 국가주의 국가론으로 설명하기보다는 병영국가[16]로 이해하는 것이 오히려 적실성이 있다.

---

14) 나치즘은 생물학적 인종차별과 반유대주의가 섞인 독특한 전체주의 또는 가장 악랄한 파시즘이라 할 수 있다.

15) 제2차 세계 대전 중 아돌프 히틀러가 이끈 나치당이 독일 제국과 독일군 점령지 전반에 걸쳐 계획적으로 유태인과 슬라브족, 집시, 동성애자, 장애인, 정치범 등 약 1천1백만 명의 민간인과 전쟁포로를 학살한 사건을 의미한다.
https://ko.wikipedia.org/wiki/%ED%99%80%EB%A1%9C% EC% BD%94%EC%8A%A4%ED%8A%B8(검색일: 2018. 8. 2)

4 국가주의(國家主義) 국가론과 대한민국

국가주의 국가론의 폐혜에도 불구하고 대한민국에서 국가주의 국가론이 지배적인 이유는 무엇일까?

국가주의 국가론의 목적은 오직 하나로 규정한다. 사회 내부의 무질서와 범죄, 그리고 외부 침략의 위협에서 인민의 생명과 안전을 지키는 것이다. 따라서 이를 위해서는 다른 모든 가치를 희생시킬 수 있으며 어떤 수단이든 다 쓸 수 있다.

이런 이론이 현실에서 큰 힘 또는 위력을 발휘하는 이유는 인간이 느끼는 강력한 감정인 공포감, 무질서와 범죄 또는 외부의 침략에 대한 본능적 공포감을 기반으로 삼고 있기 때문이다. 국가를 절대화하고 개인을 국가에 종속시키는 전체주의 체제는 언제나 현실적 또는 가상적 위협에 대한 대중의 공포감을 토대로 하고 있다.

우리나라에서도 약한 변종이기는 하지만 국가주의 국가론이 대한민국 정부 수립 이후 50년 넘게 국가 권력을 장악해 왔다.

그 이유는 명확하다. 대한민국은 일제 치하에서 수많은 고초를 겪어왔으며, 해방 후 국제형 분단[17]에 이어 6.25 전쟁이라는 참혹한 내전을 겪었기 때문이다.

---

16) 병영국가(兵營國家, 영어: The Garrison State)는 모든 국가정책의 추진에 있어 군사적 관점이 가장 우월한 국가이다. 미국의 정치학자 해럴드 라스웰이 1941년에 명명한 개념이다. 모든 근대국가는 그 본질이 폭력의 합법적 독점에 있다는 막스 베버의 주장이 함의하듯 군대는 어느 국가에게나 중요한 존재이나, 그 정도가 심해져 "폭력을 전문으로 행사하는 자"가 주된 정치 엘리트를 형성하게 되면 병영국가가 된다. 병영국가의 예시로 자주 언급되는 나라로는 조선민주주의인민공화국이 있다.
https:// kowikipedia. org/wiki/%EB%B3%91%EC%98%81%EA%B5%AD%EA%B0%80(검색일: 2018. 8. 2)

17) 한반도는 일제로부터 해방됨과 동시에 미군과 소련군이 나눠 주둔하며 국제형 분단으로 쪼개졌는데 6·25 전쟁으로 내분이 터지면서 국제형 분단이면서 내쟁형 분단이라는 독특한 형태를 띠게 되었고 세부 분류로 들어가면 6·25 전쟁이 종전이 아닌 휴전으로 마무리되어서

6.25전쟁은 미국과 소련 중심의 냉전체제하에서 무려 500만 명의 희생자를 낸 지구적 차원의 이데올로기 전쟁이다. 참혹했던 동족상잔의 비극은 공산주의 공포감으로 각인되었고, 이로 인해 맹목적인 국가주의 국가론을 신봉하게 했다. 6.25전쟁은 우리 국민들에게 일제 강점기를 벗어난 이후 최대의 사건으로 인식되었고 국내외 정치적 사건들은 대부분 전쟁의 공포라는 프레임에 갇히게 되었다. 그 결과 '북괴의 침략'을 막고 공산주의 이념으로부터 사회 내부의 혼란을 방지하는 것이 국가의 절대적인 목표처럼 인식했다. 일례로 일부 정권에서는 국민의 언론·출판·집회·결사의 자유, 정치활동의 자유, 평등권과 노동권 보장은 법질서와 국가안보를 위태롭게 하며, 통치권을 위협하는 행위로 보았으며, 국가권력 장악 또는 정치 권력 획득을 위한 국내정치용으로 '빨갱이', '친북좌파', '북괴의 지령을 받은 친북용공세력' 등으로 조작하는 등 대중의 공포감을 자극하는데 적극 활용했다.

뿐만 아니라 국가보안법이 국민들의 사상과 표현의 자유를 침해한다는 것을 인정하면서도 국가보안법은 국가안보를 위해 반드시 필요하다는 인식이 지배적이다.

위험형 분단이나 양국의 국력상 전면전이 벌어질 가능성이 제로에 가까우므로 안전형 분단이라는 반론이 존재한다.
https://namu.wiki/w/%EB%8C%80%ED%95%9C%EB%AF%BC%EA%B5%AD(검색일: 2018. 8. 2)

일반적으로 우리 사회의 일각에서는 국가주의 국가론을 신봉하는 사람들이 많다. 그들의 가장 중요한 관심사는 사회질서 유지와 국가안전 보장이다. 다른 것은 결정적으로 중요하지 않으며, 의미가 있다고 해도 경시된다. 다시 말해서 주권자가 누구인가? 그리고 국가 또는 정부가 행사하는 폭력의 정당성에 대해 별로 관심이 없다.

신보를 표방하거나 개인의 자유를 국가의 권위보다 앞세우는 사람이나 정치인들에 대해서는 국가관을 의심하며 자격이 없거나 빨갱이로 치부해 버리는 경향이 많다. 또한 '한미동맹'에 관한 관점도 매우 유사하다. 6.25 전쟁을 거치면서 한미동맹이 우리 사회에 긍정적 요소가 매우 많다는 것은 부인할 수 없다. 하지만 그 이면에는 미국의 이익이 자리하고 있음은 더더욱 부인할 수 없다. 그럼에도 불구하고 한미동맹의 이념화가 자리하고 하고 있다. 그래서 한미동맹을 부정하거나 경시하는 국민이나 정치인은 사상을 의심하기까지도 한다.

분단 - 6.25 전쟁 - 갈등과 대립 속에 분단 고착화 등의 과정을 거치년서 형성된 대한민국의 국가주의는 향후에도 상당 기간 그 위력이 지속하게 될 것이다.

Ⅱ. 사례

국민교육헌장[18)]

[대한뉴스(1969년 12월 5일)]
"(박 대통령은) 교육헌장의 일상적인 실천에 힘써 교육한국의 새로운 전통을 세우자고 강조하면서…" 다음과 같은 국민교육헌장을 제정하였다.

"우리는 민족 중흥의 역사적 사명을 띠고 이 땅에 태어났다. 조상의 빛난 얼을 오늘에 되살려, 안으로 자주독립의 자세를 확립하고, 밖으로 인류공영에 이바지할 때다. 이에, 우리의 나아갈 바를 밝혀 교육의 지표로 삼는다.

성실한 마음과 튼튼한 몸으로, 학문과 기술을 배우고 익히며, 타고난 저마다의 소질을 계발하고, 우리의 처지를 약진의 발판으로 삼아, 창조의 힘과 개척의 정신을 기른다. 공익과 질서를 앞세우며 능률과 실질을 숭상하고, 경애와 신의에 뿌리박은 상부상조의 전통을 이어받아, 명랑하고 따뜻한 협동정신을 북돋운다. 우리의 창의와 협력을 바탕으로 나라가 발전하며, 나라의 융성이 나의 발전의 근본임을 깨달아, 자유와 권리에 따르는 책임과 의무를 다하며, 스스로 국가 건설에 참여하고 봉사하는 국민정신을 드높인다.

반공민주정신에 투철한 애국애족이 우리의 삶의 길이며, 자유세계의 이상을 실현하는 기반이다. 길이 후손에 물려줄 영광된 통일조국의 앞날을 내다보며, 신념과 긍지를 지닌 근면한 국민으로서, 민족의 슬기를 모아 줄기찬 노력으로, 새 역사를 창조하자."

국민교육헌장이 제정된 이후 초·중·고등학교의 모든 교과서 첫머리에 국민교육헌장이 실렸고, 초등학교 학생들은 수업 시작 전 다 같이 헌장을 낭독하며 암기해야 했다. 중학교 입학시험에 국민교육헌장의 글자 수 393자를 묻는 문제가 나오는가 하면 암기를 위한 노래까지 만들어졌습니다. 하지만 민주화가 진전되면서 정부가 국가주의의 가치를 담은 헌장을 통해 국민교육과 정신을 획일화하고 있다는 비판의 목소리가 높아졌습니다.

[뉴스데스크 1991년 12월 5일]
"반공 일변도의 경향 등은 현재의 민주화와 국방정책 등과는 크게 모순되는 것으로…"
결국 1994년부터 교과서에서 삭제되고, 선포 기념행사가 중단된 국민교육헌장은 2003년 선포 기념일까지 폐지되면서 역사 속으로 사라졌습니다.

18) "국민교육헌장", 「위키문헌」, https://ko.wikisource.org/wiki(검색일: 2020. 2. 9)

박정희시대의 정치적 국가주의(국가민족주의 신성화)[19]

박정희 정부의 국가주의는 국가와 정치의 관계에 대한 그 자신의 사고에서 잘 드러난다. 유신 시절인 1978년 4월에 행한 다음의 연설은 박정희 자신의 정치관을 총체적이고 압축적으로 잘 보여 준다.

"한마디로 정치의 목적과 제도의 참다운 가치는 그 나라의 당면 과제를 효율적으로 해결하고 원대한 국가목표를 착실히 실현해 나가기 위해 국민의 슬기와 역량을 한데 모아 생산적인 힘을 최대한으로 발휘할 수 있도록 뒷받침하는 데 있다고 나는 믿습니다. 어떤 명분과 이유에서든, …… 국민총화와 사회 안정을 저해하고 국론의 분열과 국력의 낭비를 조장하는 그러한 형태의 정치방식은 우리가 당면한 냉엄한 현실이 도저히 그것을 용납하지 않을 것입니다."

이 연설에서 흥미로운 것은 "정치의 목적과 제도가 국가의 목표에 봉사하는 것"이라는 언급이다. 국가가 정치에 선행하고 우위에 있는 이러한 사고는, 앞에서 정치적 국가주의를 논할 때 이미 지적한 것처럼 서구의 자유주의와 정면으로 충돌하는 국가주의적인 것이다. 또한 박정희에게 국가의 "당면 과제"와 "원대한 국가목표"는 민주적 합의에 의해 설정되는 것이 아니라, 위기를 수반하는 "냉엄한 현실"이 우리에게 선택의 여지없이 부과하는 무언가 '긴급하고 자명한 것'으로 상정된다. 박정희의 국가주의는 민족주의와 강고하게 결합된 국가민족주의라 할 수 있다. 그것은 "한편으로 단군의 혈통을 이어받은 단일민족임을 강조하는 종족적 민족주의의 자부심에 자주적인 근대화의 실패와 뒤이은 국권 강탈, 식민지 경험, 분단과 6·25전쟁의 체험 등이 덧씌워짐으로써" 형성된 상처 받은 '민족주의'가, 다른 한편으로 19세기 말에 수용된 서구의 국가주의, "식민지 시기에 박탈당한 국가에 대한 강렬한 집착, 일제강점기에 부과되고 내면화된 파시즘적 국가관, 남북한에서 각각의 분단국가가 민족을 온전히 대표한다고 고집하는 분단국가주의 등이 한데 응축된 '국가주의'"와 복합적으로 결합하여 출현한 것이다

또한 박정희 개인적인 성장배경 관점에서도 역시 "일제 강점기부터 국가를 잃은 민족의 애환을 체험하고 분단과 6·25전쟁이라는 유례없는 민족의 수난 시대"를 살아왔을 뿐만 아니라, 나아가 일제강점기에는 만주군관학교와 일본육사, 해방 후
에는 조선경비사관학교에서 받은 군사교육을 포함해 "오랫동안 군인으로서 국가주의적 사고와 기율"을 철저히 내면화해 왔다.

박정희의 이러한 국가민족주의는 "그 구성요소인 개인과 시민사회의 자율성을 철저히 부정하고 동시에 그것들을 초월하는 엄청난 무게와 신성성을 획득"하게 되었다.

19) 강정인, "박정희시대의 국가주의", 「개념과 소통」 제20호(2017. 12).

Ⅲ. 발표 및 토의

구분	토의 주제	비고
주제 1	세계사에 폐해를 끼친 국가주의 국가론의 사례를 들어 발표하고 그 시사점을 토의해 보자	개별 발표
주제 2	지난 20세기 한국정치에 있어 국가주의 국가론의 사례를 들어 발표하고 그 시사점을 토의해 보자.	조 발표
주제 3	만일 "국가가 없다면 어떻게 될 것인가?"에 대해 개인의 생각을 발표하고 토의해 보자	개별 발표

Chapter

03 자유주의 국가론

Ⅰ. 필요지식

1 국가주의 국가론에 대한 성찰

역사가 E. H. Carr(1892~1982년, 런던 출생)는 'WHAT IS HISTORY?(역사란 무엇인가?)'에서 동양적 의미인 온고이지신(溫故而知新)[20]을 언급했듯이, 국가주의 국가론에 대한 성찰이 이루어졌다. 시대의 변화는 늘 새로운 사상이나 가치가 낡은 사상이나 가치를 몰아내는 지배적 이념의 교체를 동반했다. 국가주의 국가론도 예외가 아니었다. 자유주의자들로부터 새로운 성찰이 이루어졌다.

인간은 자유롭게 살고자 하는 욕망을 지닌 존재이다. "내 삶은 내가 결정하는 것"이라는 데에는 아무도 이의를 제기하지 않을 것이다. 어른들뿐만 아니라, 어린아이까지도 저 하고 싶은대로 하려고 한다. 그러다 안 되면 울거나 화를 낸다. 이와 같이 사람들은 다른 사람의 간섭을 싫어한다. 고로 인간은 본질적으로 자유로운 존재인 것이다.

20) "역사란 역사가와 그의 사실들의 지속적인 상호작용의 과정, 현재와 과거의 끊임없는 대화(a continuous process of interaction between the historian and his facts, an unending dialogue between the present and the past)"라는 유명한 '역사에 대한 정의'가 탄생하게 되었다.

스스로 선택할 수 있는 자유, 결정할 수 있는 자유, 자신의 뜻대로 무엇인가 할 수 있는 자유를 우리는 '자유의지(free will)'라고 부릅니다. 자유의지는 인간의 내면에서 비롯되는 어떤 것이며, 동시에 법과 환경과 제도와 긴밀하게 연관되는 어떤 것입니다. 그래서 자유의지의 문제는 정치학, 사회학, 철학, 윤리학, 신학, 법학 등 인간의 삶과 관련된 거의 모든 학문 분야에서 오래전부터 끊임없이 논의되어왔다.

사람들은 즐겁고 행복하게 살고자 한다. 마음을 평화롭게 가지고, 다른 사람들의 방해를 받지 않으면서 기쁜 마음을 지니고 싶어 한다. 그것은 인간으로서 정당한 권리이자 그 어떤 것으로부터 제한을 받아서는 안 된다. 그러므로 자유를 추구하는 인간은 국가주의 국가론과 충돌하는 것은 자연스러운 것이었다.

전제군주제 국가를 철학적으로 정당화했던 국가주의 국가론이 입헌군주제나 공화제를 꿈꾼 자유주의자들의 도전에 직면한 것은 불가피하고 자연스러운 현상이었다. 이 사상적 도전을 현실의 승리로 전환하는데 기여한 철학자와 정치가는 숱하게 많지만, 대표적인 철학자로 존 로크, 애덤 스미스, 존 스튜어트 밀을 들 수 있다. 이들은 국가주의 국가론의 철학적 배경을 바탕으로 권력을 향유 했던 권력자들로부터 종속되고, 억압되었던 시민들의 자유를 정치제도로 안착시켰다.

John Locke (1632~1704)	Adam Smith (1723 ~ 1790)	John Stuart Mill (1806~1873)

시민들의 동의에 의한 법에 따르는 통치	국가의 자의적 간섭과 특권의 철폐 주장	자유는 국가가 어떤 경우에도 침해할 수 없는 기본권

존 로크는 국가권력이 정당성을 갖기 위해서는 다수 국민이 동의를 해야 하고, 국가권력의 행사는 헌법과 법률이 규정한 바에 따라야 한다고 말한다. 이른바 주권재민(主權在民)과 법치주의(法治主義)다. 법치주의는 통치하는 자를 구속한다. 법치주의는 헌법과 법률이 위임한 권한의 범위를 넘어서는 권력 행사를 하지 말라고 통치자를 구속한다. 이는 국가주의와 다르다. 국가주의는 전제적 군주를 옹호한다. 전제적 군주가 질서 유지와 국방을 위해서라면 법을 넘어설 수 있다고 본다. 그러나 자유주의는 통치자가 법치에 어긋나는 행위를 하는 경우 국민은 그 통치를 거부할 수 있다고 주장한다. 특히 루소는 정부가 법치주의를 위반할 경우 인민이 그 정부를 무너뜨릴 권리가 있다고 주장했다.

애덤스미스 역시 비슷한 주장을 했다. 그는 국가의 역할은 치안, 국방, 사회기반시설 같은 공공재(公共材, public goods)[21]를 공급 · 관리 · 유지하는 것이라고 했다. 또한 개인의 자유로운 경제 활동을 위해 간섭과 규제를 철폐하라고 했다. 그는 국가주의자들과는 달리 강력한 국가가 아니라 소극적 국가를 주문했다.

존 스튜어트 밀은 국가가 개인의 자유를 제약할 수 있는 경우에 대해 엄격한 기준을 마련하려고 했다. 그는 자유를 제약할 때는 법에 근거해야 한다는 로크의 주장에

21) 공공재란 국방·경찰·소방·공원·도로 등과 같은 재화 또는 서비스를 말한다. 시장에서 거래되는 재화나 서비스를 이용하려면 그에 상응하는 대가를 지불해야 하는데, 공공재는 시장의 가격 원리가 적용될 수 없고 그 대가를 지불하지 않고도 재화나 서비스를 이용할 수 있는 비배제성의 속성을 가지고 있다. 「네이버 지식백과」, https://terms.naver.com(검색일: 2020. 2. 11)

서 한 발짝 더 나아가 국가 권력이 법률을 통해서라 할지라도 개인의 자유를 제약할 수 있는 범위를 제한해야 한다고 했다. 그럼 어디까지 제한할 것인가? 그것은 오직 한 가지 경우로서 다른 사람에게 해를 끼치는 것을 막기 위해서라고 했다. 그리고 밀은 자유의 영역을 셋으로 나누었다. 그것은 ① 사상, 양심, 표현의 자유 ② 자기가 희망하는 것을 추구할 수 있는 자유 ③ 결사(結社)의 자유이다. 요컨대, 밀은 개인이 다른 사람의 자유를 부당하게 침해하지 않는 한, 자기가 원하는 삶을 스스로 설계하고 자기가 원하는 방식으로 인생을 살 권리가 있다고 주장했다.

자유주의 철학자들이 주장한 국가의 역할과 그 권력 행사의 범위를 정리해 보면, 국가주의 국가론의 핵심인 홉스의 사회계약론을 전적으로 거부한 것은 아니다. 국가가 일종의 사회계약으로 탄생했으며, 국가의 임무가 범죄 및 무질서와 외부의 위협으로부터 국민의 생명과 안전을 지키는 것이라는 것 자체에 대해서는 인정하였다. 그러나 개인의 '자유(自由)를 제약하는데 있어서 국가주의는 질서 유지와 안보를 위해 가능하다는 입장인 반면 자유주의는 그 범위를 엄격히 제한해야 한다고 보았다. 홉스가 제시한 국가의 철학적 기반 중에서 주권자가 누구이며, 국가 권력이 어떻게 정당성을 확보해야 하는지에 대해서는 생각이 달랐다. 국가는 국민의 생명과 안전을 넘어서는 다른 책무가 있다고 보았다. 그것은 인간의 자유를 보장하는 것이었다.

2 자유란 무엇인가?

가. 자유의 개념

현대인에게 자유(自由)란 평등이나 정의보다도 더 인기 있는 말이다. 이념을 위해 싸우는 사람들 대부분은 추구하는 이념과 상관없이 모두 자유를 달라고 외친다. 정의나 평등처럼 자유도 우리 모두 일상생활에서 자주 쓰는 친숙한 단어이지만 막상 정의해 보라고 하면 사람마다 제각기 다른 말이 나와서 정의하기가 쉽지 않은 말이다. 그러나 자유에 대한 정의가 어려운 주된 이유는 자유의 의미가 여러 가지가 있기 때문이 아니라 그 용법이 다양하기 때문이다.

표현은 다를 수 있지만, 자유의 일반적 의미는 '억압이나 제약이 없는 상태 혹은 그리하여 자신이 마음대로 할 수 있는 상태'라고 말할 수 있다. 이처럼 자유의 일반적 의미는 비교적 한 가지로 분명하게 정의할 수 있다. 그럼에도 혼란이 발생하는 것은 자유가 사용되는 용법이 다음과 같이 적어도 세 가지가 있기 때문이다.[22]

첫 번째는 행동이나 생각을 제약받지 않고 마음대로 할 수 있음(출입의 자유, 자유로운 영혼, 자유롭게 날다 등)을 의미한다. 이것은 동서양을 막론하고 아주 옛날부터 사용되던 단어(개념)이다. 우리나라 조선왕조실록에도 이 단어가 310번 나오고 있다. 자유로운 정신처럼 형용사로 쓰이거나, '자유롭게 날다'처럼 부사의 용법으로서 자유의 의미다.

두 번째는 나쁜 것 또는 싫은 것에서 벗어나는 의미이다. 예컨대, 빈곤으로부터의 자유, 무지로부터의 자유, 공포로부터의 자유 등을 뜻한다. 이 의미는 과거에 서양에서는 고대부터 사용되었으나 동양에서는 서양으로부터 도입된 근대적 용법이다. 그러나 이용법은 자유를 단지 상태를 서술하는 용어로 사용되며 사회적 권리로 파악하고 있지 않는다는 점이다.

세 번째는 개인의 당연한 사회적 권리(기본인권)로서의 자유를 의미한다. 예를 들면 언론의 자유, 집회 · 결사의 자유, 종교의 자유, 재산 처분의 자유, 직업선택의 자유, 거주지선택의 자유 등이다. 이 의미는 자유를 개인의 사회적 권리로 인식하는 것으로 서양에서 근대 종교개혁과 시민 혁명 과정에서 등장한 근대적 개념이자 자유주의에서 말하는 자유의 개념이다. 그 이전에는 서양에서도 신앙의 자유나 언론의 자유와 같은 사회활동의 자유를 개인의 당연한 권리로 생각하지 않았기 때문에 이런 개념이 없었다. 현대사회에서의 자유는 세 번째 의미인 개인의 당연한 사회적 권리로서의 자유라는 의미로 사용된다. 영어에서 freedom은 위의 세 가지 모두의 의미로 사용되나, liberty는 세 번째의 의미로만 사용된다.

22) http://www.pressian.com/news/article.html?no=3858#09T0(검색일: 2019. 1. 6)

나. 자유의 본질적 의미

이제부터 사회적 권리로서의 자유, 개인의 당연한 기본권으로 보는 자유의 의미를 좀 더 세부적으로 생각해 보자.

첫째, 자유는 집단이나 단체가 아니라 개인의 자유를 말한다. 국가나 계급, 혹은 조직과 같은 집단의 자유도 소중하다. 국가의 독립과 동일한 내용을 가지는 국가의 자유는 모든 국민에게 매우 소중하다. 이 때문에 사람들은 목숨을 걸고 외적과 싸우기도 하고 독립운동에 참여하기도 했다. 그러나 근대 시민사회에서 우리가 추구하는 자유는 개인의 자유이다. 이는 자유주의가 기본적으로 개인주의의 입장을 견지하고 있기 때문이다.

자유주의는 근대 시민사회의 주도세력인 중소상공인의 생각을 반영하는 개인주의에 기반으로 하고 있다. 개인주의는 편협한 자기중심주의에 빠져 윤리의식을 약화시킬 수 있다는 문제점을 안고 있지만, 근대문명의 정수의 하나인 인본주의(humanism)의 토대이기도 하다. 개인주의는 국가, 부족, 가문, 계층 혹은 종교나 이념을 위한다는 명분으로 개인에게 희생을 강요하던 악습을 추방하였기 때문이다. 구체적인 인간은 어디까지나 개인이고 집단이 아니므로 구체적 인간을 양보할 수 없는 소중한 가치로 인정하는 인본주의의 입장에 서면 개인주의가 당연하다.

둘째, 자유는 사적(私的) 자유가 아니라 사회적 자유이다. 사적 자유란 나쁜 습관이나 개인적인 질병으로부터의 자유처럼 개인이 개별적으로 해결하여야 하는 자유를 의미하지만, 사회적 자유는 개인이 사회의 간섭으로부터 구속받지 않는 것을 뜻한다. 이 자유는 특정한 개인들에게만 해당 되지 아니하고 사회 구성원 대부분에게 관련되므로 개인이 아니라 사회가 제도적으로 보장하여야 할 자유이다. 종교의 자유, 언론의 자유, 직업선택의 자유, 집회/결사의 자유처럼 근대사회에서 문제가 되는 자유, 즉 자유주의가 주창하는 자유들은 모두 이런 개인의 사회적 자유이다.

개인의 자유가 서로 충돌할 수 있기 때문에 여럿이 함께 사는 사회에서 개인의 자유는 무제한 허용될 수 없다. 모든 사람에게 무제한의 자유를 허용한다면 이 세상은 양육강식의 아수라장이 될 것이다. 그러면 사회가 개인의 자유를 제한할 수 있는 범위는 어디까지일까? 이에 대해 밀(J. S. Mill)은 "다른 사람에게 부당한 피해를 주지 않는 한, 사회는 개인의 자유를 간섭할 수 없다"라며, "어떤 사람은 내 주먹을 휘두르는 나의 자유는 당신의 턱 앞에서 멈추어야 한다."고 말하였다. 이처럼 다른 사람에게 부당한 피해를 주지 않는 범위 내에서 개인은 절대적 자유를 보장해야 한다는 주장에 대부분의 자유주의자들은 동의한다. 이는 비단 자유주의자가 아니라도 누구나 상식적으로 동감할 수 있는 말이다.

그러나 타인에게 미치는 내 언행의 영향이 타인에 대한 부당한 피해인가 아닌가를 판별하기가 쉽지 않은 경우가 많다. 우리 모두 사회 속에서 다른 사람과 섞여서 살고 있기 때문에 나의 사회적 활동은 직·간접적으로 어떤 식으로든 타인에게 영향을 주기 쉽다. 이중에는 자의적인 폭행이나 절도처럼 부당한 피해임이 분명한 경우도 있지만, 그렇지 않은 경우도 많다. 다수의 생각이나 관행과 다른 행동을 하거나, 소음을 발생시키거나, 혼잡한 도로에서 자동차를 운전하는 것 등이 그러한 경우이다. 이에 대한 판별 기준은 그 사회의 실정법일 수밖에 없다. 그리하여 자유주의자들은 '공정한 법'을 만들고 그 법을 기준으로 개인의 자유의 한계를 명확히 만들어야 한다고 보았다. 공정한 법이란 '만인 평등'의 원칙을 실현하여 특정한 개인이나 집단에게 유리하거나 불리하지 않고 모든 사람에게 똑같이 적용함으로써 개인의 정당한 자유를 보장하는 법을 말한다. 공정한 법의 확립은 자유의 필수 조건이다. "법이 없으면 자유도 없다."는 로크(John Locke)의 주장과 일치한다.

벌린(Isaiah Berlin, 1909-97)은 자유를 '소극적(negative) 자유'와 '적극적(positive) 자유'로 나누었다. 소극적 자유란 속박에서 벗어나는 자유(liberty from)를 말하며, 적극적 자유란 어떤 목표를 추구할 수 있는 자유(liberty for)를 말한다. 신앙의 자유, 사상과 언론의 자유, 집회결사의 자유 등 자유주의가 주장하는 모든 자유들은 소극적 자유이다. 반면에 적극적 자유란 벌린에 의하면 자아완성의 자유처럼 어떤 목표를 실현할 수 있는 자유이다. 벌린은 파시스트, 사회주의자나 민족주의자들과 같은 전제주의자들은 모두 자유를 적극적 자유로 파악하여 자유를 오도하였다고 비판하였다. 그러나 이들의 잘못은 자유를 적극적 자유로 인식하였던 데 있었던 것이 아니라 개인에게 적용할 자유를 국가나 계층 같은 집단에 적용하였다는 데에 있다고 생각된다. 원래 자유란 개인에게만 적용되는 것이지 집단에게 적용할 수는 없는 것이다. 자유를 집단에 적용하면 집단의 구성원인 개인들에게 집단의 목표를 강요하게 되어 개인의 자유를 유린하는 전제주의로 전락하게 된다.

개인의 입장에서 보면 적극적 자유는 개인이 자신이 선택한 인생 목표를 추구할 수 있는 자유가 되므로 적극적 자유의 문제는 자유의 목표가 무엇이냐는 문제가 된다.

소극적 자유는 분명 그 자체로 목표는 아니고, 개인이 자신의 인생목표를 자유롭게 추구하는 데에 필수적인 수단이다. 사람마다 취향과 능력이 다르므로 자유와 평등이 실현된 문명사회에서 각자의 인생 목표가 다른 것은 당연할 뿐만 아니라 반드시 있어야 할 조건이다. 만일 모든 사람이 인생 목표가 같다면 모든 사람이 똑같은 직업을 원하게 되어 사회의 분업과 협업이 어렵게 될 것이고 세상은 그지없이 삭막하게 될 것이다.

서양에는 자아인식(自我認識)과 자아실현(自我實現)을 자유라고 보는 오랜 전통이 있다. 이는 자신이 선택한 인생을 추구하고 실현하는 것과 같은 의미라고 생각된다. 누구나 자신 안에 내재 된 가능성과 희망이 무엇인지 인식하고 이를 실현하는 것이 인생의 목표일 것이다. 아리스토텔레스는 이를 작은 씨앗이 큰 나무로 성장하는 것으로 비유하였고, 밀은 사람마다 다른 다양한 개성의 실현이 자유의 목표라고 말하였다. 자유 그 자체는 인생의 목표를 제시하지 않으나 인생의 완성을 위해 필수 조건이다. 인생의 목표를 찾지 못하여 주어진 자유를 방종과 나태, 허무로 낭비하지 않으려면 자아인식과 자아실현을 위해 노력하여야 할 것이다.

다. 국가 권력과 자유

강자가 약자를 억압할 수 있으므로 자유의 적은 사회적 강자이다. 전통적으로 사회적 강자는 국가권력자들인 왕과 그 부하들이었다. 국가 권력의 핵심은 물리적 폭력의 독점이다. 국가는 백성들의 무기 소지를 금지하고 국방과 치안을 명분으로 군대와 경찰이라는 물리적 폭력을 독점한다. 국가의 이름으로 독점된 폭력을 실제로 행사하는 것은 국가라는 추상적인 별도의 주체가 아니라 구체적인 인간인 왕과 그 부하들이라는 국가지배자들이다. 이들은 자기들이 독점적으로 소유한 물리적 폭력을 이용하여 자의적으로 백성들의 자유를 침해해 왔다. 밀이 지적한 바와 같이 민주주의가 확립되기 이전에 자유의 적은 국가권력자들이었다. 이에 저항하여 부르주아들은 국가권력자의 횡포를 막기 위하여 법치주의와 민주주의를 주장하였고 시민혁명을 통하여 이를 실현하였다.

이처럼 법치주의와 민주주의의 핵심은 법과 제도로 국가지배자의 횡포를 금지하는 데에 있다. 현대의 국가들은 선후진국을 막론하고 모두 형식적으로는 민주국가이고 그 덕분에 국가권력자의 횡포가 과거의 전제군주국가에서보다는 전반적으로 적어졌다고 볼 수 있다. 그러나 아직도 우리나라를 비롯하여 대부분 나라에서 상당한 정도의 차이는 있으나 국가권력자들의 횡포가 여전히 남아있으므로 진정한 법치주의와 민주주의가 아직 확립되어 있다고 볼 수 없다. 정치 후진국일수록 더욱 그러하다. 국가권력자들은 아직도 우리나라를 비롯하여 대부분의 나라에서 자유의 큰 위협이다.

민주주의가 확립된 근대국가에서는 국가권력자들의 횡포가 제도적으로 방지되므로 국가권력자는 더 이상 자유의 적이 아니고 다수 대중이 새로운 자유의 적으로 등장하였다고 토크빌(Alexis de Toqueville, 프랑스 정치학자, 1805-59)은 지적하였고 밀은 이에 전적으로 공감하였다. 나아가 밀은 현대 민주사회에서는 지배계층이 된 다수 대중은 제도와 법이라는 유형적 방법만이 아니라 여론과 국민 정서라는 무형의 방법을 이용하여 자신들과 이해관계와 생각이 다른 소수들을 억압한다고 보았다. 특히 밀은 노동자계층을 현대 산업사회의 지배계층인 다수 대중이라고 보고 이들의 집단이기주의를 매우 우려하였다.

그러나 밀의 걱정과 달리 현대 자본주의사회에서의 자유의 주된 적은 노동자계층이 아니라 대자본가들(재벌)인 것 같다. 돈에 비례하여 사회적 힘이 결정되는 현대 자본주의사회에서 실질적인 지배계층은 노동자계층이 아니라 재벌이기 때문이다. 근래 우리나라에서 볼 수 있는 바와 같이 민주주의가 발달함에 따라서 국가권력자들의 힘은 점차 감소하는 반면에 재벌들의 힘은 계속 증대하여 국가권력자와 재벌 간에 힘의 관계가 역전되었다.

선후진국을 막론하고 정도의 차이는 있지만 재벌들이 정계(政界)와 관계(官界)는 물론이고 법조계, 언론계와 학계 등 사회 모든 부문에 막강한 영향력을 행사하여 소리없이 개인의 자유를 침해하는 일이 많다. 독일의 자유주의자 오이켄(Walter Eucken)이 지적한 바와 같이 현대사회에서 개인의 자유를 침해하는 것은 국가 공권력만이 아니라 대기업이라는 사(私)권력이다. 개인 자유를 보호하는 데 가장 중요한 것이 공정하고 독립적인 언론과 법원과 검찰인데 현재 우리나라를 보면 이들 기관이 모두 재벌의 영향력 아래에 있다.

빈곤도 자유의 주요한 적이다. 정치 권력자나 재벌과 달리 빈곤은 사람이 아니므로 자유의 적이라고 말하기 어색한 면이 있다. 그러나 너무 가난하면 자유로울 수 없다는 것은, 훌륭한 극소수의 위인들은 예외이지만, 동서고금을 막론하고 분명한 사실이므로 빈곤은 분명 자유의 적이다. 홉하우스(Leonard T. Hobhouse, 1864-1929)나

그린(Thomas Hill Green, 1836-82)과 같은 영국의 사회적 자유주의자들(social liberals)은, 민주주의의 발달과 자본주의에서의 빈부격차 확대로 인하여 자유의 주된 적이 과거의 정부에서 이제는 빈곤으로 바뀌었으므로 빈곤퇴치를 위해 정부가 적극적 재분배 정책을 실행해야 한다고 주장하였다. 현대 선진 복지국가들은 사회적 자유주의자들의 이런 견해를 계승한 것이라 볼 수 있다.

현대사회에서 자유의 주된 적은 국가권력자들, 재벌 및 빈곤의 셋이며, 진정한 민주주의의 확립, 언론과 사법부의 독립, 시장 밖에서 이루어지는 합리적이고도 적정한 사회적 재분배가 이에 대한 해답일 것이다. 사회적 재분배에는 정부에 의한 공공복지 제도만이 아니라 민간에 의한 자발적인 재분배도 포함될 것이다.

3 자유주의 국가론의 개념 및 헌법적 가치

가. 자유주의 국가론이란?

홉스가 주장한 국가주의 국가론에서 국가는 사회 내부의 무질서와 범죄, 외부 침략의 위협에서 사람들의 생명과 안전을 지키는 역할을 한다. 이 목적을 위해 국가는 개인의 자유를 제약할 수도 있다고 보았다. 홉스는 국가 이전의 자연 상태를 만인이 만인에 대해 늑대와 같이 경쟁하는 상태라고 보았다. 이 상태에서 개인은 고독하고, 불안하고, 가혹하다. 이 상태에서 벗어나기 위해 개인들은 모두가 두려워하고 복종하는 공동권력을 만들었으니 이것이 곧 국가다. 모두가 두려워하는 이 공동권력은 합법적 폭력을 행사할 수 있다. 이 힘을 바탕으로 여러 가지 위협으로부터 개인의 생명과 재산을 보호하는 것이다. 국가주의 국가론에서 국가의 목적은 오직 이것뿐이다. 생명과 재산을 지킨다는 목적만이 유일한 목적인 국가는 이 목적 달성을 위해 때로는 개인의 자유를 제약할 수도 있다. 또한 치안과 안보라는 목표를 유일한 또는 다른 가치(자유, 평등, 복지 등)들 보다 압도적으로 우월한 국가 목표로 간주한다. 자유, 인권, 복지 등도 중요하고 좋지만 국방과 치안을 위해서는 일정 수준 이상으로 제약해야 한다고 믿는다.

반면 자유주의 국가론은 다르다. 자유주의 역시 국가가 치안과 안보의 기능을 수행해야 하고 이 과정에서 개인의 자유가 제약될 수 있음을 인정한다. 개인의 자유를 제약하는 데 있어 국가주의는 질서 유지와 안보를 위해 가능하다는 입장인 반면, 자유주의는 그 범위를 엄격히 제한해야 한다고 주장한다. 국가 권력이 자기의 임무를 수행하기 위해서는 반드시 지켜야 할 규칙과 절대 넘어서는 안 되는 레드 라인을 설정했다. 국가주의 국가론에서 개인은 국가에 종속된 부속물에 불과했다. 하지만 자유주의 철학자들은 개인이 국가에 우선하는 존재로 보았다. 이것이 곧 자유주의 국가론이다. 자유주의 국가론은 '시장경제'와 '대의민주주의'를 경제적 · 정치적 기본질서로 채택한 모든 국가에서 지배적 담론으로 자리 잡았다.

나. 자유주의 국가론의 헌법적 가치

국가는 개인의 자유를 어떤 경우에도 침해해서는 안 되는 기본권으로 내세웠다. 다만 개인의 특정한 행동이 타인의 자유를 침해할 경우는 예외이다. 오늘날 대부분의 현대 산업사회와 문명국가는 자유주의 국가론을 수용하고 있다. 대한민국의 헌법과 법률도 모두 자유주의 국가론을 바탕으로 만들어졌다.

헌법 전문	유구한 역사와 전통에 빛나는 우리 대한국민은 · · · 자유민주적 기본질서를 더욱 확고히 하여 · · · 우리들과 우리들의 자손의 안전과 자유와 행복을 영원히 확보할 것을 다짐 · · ·
제1조	대한민국은 민주 공화국이다.
제2조	대한민국의 주권은 국민에게 있고 모든 권력은 · · · 나온다.
제12조	모든 국민은 신체의 자유를 가진다. · · · 법률과 적법한 절차에 의하지 아니하고는 처벌·보안처분 또는 강제노역을 받지 아니한다.
제14 ~ 22조	거주이전의 자유, 직업선택의 자유, 주거의 자유, 사생활의 비밀과 자유, 양심의 자유, 종교의 자유, 언론 · 출판의 자유, 집회 · 결사의 자유, 학문과 예술의 자유

한 나라의 역사가 국민의 가치관을 만들고 그것이 헌법의 핵심 가치로 빈영되었나. 예컨대, 바이마르 헌법은 바이마르 헌법이 20세기 현대 헌법의 전형이었다.[23] 그럼에도 불구하고 2차 세계대전 당시 나치 독일이 자행했던 홀로코스트(Holocaust)[24]에 대한 반성으로 독일 헌법이 다음과 같이 변경되었다.

23) http://news.khan.co.kr/kh_news/khan_art_view.html?art_id=201108102117385#csidx6b296a007e820e69f083986932b7ae7(검색일: 2019. 1. 6.)

24) 제2차 세계대전 중 아돌프 히틀러가 이끈 나치당이 독일 제국과 독일군 점령지 전반에 걸쳐 계획적으로 유태인과 슬라브족, 집시, 동성애자, 장애인, 정치범 등 약 1천1백만 명의 민간인과 전쟁포로를 학살한 사건을 의미한다.

구분	바이마르 헌법	독일 헌법
1조	독일 제국은 공화국이다. 국가 권력은 국민으로부터 나온다.	인간의 존엄성은 훼손할 수 없다. 이를 존중하고 보호하는 것은 국가권력의 책무다.

인간은 모두 자유롭고 평등하며 독립되어 있으므로 어느 누구도 자신의 뜻에 반해 다른 사람의 정치적인 권력에 복속될 수 없다. 인간이 자유를 포기하고 사회의 구속을 받는 것은 다른 사람과 결합하여 하나의 공동사회를 형성하는 데 동의할 때뿐이다. 그리고 그 목적은 소유권을 지키고 외부의 침략을 막아 서로 안락하고 평화로운 삶을 영위하는 것이다.

이를 위해 주권자는 사회의 다수파로서 군주가 아닌 '주권재민'(主權在民)이어야 한다는 것이다. 그리고 국가 권력은 국민의 평화와 안전, 공공의 복지 이외의 다른 목적을 위해 사용되지 말아야 하되, 그 권력의 정당성은 다수 국민의 동의를 원천으로 한다. 뿐만 아니라 정치 권력은 헌법과 법률이 그에게 위임한 권한의 범위를 넘어서, 헌법과 법률이 정한 방법의 한계를 넘어서 그 의도를 실현하기 위한 권력행사를 하지 말라는 것이다. 즉, '법치주의(法治主義)'를 의미하고 있다.

4 자유주의 국가론의 가치와 태도

우리나라에서 자유주의 국가론을 진지하게 수용하는 정치세력 또는 사람들은 공산주의나 사회주의뿐만 아니라 모든 형태의 집단주의와 독재에 단호히 반대한다. 또한 북한 체제에 대해서도 매우 비판적이다. 그러나 국가보안법을 폐지하는 데는 찬성한다. 그것은 북한을 좋아해서가 아니라 사상과 표현이 자유를 중시하기 때문이다.

자유주의자는 국가안보를 명분으로 개인의 자유와 인권, 노동권을 제약하는 데 반대한다. 되도록 많은 것들을 시장과 개인의 선택에 맡기는 편이 좋다고 보기 때문에 민영화·자유화·개방화에 호의적이다. 국가의 복지지출을 확대하는 것도 반대하지는 않지만 그것이 삶에 대한 시민 개인의 책임을 국가가 대신 떠맡는 것까지는 반대한다. 교육에 대한 국가통제에 대해서도 부정적이다. 강제적 교복 착용과 두발 규제, 교육을 명분으로 한 체벌 같은 것이 사라져야 한다고 생각한다. 남에게 부당한 피해를 주지 않는 한, 국가는 개성과 자유를 억압할 권리가 없다고 믿는다.

노동과 관련하여 사내 하청 같은 비정규직 제도가 부당한 차별을 용인하는 나쁜 제도라고 생각한다. 그러나 법적 절차를 지키지 않고 폭력을 행사하는 파업이나 성실하게 대화하지 않고 무력으로 진압하려는 기업과 정부의 행위에 대해서도 비판적이다.

> **- 존 스튜어트 밀, 자유론 -**
> 인간사회에서 누구든 개인이든 집단이든 다른 사람의 행동의 자유를 침해할 수 있는 경우에 오직 한 가지, 자기보호를 위해 필요할 때뿐이다. 다른 사람에게 해를 끼치는 것을 막기 위해서라면, 국가가 그 사람의 의지에 반해서 권력을 사용하는 것도 정당하다. 이 단 하나의 경우 말고는, 문명사회에서 구성원의 자유를 침해하는 그 어떤 권력행사도 정당화할 수 없다.

마르크스주의 국가론과 차이점에 대해 살펴보자. 국가주의 국가론과 자유주의 국가론은 '국가' 존재 자체를 부정하지 않는다. 그러나 마르스크주의 국가론은 다르다. 마르크스주의는 국가를 부정한다. 마르크스는 '국가'를 지배계급이 피지배계급을 수탈, 착취하는 것을 옹호하는 기구로 보았다. 즉 지배계급의 이익에 봉사하는 부르주아 계급 전체의 공동업무를 처리하는 위원회에 불과한 것이 국가인 것이다. 이러한 계급지배의 수단인 국가는 피지배계급인 프롤레타리아가 사회혁명을 일으켜 계급지배를 철폐하면 자연스럽게 사라진다. 그 다음은 무엇일까? 마르크스는 계급지배와 국가가 사라지면 각자의 자유로운 발전이 만인의 자유로운 발전의 조건이 되는 연합체가 들어선다고 주장했다. 마르크스에게 있어 국가는 지배계급의 도구일 뿐이다. 경찰과 군대는 지배계급을 보호하는 폭력집단이지 피지배계급을 위한 기구가 아니다. 그가 볼 때 국가는 사라져야 할 존재였다.

결과적으로 홉스가 제시하고 이를 토대로 자유주의 학자들이 성찰한 국가의 본질과 역할은 무엇인가? 자유주의 철학자들이 인정했던 홉스의 철학적 가치는 "국가가 치안과 안보의 기능을 수행해야 하고 이 과정에서 개인의 자유가 제약될 수 있다."는 것이다. 즉, 자연 상태에서 개인은 고독하고, 불안하고, 가혹하다. 이를 벗어나기 위해 개인들은 모두가 두려워하고 복종하는 공동권력이 필요하며, 이것이 곧 국가다. 그리고 모두가 두려워하는 이 공동권력은 합법적 폭력을 행사하되, 이 힘을 바탕으로 여러 가지 위협으로부터 개인의 생명과 재산을 보호한다는 것이다.

하지만 인간의 자유와 권리가 보장되어야 한다는 관점에서 자의적인 권가 권력의 행사를 방지하고자 했다. 그것은 대표적 바로 법치주의이자 주권재민이다. 다시 말해서 국가 권력이 자기의 임무를 수행하기 위해서는 반드시 지켜야 할 규칙과 절대 넘어서는 안 되는 레드 라인을 법률로 명시하였다.

Ⅱ. 사례

개성공단 착공 및 중단 그리고 현재[25)]

개성공단의 착공 및 중단과 관련된 주요 일정별 내용은 다음과 같다.

2000년 8월	현대아산-북한간 '공업지구 개발에 관한 합의서' 채택
2002년11월	北, '개성공업지구법' 제정
2003. 6~ 2004. 12	개성공단 1단계(330만㎡) 개발 착공, 시범단지 준공식, 개성공단 첫 제품 생산, 개성공단 1단계 1차 기업 분양(24개 기업, 2005. 9))
2006. 9~11	1단계 330만㎡ 토지조성공사 완료, 북한근로자 1만명 고용 돌파
2007. 1~11	누적 생산액 1억달러, 南, '개성공업지구 지원에 관한 법률' 제정 개성공단 1단계 2차 기업 분양(183개 기업), 북근로자 2만명 돌파
2008. 3~12	누적 생산액 5억달러 돌파, 김왕자 씨 피격
2010년 5월	정부, 천안함 관련 5·24조치 발표…개성공단 신규투자 금지
2012. 1~ 2013. 1	북한 근로자 5만명 돌파, 누적 생산액 20억달러 돌파, 개성공단 가동 중단 및 재가동
2016. 1~7월	북한, 4차 핵실험(2.2), 동창리 장거리 로켓(미사일) 발사(2.7) 정부, 개성공단 가동 전면중단 결정(2.10), 개성공단 기업 헌법소원심판 청구(7. 29, 정부 답변, 고도의 정치적 결단, 적법절차 원칙)

박근혜 정부의 개성공단 폐쇄 결정은 당시 발표와 달리 NSC 상임위 이전에 박 전 대통령의 일방적인 구두 지시에 의해 이뤄진 것으로 드러났다. 이러한 결정에 대해 정책혁신위는 특히 "당시 중단의 주요 근거로 내세운 개성공단 임금 전용은 구체적 정보나 충분한 근거, 관계기관의 협의 없이 청와대의 의견으로 삽입됐다"며, "당시 근거로 참고한 문건은 주로 탈북민의 진술 및 정황에 기초한 것으로 객관성과 신뢰성이 확인되지 않는 것 이었다"고 지적했다. 또한 "철수 일정과 집행도 매우 급박하게 진행되어 기업의 재산권 보존 조치가 이루어지지 못했다"면서, "개성공단 전면중단 결정은 법률을 뛰어넘는 초법적 통치행위로 이루어졌는바, 안보적 위기상황에서 고도의 정치적 행위를 하는 것이 가능하다고 하더라도, 해당 조치는 헌법과 법률에 따라 적법절차를 준수하여야 한다."고 강조했다.[26)]

'남북 경제협력(경협)의 상징'인 개성공단이 문을 닫은 이후 공단 입주 기업들의 상처는 여전히 아물지 않은 상태다. 업체들은 1조5천억 원이 넘는 피해액 가운데 '공단 가동 중단' 결정의 주체인 정부로부터 3분의 1도 채 보상받지 못했다면서 억울함을 호소하고 있다. 설비를 회수하지 못한 채 생산이 중단된 데 따른 막대한 금전 손실뿐 아니라 언제 다시 공장을 돌려 재기할 수 있을지 짐작조차 할 수 없는 '불확실성'은 당사자들에게 커다란 고통이다.[27)]

25) 강정인, "박정희시대의 국가주의", 「개념과 소통」 제20호(2017. 12).

전광훈 목사 '광화문 집회' 강행에…진중권 "이단보다 더 하다"[28)]

'신천지' 종교집단이 원인이 된 코로나 바리어스 확진자가 급증하고 있는 상황에서 2020. 2. 22일 전광훈 목사는 "바이러스 걸려도 이게 애국"이라며 범투본 광화문 집회를 강행 했다.[29)]
광화문 집회 하루 전 진중권 전 동양대 교수가 '광화문 집행을 강행하겠다'는 입장을 고수 중인 전광훈 한국기독교총연합회(한기총) 회장을 향해 "이단 보다 더 하다"는 일침을 날렸다. 진 전 교수는 자신의 페이스 북에 글을 올려, "전광훈 한기총 회장이 광화문 집회를 강행하겠다고 한다"면서 "이만희(신천지 총회장)도 신도들 모이지 못하게 하는 판에 개신교 목사가 신도들을 한 자리에 모은다니, 이단 보다 더 하다"고 말했다.
그는 전 회장이 과거 "하나님 꼼짝마, 하나님. 하나님, 까불면 나한테 죽어"라고 말한 발언을 상기시키며, "뭐 하나님도 까불면 죽여 버릴 분이시니, 하나님도 이 분 무서워 감히 거기에는 코로나 바이러스 투하하지 못하실 것"이라고 비꼬았다.
이어 "중세 때도 그랬다. 신도들의 신앙심이 약해 질까봐 교회에서 미사 안 나오는 신도들을 처벌했다"며 "심지어 이게 다 하나님이 내리신 징벌이라며 신도들 교회에 모아놓고 단체로 회개와 참회의 기도를 올렸다고 한다. 결과는 치명적 이었다"고 설멍했다.
그러면서 "역병이 확산되는 데 종교적 신념보다 더 적합한 환경을 조성해 준 것은 아무것도 없었다."는 '흑사병'의 저자 필립 지글러의 말을 인용해, "교회나 세속이나 맹신과 광신이 지배하니, 한국 사회는 여전히 중세 말에 있나 보다"라고 덧붙였다. 앞서 서울시는 코로나19(신종 코로나 바이러스 감염증) 확산을 막기 위해 광화문 일대에서의 집회를 금지하겠다고 발표했다. 하지만 전 회장이 이끄는 보수 성향의 시민단체인 '문재인하야범국민투쟁본부'(범투본)는 22일 낮 12시와 23일 오전 11시에 서울 광화문 교보빌딩 앞에서 주말 집회를 예정대로 강행하겠다고 밝혔다. 실내가 아닌 실외 행사인 데다 마스크를 착용하는 등 위생 수칙을 지킬 것이기 때문에 별다른 문제가 없다는 입장이다.
전 회장은 "훨씬 더 위험한 실내 시설은 놔두고 야외 집회를 문제 삼는 것은 받아들이기 어렵다"고 주장하면서 "영화 관람이나 지하철 운행 등에는 아무런 조치를 내리지 않으면서 광화문 예배(집회)를 막는 것은 종교탄압이자 '정치탄압'"이라고 반발했다.

26) 「노컷뉴스」, 2017. 12. 28. https://www.nocutnews.co.kr/news/4898735
27) 「연합뉴스」, 2017. 2. 7. https://www.yna.co.kr/view/AKR20170206171200030
28) 「서울경제」, "전광훈 목사 '광화문 집회' 강행에…진중권 "이단보다 더 하다" 2020. 2. 22.
29) 「NEWSIS」, "전광훈 '바이러스 걸려도 이게 애국'" 2020. 2. 22.

Ⅲ. 토의 활동

구분	토의 주제	비고
주제 1	인간은 자유로운 삶을 살고 싶어 한다. 그 자유로운 삶에는 반드시 수반되는 삶의 가치가 있다. 자유로운 삶과 그에 따라 수반되는 가치와 향후 자신의 삶에 관해 발표하시오	개별 발표
주제 2	만약 "노동자가 임금인상을 내걸고 파업을 했다"고 가정했을 때 국가주의 국가론과 자유주의 국가론, 마르크스주의 국가론의 관점에서 어떻게 대응할 것인가?"에 대해 발표하시오	조 발표
주제 3	2020년 2월 코로나 대 유행시 지하철에서 신종코로나 환자 행세를 한 20대 유튜버 동영상*을 보고 자유주의 시각에서 분석하고 발표하시오 * 동영상: https://www.youtube.com/watch?v=fLoD8caWPsI	개별 발표

제2부

개인과 국가

Chapter

04 나에게 대한민국은?

Ⅰ. 필요지식

1 대한민국의 과거와 현재

우리는 지금 대한민국의 국민 한 사람으로 살아가고 있다. 2018년 기준 GDP 세계 12위의 경제규모를 갖춘 대한민국은 OECD 출범 이후 원조를 받던 수혜국에서 원조를 주는 '공여국'으로 바뀐 유일한 나라이며, 민주화와 산업화를 동시에 이루고 경제 대국에 들어선 몇 안 되는 나라이기도 하다.

그럼에도 불구하고 우리는 지난 과거 역사 속에서 많은 아픈 경험을 가지고 있다. 19세기 말 망국의 한(恨) 및 일제강점기, 1945년 8월 해방과 함께 찾아온 남북분단 및 분단의 고착화, 4.19혁명(1960), 5.16 군사쿠데타(1961), 광주민주항쟁(1980), 촛불 시민혁명(2016), 그리고 21세기 미·중 패권경쟁시대의 한반도 문제 등 국내외적 수많은 위험와 위협을 이겨내며 오늘을 맞이하고 있다.

이 모든 역사적 경험과 현실 문제의 본질은 궁극적으로 우리의 행복이다. 주어진 불행의 요소를 최소화하면서 더 많은 행복을 누리고자 한 것이다. 이를 위해서 외부적 조건이자 선결 요건으로서 논란의 중심이 된 것은 바로 '국가'이다.

2 국가와 국민의 삶과의 관계

가. 사회와 개인의 관계

시민사회(市民社會, civil society)는 자발적인 공공 및 사회 조직과 기관의 총체를 일컫는 말로서, 사회에서 국가 및 시장과 구별되는 영역이다.30) 시민사회란 자유롭고 평등한 개인들이 자율적인 상호 계약적 관계를 통하여 기본적인 권리와 자유가 핵심이 되는 기본적인 선을 최대한 유지하고 향유 하면서, 각 개인의 다양성을 최대한으로 유지하고 개발하는 공공 영역이라고 정의한다. 자유롭고 평등한 개인에서 출발한 시민사회는 그 전개 과정에서 서로 분리된 개인들이 자신의 이익에 근거해서 움직임에 따라 이기주의, 인간 소외, 계층 갈등 등과 같은 심각한 문제점을 초래하게 되었다. 이러한 문제점을 극복하기 위해서는 시민 공동체를 형성할 필요가 있다.

개인주의는 개인의 자유와 권익을 우선하여 그것을 극대화하고자 한다는 점에서 긍정적이다. 모든 사회 제도의 목적은 궁극적으로 한 사람 한 사람을 더 자유롭고 풍요롭게 만드는 데 있기 때문이다. 그러나 개인의 이익이 반드시 사회의 이익과 일치하지는 않는 데서 때때로 양자가 충돌할 수도 있다. 예컨대, 전체 국토의 균형 발전을 위해 국가가 설치하는 그린벨트는 해당 지역 주민의 이익과 어긋나기도 한다.31)

공동체주의는 사회 전체의 이익을 우선한다는 점에서 긍정적인 측면이 있다. 저마다 개인의 이익을 추구하는 상태에서 필연적으로 나타나게 되는 이익의 충돌을 사회 전체의 공익이라는 관점에서 잘 조정해 주기 때문이다. 그러나 역사적으로 공동체주의는 개인보다 전체를 우선함으로써 전체주의로 나아가 개인의 희생을 강요하는 잘못을 저질러 왔다. 사회 전체의 유익이 아무리 좋은 것이라도 그에 따르는 개인의 희생이 너무 크거나, 그것에 이르는 방법이 그르다면 그것을 옳다고 하기 어렵다. 이 때문에 공동체주의는 그것의 긍정적인 측면에도 불구하고 역사적으로 위험스러운 체제로 간주 되어 왔다.

하지만 현재 우리가 당면하고 있는 문제는 공동체주의와 개인주의 중 어느 하나를

30) 「위키백과」, https://ko.wikipedia.org/wiki/%EC%8B%9C%EB%AF%BC%EC%82%AC%ED%9A%8C
31) http://www.hani.co.kr/arti/society/schooling/208996.html#csidx0361bbf3a700f4b9f2888f92ebbe9f2

선택하는 것이 아니다. 중요한 것은 개인의 이익과 사회의 공익이 충돌할 때 어느 것을 우선해야 하는가를 결정하는 것이다. 이 경우에 국가나 사회가 공동체의 목적을 위해 개인의 희생을 무조건 강요하는 일이 있어서는 안 된다. 그렇다고 반대로 특정한 개인이나 집단이 공동체의 이익보다 자신의 이익에만 몰두하는 이기주의에 빠져서도 안 된다.

결론적으로 개인의 이익은 사회 전체의 공익과 더불어 추구되어야 하고, 개인의 자유는 공동체 안의 다른 사람들에 대한 책임감과 더불어 누려야 한다. 이것이 개인들이 사회에서 함께 사는 길이다. 바로 이것이 일상생활에서 '윤리' 문제 제기되고 논란이 되는 이유이다. 사회와 개인의 관계를 설정하기 위해서 고려해야 할 사항은 개인은 미완의 존재로서 홀로 살기 어려우며, 개인은 사회적 삶을 통해서 사람다운 사람이 된다는 점이다. 그리고 개인은 사람들 사이에 있을 때 비로소 진정한 의미의 사람이 된다는 것이다.

나. 국가와 개인의 관계

우리는 수많은 사람과 다양한 관계를 맺으며 살아간다. 그리고 그 관계망은 가족, 학교, 직장, 더 나아가 국가라는 공동체로 확장된다. 이런 관계 속에서 소속된 국가와 개인이 지향하는 가치가 충돌하는 것을 어렵지 않게 목도 하거나 경험한 바 있다.

개인은 자유를 침해받지 않을 권리가 있고, 국가는 공동체의 질서를 위해 개인의 자유를 제한하고 통제할 필요가 생기기도 한다. 국가가 개인의 모든 행복을 좌우하는 것은 아니다. 행복한 삶을 위해 주어진 기회를 살리는 것은 개인의 몫이다. 하지만 그런 기회가 주어지도록 하는 것은 일차적으로 국가의 상황에 좌우된다. 즉, 나의 행복을 결정하는 외적 변수이자 핵심변수로서 우리는 본인의 의사와 관계없이 국가와 관계를 맺고 살아갈 수밖에 없다.

그럼에도 불구하고 모든 국가가 소속된 국민을 위해 선을 행해 온 것은 아니다. 그러나 일반적으로 돌이켜 보면 국가는 인류 역사의 발전과 더불어 과거에 비해 악을 더 적게, 선을 더 많이 행하는 쪽으로 진화해 왔다. 그 원동력은 훌륭한 국가 없이는 행복한 삶을 살 수 없기에 역사의 발전과정에서 온갖 고난과 어려움을 극복해 가면서 보다 나은 국가를 만들고자 했다.

3 대한민국 국민은 왜 촛불을 들었는가?

'촛불 민심'은 2016년 10월 29일부터 매주 토요일 서울 및 전국에서 일어났다. 박근혜-최순실 게이트가 벌어지며 촉발된 집회이며 주된 요구는 박근혜 대통령의 퇴진이었다. 그 결과 소수의 사익에 충실하고 부정한 권력을 쌓아온 박근혜 정부는 대다수 국민의 분노와 헌법에 따른 정당한 절차에 따라 무너졌고 탄핵된 박근혜 대통령(징역형 24년, 벌금형 180억 원)을 비롯한 관련 인물들은 수감 되어 재판을 받았다.[32]

촛불 민심의 중심은 '이것이 나라인가?', '정의로운 대한민국', '나라다운 나라'를

32) https://namu.wiki/w/%EB%B0%95%EA%B7%BC%ED%98%9C%20%ED%87%B4%EC%A7%84%20%EB%B2%94%EA%B5%AD%EB%AF%BC%ED%96%89%EB%8F%99(검색일: 2018. 7.23)

만들자는 것이었다. 소셜미디어, 모바일, 빅데이터와 같은 온라인 소통기구를 통해 연인원 1,700만 명의 시민들이 촛불을 들고 오프라인 광장에 모여 '동시에 큰 함성을 질러' 박근혜 대통령의 퇴진을 요구하였고, 대의기구인 국회에 박 대통령 탄핵소추를 하도록 명령하였고, 헌법재판소가 국회의 탄핵소추 결정을 인용(2017. 3. 10) 하도록 압박하였다.

우리 역사 속에서 '4·19 쿠테타'와 '6월 항쟁'이 수백 명이 피를 흘린 유혈적 희생을 토대로 결과된 반면, 촛불혁명은 피 한 방울 흘리지 않고 평화적으로 달성한 21세기의 '명예혁명'이다. 말하자면, 촛불혁명은 민주주의와 법치주의, 광장 민주주의와 의회 민주주의, 소셜미디어 민주주의와 대의 민주주의가 결합된 헤테라키(hierarchy, 복합) 민주주의로 만들어 낸 결과였다. 브렉시트와 트럼피즘이 영국과 미국의 민주주의를 포퓰리즘으로 후퇴시켰다는 비판을 받았다. 하지만 촛불혁명은 헤테라키 민주주의 방식으로 한국 민주주의를 업그레이드시켰다고 외국 언론들도 찬사를 보냈다.33)

독일 에버트 재단 2017. 12. 5. 독일 베를린의 프리드리히에서 열린 시상식에서 촛불 시민에게 에버트 인권상과 공로상을 수여했다. 재단 측은 "민주적 참여권의 평화적 행사와 평화적 집회의 자유는 민주주의의 필수적인 구성요소"라며 "한국 국민의 촛불집회는 이러한 사실을 전 세계 시민에게 각인시키는 계기가 됐다"고 선정이유를 설명했다.

33) http://news.khan.co.kr/kh_news/khan_art_view.html?artid=201711172016005&code=990100#csidx418ac1588eabb51a8946f1a4bc54899(검색일: 2018. 7.23)

2016. 10. 29일부터 시작된 촛불시위의 본질은 나라다운 나라의 국민으로서 행복하고 자유롭게 살고 싶다는 것이다. 즉, "훌륭한 국가 없이는 시민들의 행복한 삶도 있을 수 없다"는 깨어있는 시민정신의 발로였다.

4 나는 어떤 국가에 살고 있는가?

'우리는 좋은 국가에서 살고 있는가?'라는 질문에 우리는 쉽게 답하기가 쉽지 않다. 그것은 같은 대한민국 국민이면서 현재 자신이 처해 있는 상대적 관점의 차이가 있기 때문이다. 그러나 우리는 21세기 국가와 국민의 삶의 상대적 비교를 통해 우리나라는 좋은 나라인가? 에 대한 일반적으로 접근이 가능할 것이다.

인간이 태어나서 인간답게 살기 위해 꼭 필요한 기본적인 권리는 크게 행복추구권, 자유권, 평등권, 사회권, 청구권, 참정권이 있다. 이러한 권리는 모든 국민들이 국가로부터 보장받아야 하는 권리로서 헌법에서 이것을 명시하고 해당 국가기구들과 사법기관들에서 이를 지키도록 하고 있다. 그럼에도 이러한 기본권이 무시되거나 제약당하고 있는 불행한 국가와 국민을 불행한 국가의 국민을 쉽게 찾아볼 수 있다. 그들은 독재와 억압, 혁명, 내전, 정치적 혼란과 절대적 빈곤 등으로 인간이 태어나면서 추구할 수 있는 정당한 권리를 제약당하고 있다. 예컨대 북한, 소말리아, 이라크, 아프가니스탄, 시리아, 콩고, 베네수엘라 등을 들 수 있다.

반면, 대한민국 국민이 뽑은 좋아하는 10개 국가는 어떤 나라들일까? 그것은 상대적 평가결과로서 독일, 미국, 영국, 일본, 캐나다, 스웨덴, 프랑스, 터키, 덴마크, 노르웨이를 선정했다. 그렇다면 대한민국은 어떠한 나라인가? 안전한 국가인가? 훌륭한 국가인가? 행복한 국가인가? 여기에는 관점과 의견이 매우 다양할 것이다.

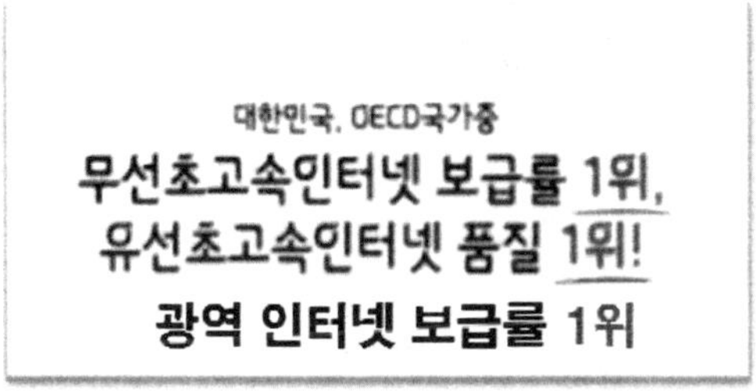
대한민국, OECD국가중
무선초고속인터넷 보급률 1위,
유선초고속인터넷 품질 1위!
광역 인터넷 보급률 1위

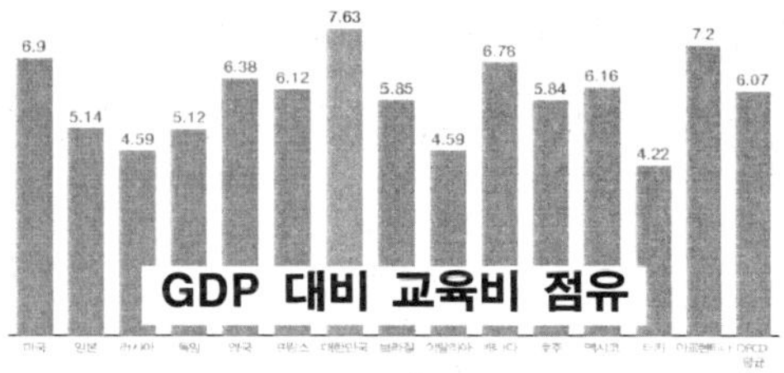
6.9
5.14
4.59
5.12
6.38
6.12
7.63
5.85
4.59
6.78
5.84
6.16
4.22
7.2
6.07
GDP 대비 교육비 점유

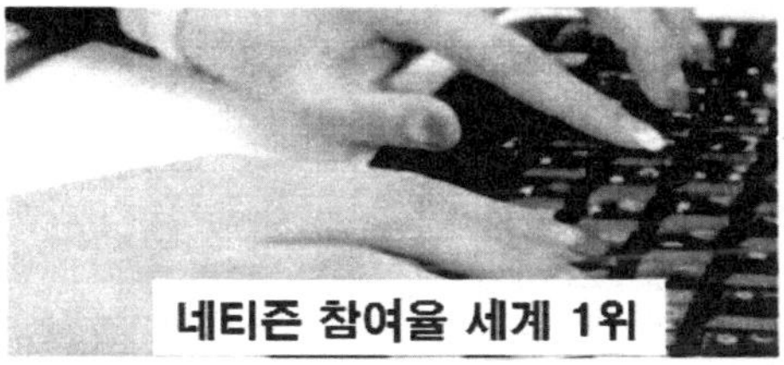
네티즌 참여율 세계 1위

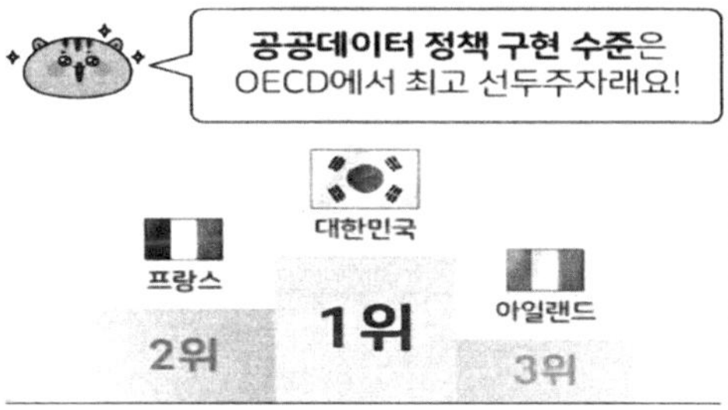
공공데이터 정책 구현 수준은
OECD에서 최고 선두주자래요!
대한민국
1위
프랑스
2위
아일랜드
3위

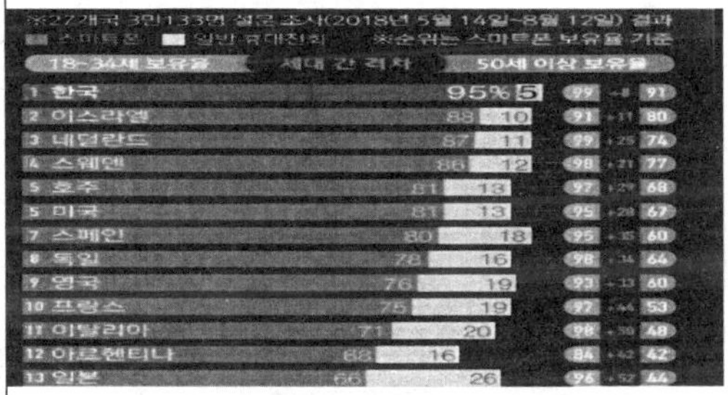
18~34세 보유율
세대 간 격차
50세 이상 보유율
1 한국 95% 5
2 이스라엘 88 10
3 네덜란드 87 11
4 스웨덴 86 12
5 호주 81 13
5 미국 81 13
7 스페인 80 18
8 독일 78 16
9 영국 76 19
10 프랑스 75 19
11 이탈리아 71 20
12 아르헨티나 68 16
13 일본 66 26

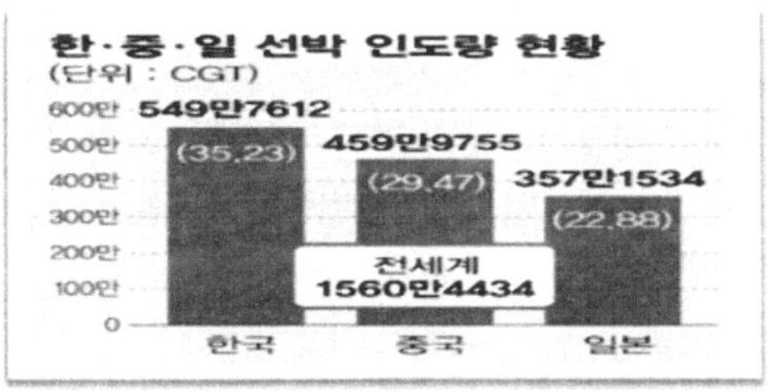
한·중·일 선박 인도량 현황
(단위 : CGT)
600만
500만
400만
300만
200만
100만
0
549만7612
(35.23)
459만9755
(29.47)
357만1534
(22.88)
전세계
1560만4434
한국
중국
일본

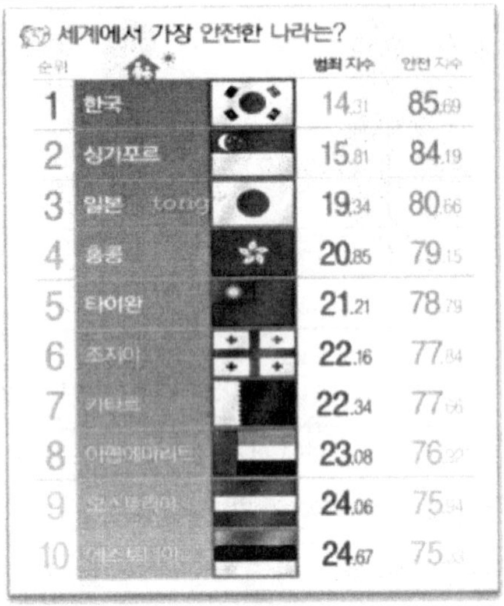
세계에서 가장 안전한 나라는?
순위 범죄 지수 안전 지수
1 한국 14.31 85.69
2 싱가포르 15.81 84.19
3 일본 19.34 80.66
4 홍콩 20.85 79.15
5 타이완 21.21 78.79
6 조지아 22.16 77.84
7 카타르 22.34 77.66
8 아랍에미리트 23.08
9 24.06
10 24.67

세계에서 가장 안전한 도시는?
순위 범죄 지수 안전 지수
1 인천 한국 9.11 90.89
2 교토 일본 10.62 89.37
3 서울 한국 14.28 85.72
4 에스키셰히르 터키 14.38 85.62
5 뮌헨 독일 15.74 84.26
6 싱가포르 싱가포르 15.81 84.19
7 아부다비 아랍에미리트 16.71 83.29
8 보이시 미국 17.57 82.43
9 오사카 일본 18.12 81.88
10 베른 스위스 19.02 80.98

OECD 국가별 자살률 순위
한국 28.7
일본 18.7
핀란드 15.8
폴란드 15.3
오스트리아 13.6
스웨덴 12.3
스위스 12.0
덴마크 11.3
독일 10.8

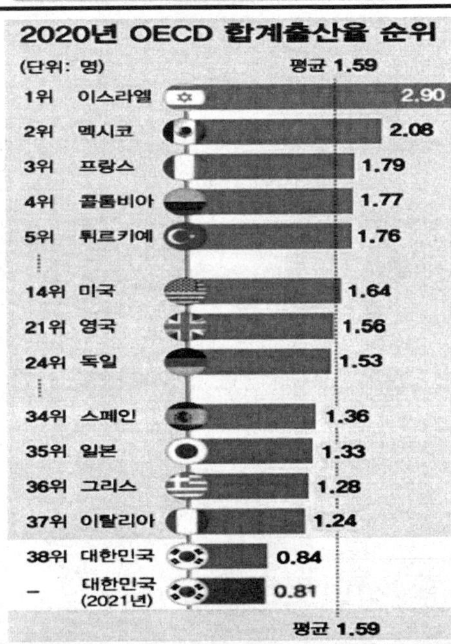
2020년 OECD 합계출산율 순위
(단위: 명)
평균 1.59
1위 이스라엘 2.90
2위 멕시코 2.08
3위 프랑스 1.79
4위 콜롬비아 1.77
5위 튀르키예 1.76
14위 미국 1.64
21위 영국 1.56
24위 독일 1.53
34위 스페인 1.36
35위 일본 1.33
36위 그리스 1.28
37위 이탈리아 1.24
38위 대한민국 0.84
– 대한민국 (2021년) 0.81
평균 1.59

2013년
대한민국의 행복지수는
몇 위?
1위 덴마크
2016년 이후 20위권
41위 대한민국

우리는 대한민국이라는 민주주의 국가에 살고 있으며, 모두 같은 대한민국이라는 이름을 가진 나라에 귀속된 국민이지만, 국민 각자가 바라보는 대한민국은 모두 제각각이다. 누군가에게 대한민국은 소중하고 훌륭한 국가이기도 하지만 누군가에게는 소중한 재산과 가족을 빼앗긴 국가이기도 하며, 누군가에게는 미래가 없어 다른 나라로 이주를 해야 하는 곳이기도 하다. 누군가에게는 단순히 태어난 나라에 불과하기도 하지만 누군가에게는 자랑스러운 나라이자 미래 번영을 위해 모든 역량을 바쳐야할 대상이기도 하다. 지금 당신에게 대한민국은 어떤 나라인가?

당신이 보는 대한민국이 어떤 나라이든 그 누구도 당신에게 뭐라고 할 수 없다. 각자가 보는 대한민국은 스스로가 생각하는 관점과 판단이 다를 수 있기 때문이다.그럼에도 불구하고 대한민국은 일반적으로 안전하고 훌륭한 국가라고 이야기하기에는 쉽지는 않다. 왜냐하면 저출산 세계 1위 국가, 빈부격차의 심화, 청년 실업율의 증가, 대학 졸업 후 신용불량자, 황금만능주의, 노인 빈곤율 증가, 노숙자 등의 애환이 지금 대한민국에서 벌어지고 있는 현상들이기 때문이다.

5 정의로운 국가란?

가. 정의(정의)란?

아리스토텔레스에게 정의는 각자에게 마땅히 받아야 할 것을 주는 것이었다. 예컨대 권리, 소득, 기회, 부, 권력, 명예 등 사람들이 원하는 희소한 것들이 그것을 받을 자격이 있는 사람들에게 돌아가도록 하는 것이다. 한편으로 정의는 국가와 민족을 위한 가치이지 정권에 따라 바뀌는 도구가 아니다. 동일한 사건이 우리에게 유리하면 정의이고 불리하면 불의와 악이라는 논리는 성립되지 아니한다.

모든 국민은 인간으로서의 존엄과 가치를 가지며 행복을 추구할 권리를 가진다. 이를 위해 국가가 실현해야 할 정의는 크게 3가지로 규정해 볼 수 있다.

첫 번째 자유권적 기본권이다. 자유권적 기본권을 모든 국민에게 보장하지 않는 국가에는 정의가 없다.

두 번째, 사회권적 기본권이다. 이것은 노동권과 인간다운 생활을 할 권리 등을 포함하고 있다. 이것 역시 자유권적 기본권과 마찬가지로 국민이라면 누구나 마땅히 받아야 할 것에 속한다.

세 번째는 자유로운 경쟁이다. 경제 권력 또는 시장 권력이라고 일컬어지는 소득과 부의 배분도 경쟁의 원리에 따라 이루어진다. 공직을 배분하는 정의로운 방법도 경쟁이다. 자유로운 경쟁을 위해서는 ① 모든 사람이 동등한 참여의 기회를 가져야 한다. ② 경쟁은 공정해야 한다. ③ 만인이 자유롭고 독립적이며 동등한 주체로서 경쟁할 수 있어야 한다.

이러한 조건 아래 자유로운 경쟁이 만들어낸 소득과 부의 분배를 정의롭다고 인정될 수 있다.

나. 정의로운 국가(훌륭한 국가)?

우리사회에 정의가 실현되지 않고, 국가는 국민의 자유와 안전과 행복을 보장하지 않는다면 훌륭한 국가라고 하기는 어렵다. 하지만 우리는 그 국가가 정의로운 국가든 그렇지 않은 국가라도 좋든 싫든 국가와 관계를 맺지 않고 살아갈 수는 없다. 만약 국가가 마음에 들지 않는다면 두 가지 방법이 있다 .하나는 다른 나라의 국적을 취득하여 이민을 가는 것이다. 다른 하나는 내 마음에 들도록 국가를 바꾸는 것이다. 우리 국민의 대다수는 대한민국 역사 속에서 전자 보다는 후자를 선택하였다. 일제치하로부터 해방, 6·25 전쟁으로부터 자유민주주의 수호, 빈곤으로부터 경제성장, 군부독재로부터 민주화 운동, 촛불혁명 등이 바로 그것이다.

정의로운 국가란 각자의 철학과 가치관에 따라 그 판단을 달리할 수 있다. 하지만 일반적으로 이상주의 관점에서는 법치에 의한 정의를 세우고 모든 종류의 위험과 위협으로부터 국민을 보호하며, 누구에게도 치우치지 않게 행동하는 국가이다. 현실주의 관점에서 과거보다 악을 더 적게, 선을 더 많이 행하는 국가, 과거보다 좀 더 잘살고 행복해지는 나라를 의미한다고 할 수 있다.

다. 절대적 빈곤과 상대적 빈곤

우리가 바라는 정의(正義)로운 사회(社會) 또는 국가는 모두가 평화롭게, 자유롭게, 보람되게, 사리에 맞게 살아갈 수 있는 행복한 삶의 터전을 말한다. 절대적 빈곤의 해결 즉, 먹을 것, 입을 것, 쉴 곳 때문에 고통받지 않고 걱정하지 않는 안정된 사회를 꿈꾼다. 절대적 빈곤이 찾아오면 삶이 불행해지기 때문이다. 따라서 이는 국가의 책임이다. 그러나 상상하고 비교할 수 있는 사고력을 가지고 있는 인간은 보편적으로 이웃과 자기의 삶을 비교하여 상대적 빈곤을 느끼는 순간 많은 고통을 받게 된다. 인간이 가지고 있는 비교 판단력 때문이다. 늘 자신과 비교하고 얻는 감정적인 느낌 때문에 행복과 불행을 감지하게 된다. 즉 우리 생활과 밀접한 식생활 문화, 입는 문화, 거처하고 쉴 수 있는 문화는 개인적 취향과 바라는 욕망에 따라 선택할 문제지만 상대적 빈곤을 느끼며 이해하고 참아내는 마음의 준비가 되어있지 못하면 늘 불행하게 받아들이기 쉽다. 우리는 상대적 빈곤에 초연하도록 어린 시절부터 철저한 교육이 꼭 필요하다. 만약 이런 인간의 상대적 빈곤에 대한 심리를 이용해 늘 최고가 될 것을 교육한다면 그렇지 못할 때 불행한 삶을 살아가게 된다. 보통 사람은 물질적, 정신적으로 상대적 관점에서 우쭐대기도 하고, 기가 죽어지내기도 한다. 중요한 것은 생존가치를 상대적으로 비교 분석하고 우쭐대거나 기죽어 지내는 집착(執着) 행위는 어리석은 자들의 몫이다. 그러한 상대적 빈곤을 이겨낼 수 있는 부단한 노력과 수련이 필요하다. 그 노력의 전제에는 훌륭한 교육이 이루어져야 한다. 최선을 다했는데 상대적 빈곤이 찾아왔다면 그 결과에 대한 책임은 자신이 져야 하며, 겸허하게 받아들일 줄 알아야 한다.

생존에 대한 물질의 절대적 빈곤이 해결된 이후라면 정신적, 영적인 보람된 삶을 살고 못 사는 것은 개인의 선택, 대처하는 능력유무에 달려 있다. 그럼에도 불구하고 대부분 사람들은 이웃이나 국가나 사회에 책임을 전가하려고 한다. 다시 말해 개별적으로 잘 살고 못사는 것은 개인의 노력 여하에 달려 있다. 그 기준은 자신이 결정할 문제다. 이것까지 사회에 대하여 요구하는 것은 무리다. 물론 사회는 모두가 절대적 빈곤을 타파할 수 있는 합리적인 능력을 충분히 발휘할 수 있도록 기반을 조성하고 평등한 기회를 부여할 필요가 있다. 이렇게 선의의 경쟁에서 공명정대(公明正大)하고 기회균등(機會均等)한 환경을 제공 받는 사회는 구성원들이 상대적 격차를 인정하고 받아들일 수 있는 아량을 갖추게 되어 행복해질 수 있다.

누구에게나 공정한 법을 잘 만들고, 이를 지키는 준법정신이 투철해야 하겠지만 그보다 앞서 올바른 교육으로 좋은 품성을 길러주는 것이 우선 요구된다. 아무리 법이 공정하고 엄하게 정해지고, 감시자, 감독자가 많다고 한들 각자 자신이 잘 지키지 않으면 무용지물이다. 현대생활에서 수없이 많은 법이 제정되어 있다. 하지만 법으로만 해결될 수 없다.[34] 사회교육 차원에서 훌륭한 인성(人性), 품성(稟性)을 기르지 않는 한 정의로운 사회가 될 수 없다.

34) 공리주의란 최대 다수의 최대 행복을 추구함으로써 이기적 쾌락과 사회 전체의 행복을 조화시키려는 사상을 의미한다.
http://dic.daum.net/word/view.do?wordid=kkw000020667&supid=kku000028661

Ⅱ. 사례

문재인 대통령 국회 시정 연설(국가의 책무)[35]

문재인 대통령은 2017. 11. 1. "그동안 모든 책임을 스스로 짊어져야 했던 국민에게 이제는 국가가 국민의 삶을 책임지겠다고 나서야 한다"고 밝혔다. 문 대통령은 "내년 예산안 총지출은 429조 원이다. 올해보다 7.1% 증가한 수준으로 세계 금융위기 이후 가장 높은 증가율이다"라며 "경제와 민생을 살리기 위해 재정이 보다 적극적인 역할을 해야 한다고 판단했다"고 말했다. 문 대통령은 내년도 예산안과 세제 개편안에 대해 "일자리와 가계소득 증대, 혁신성장, 국민안전과 안보에 중점을 두었다"며 예산증액 필요성을 강하게 제기했다. 문 대통령은 일자리 예산에 대해선 "올해보다 2조1000억 원 증가한 19조2000억 원이다. 우리 국민, 청년에게 절실한 예산"이라며 공공부문 일자리 창출 및 중소기업 청년 고용 등에 대한 세제지원을 약속했다. '국민 가처분 소득 증가 예산'에 대해선 "가계의 기초소득을 늘리고 생계비 부담을 줄이는 예산"이라고 설명한 뒤 주거급여·교육급여 확대와 기초 생활보장 급여 현실화, 아동수당 도입, 기초연금 인상 등을 제시했다.

'혁신성장 예산'과 관련해선 △4차 산업혁명 핵심 융합기술 개발 △창업지원 확대 △한국형 창작활동 공간설치 등의 필요성을 강조했다. 이어 "생명과 안전을 지키는 일은 국가의 기본적인 책무이며 나라다운 나라의 출발점"이라며 '환경·안전·안보예산'을 설명했다. 여기엔 △전기차 지원 확대 △가습기 피해자 특별구제 계정에 100억 원 신규 출연 △농수산물 안전관리 강화 △국방예산 증액 등이 포함됐다. 문 대통령은 "국가가 자신의 역할을 다할 때 국민은 희망을 놓치지 않고 살아갈 수 있다"며 "이번 예산은 당면한 우리 경제·사회 구조의 문제를 해결하기 위한 고민의 산물"이라고 강조했다. 문 대통령은 연설 말미에 개헌의 필요성도 강조했다. 그는 "개헌은 국민의 뜻을 받드는 일"이라며 내년 지방선거 때 개헌 국민 투표를 함께 하는 것이 바람직하다고 거듭 강조했다. 아울러 "국민의 정치적 의사를 정확히 반영하는 선거 제도 개편도 여야 합의로 이뤄지길 희망한다"고 덧붙였다.

병역거부 '여호와의 증인' 신도 모두 무죄(국가와 개인 의무 충돌)[36]

이 사례는 개인의 종교적 신념이 국가 구성원으로서의 책임 또는 의무와 충돌한 경우이다. 종교적 신념을 이유로 입영을 거부한 20명에게 법원이 모두 무죄를 선고했다. 창원지법 형사1부(류기인 부장판사)는 2019. 11. 7일 병역법 위반 혐의로 재판에 넘겨진 오승헌(35) 씨 등 '여호와의 증인' 신도 18명에 대한 파기환송심에서 징역형을 선고한 원심판결을 깨고 전원 무죄를 선고했다.

사건을 다시 심리한 재판부는 이들이 병역 거부 이유로 내세운 종교적 신념이 병역법 88조가 규정한 정당한 병역거부 사유에 해당한다고 판단했다. 오승헌 씨는 대법원으로부터 '종교적 · 양심적 병역거부 인정' 판결을 처음으로 받아낸 당사자다. 그는 2013년 육군 39사단에 현역병으로 입영하라는 통지서를 받고 따르지 않은 혐의로 기소됐다. 1심과 2심은 그에게 징역 1년 6월의 실형을 선고했다.

그러나 대법원 전원합의체는 지난해 11월 1일 오 씨에 대한 상고심에서 대법관 9(무죄)대 4(유죄) 의견으로 징역 1년 6개월을 선고한 원심판결을 깨고 사건을 무죄 취지로 창원지법 형사항소부에 돌려보냈다. 나머지 17명은 오 씨에 대한 대법원 전원합의체 판결 후 무죄 취지로 판결이 파기 환송됐다. 재판부는 또 이날 1심 법원이 병역법 위반 혐의로 징역형을 선고한 여호와의 증인 2명에 대해서도 원심판결을 파기하고 같은 이유로 무죄를 선고했다.

35) 「한겨레 신문」, 2017. 11. 1.
http://www.hani.co.kr/arti/politics/politics_general/816950.html

36)) 「연합뉴스」, 2019. 11.7. https://www.yna.co.kr/view/AKR20191107065700052

Ⅲ. 발표 및 토의

구분	토의 주제	비고
주제 1	우리는 대한민국에 귀속된 국민이지만, 모든 국민이 대한민국을 정의로운 국가라고 생각하지는 않는다. 국민 각자가 바라보는 대한민국은 모두 제각각이기 때문이다. 그렇다면 귀하가 생각하는 '정의로운 국가'는 어떤 국가여야 하는 것인지?에 대해 발표하시오.	개별 발표
주제 2	귀하가 보는 대한민국이 어떤 나라이든 그 누구도 당신에게 뭐라고 할 수 없다. 각자가 보는 대한민국은 스스로가 생각하는 관점과 판단이 다를 수 있기 때문이다. 그럼에도 불구하고 대한민국 국민 한 사람으로서 대한민국에 대해 어떻게 생각하는지? 그리고 그 이유 또는 근거는 무엇인가? 에 대해 발표하시오	조 발표

Chapter

05 바람직한 국가관

Ⅰ. 필요지식

1 개요

국가(國家) 또는 나라는 일정한 영토를 차지하고 조직된 정치 형태, 즉 정부를 지니고 있으며 대내 및 대외적 자주권을 행사하는 정치적 실체이며, 그 구성요소는 아래 표와 같이 국제법의 통설로 통하는 국민, 영토, 주권이다.37) 예컨대, 대한민국은 자유민주주의 공화국으로서 영토(222,482㎢), 국민(5000만 명), 주권(모든 권력은 국민으로부터 나온다, 헌법 제1조 2항)으로 구성되어 있다.

구 분	내 용
국 민	국가의 인적 요소 내지 항구적 소속원으로써 가지는 권력을 위임으로 발생하는 국가의 통치권에 복종할 의무를 가진 개개인의 전체집합을 말한다.
영 토	영토(領土, 문화어: 령토)는 한 국가의 주권이 미치는 지역으로, 영해·영공을 모두 포함한다. 즉, 국민들의 생활공간으로 영토보존을 국가의 최우선 목표로 삼는다.
주 권	국가가 스스로 운영을 결정할 수 있는 힘과 권리로서 국가를 다스리는 최고 권력이다. 즉 국민의 주인 된 권리를 말한다.

국가의 임무는 '개인의 자유와 안전을 보장'38)하고 국민의 삶의 질을 향상시키는 것이다. 이를 위해 국가는 본질적으로 다음의 4가지 추구한다. 첫째, 모든 국가는 스스로의 생존을 추구하며 외부 위협에 대비한 '자구책'(self-help)을 강구한다. 둘째,

37) https://ko.wikipedia.org/wiki/%EA%B5%AD%EA%B0%80(검색일: 2015. 8. 9)

38) 국가는 대외적 기능이자 국가안보 기능으로서 적의 침략으로부터 영토, 국민, 주권을 보호하며, 대내적 기능이자 치안 유지 기능으로서 국민의 생명과 재산을 보호하며, 사회질서를 유지한다.

모든 국가는 타국에 종속되거나 자국의 이익을 보장하기 위해 자주성을 추구한다. 셋째, 모든 국가는 물리적 공권력을 독점한 가운데 국가적 통합과 국민적 결속을 추구한다. 넷째, 모든 국가는 군사적 건설 및 유지와 법질서 유지를 위해 경제적 번영을 추구한다.

국가는 인간의 사회적 본성의 결과물이다. 인간은 지구상의 모든 동물 중에서 가장 사회성이 강한 존재이며, 개체로서 안고 있는 생존의 취약성을 공동생활을 통해 해결해 왔다. 인간의 행복추구 본능은 더욱더 공동생활의 중요성을 부각시켰다. 그리고 인류가 역사적 경험 속에서 질 높은 생존을 위해 내린 현재적 결론이 바로 국가이다. 국가 없이는 인간의 행복추구 자체가 불가능하다는 것이다. 우리는 국가가 인류의 가장 최근의 발명품이라는 사실에 주목해야 한다. 인류가 사냥꾼으로서 삶을 마감하고 국민의 이름으로 살기 시작한 기간은 대략 1만 년 정도다. 그러나 우리가 알고 있고 군이 주요한 수호의 대상으로 삼고 있는 현대의 주권국가가 탄생한 것은 400년 도 되지 않았나. 현대사회에 이르러 국가 주권의 절대성과 국가이익의 추구라는 배타성에 대해 많은 의문이 제기되고 있는 것이 사실이지만 아직 국가 자체를 대체할 수 있는 단계에 이르지 못했다는 것이다. 어쩌면 인류가 국가를 발명하는 데 19만여 년이 걸렸고, 주권 국가를 발명하는 데는 9,700여 년이 걸린 것처럼, 우리가 국가를 대체할 만한 발명품을 보려면 수천 년을 넘게 기다려야 할지 모른다.[39]

결과적으로 인간은 자신의 생명을 보전하고, 나아가 행복한 삶을 위해 국가라는 인위적 조직을 만들었다. 따라서 국가(국가의 운영 책임자)는 국민의 생명을 보전하고 행복한 삶을 확보하기 위해 노력하지 않으면 안 된다. 이러한 보편적 의지를 지니고 있고 공공복리에 이바지하며 도덕을 추구하는 공동체가 '국가'라고 전제할 때 개인의 삶은 국가의 테두리 안에서 이루어질 때 가장 안전하며 의미 있다고 볼 수 있다.[40]

따라서 오늘날 국가 없는 개인의 삶을 생각하기는 매우 어렵다. 국가는 인간 생활의 대부분과 연결되어 있으며, 대부분 사람은 국가가 설정한 범위 내에서 자신들의 삶을 영위하고 있다. 이러한 현실과 사실을 기반으로 할 때 우리는 대한민국의 국민 한 사람으로서 과연 어떤 국가관을 견지해야 할 것인가?

39) 신현훈, 「실천하고 행동하는 군대윤리」,(경기, 도서출판 글로벌, 2009), PP. 158~160. 참조
40) http://newdle.noonnoppi.com/xmlView.aspx?xmldid=71019(검색일: 2015. 8. 9)

2 국가관의 개념

국가관이란? 인간이 한 국가의 국민으로 살아가는 과정에서 그 자신이 속해 있는 국가에 대한 일정한 인식을 의미한다. 이러한 인식은 개인으로서 소속된 국가가 존재하는 목적 · 의의 · 가치 등에 대하여 가지는 견해나 주장을 말하며, 국가를 바라보는 관점을 의미한다.

국가관에 대한 관점은 자유주의 정치사상에 근거하여 사회학적 배경으로 다원주의를 전제로 한다. 그 사회학적 배경이란 다양한 철학적 · 종교적 · 도덕적 교리들의 다원주의와 세속적인 가치관들의 다원주의를 포함하는 다원주의 사회를 의미한다. 이런 배경은 자유주의 국가가 모든 개인은 자유롭고 합리적이며 평등한 시민으로 간주할 수 있는 최선의 방법으로 개인들이 속해 있는 다양한 문화들 사이에서 국가가 중립적이고 불편부당한 태도를 취할 것을 요구한다.

따라서 현대사회에 있어 국가를 바라보는 시각은 매우 다양하다. 그 이유는 첫째, 국가라는 단어는 실제로 역사적 발전과정과 문화가 다른 수많은 형태의 국가들을 통칭하는 용어이기 때문이다. 왕조국가, 도시국가, 독재국가, 공산주의 국가, 민주주의 국가 등이 모두 국가의 범주에 포함되어 있어 다양한 형태의 국가들을 하나의 관점으로 정리한다는 것은 사실상 불가능하다.

둘째, 결국 국가관이란 한 개인이 국가를 어떻게 인식하는가? 하는 문제로 귀결되며, 각 개인의 사회적 위치와 경험에 따라 다양한 국가관을 가질 수 있기 때문이다. 각 개인들은 국가에 대한 인식을 바탕으로 국가와 자신의 관계를 설정하게 되며, 그 관계 설정을 어떻게 하느냐에 따라 그의 국가에 대한 태도와 행위가 결정된다. 시대에 따라 그리고 피력했던 사람들의 사상적 경향에 따라 국가를 보는 다양한 시각이 존재하고, 그 시대의 조류를 반영하기 때문에 현대를 대표하는 고정된 국가관을 제시하기는 매우 곤란하다. 왜냐하면 국가들이 처한 환경이 매우 다양하며, 사람들은 자신들의 직업이나 개인적 신념 등에 따라 나름대로 국가를 정의하고 그에 따라 행동하기 때문이다.

3 국가관의 실체적 접근

우리가 살아가고 있는 시대의 환경과 상황은 급격한 변화를 맞이하고 있다. 소위 '4차 혁명 시대' 삶의 환경은 그 속도감을 체감할 정도이다. 더불어 삶의 가치관도 달라지고 있다. 삶의 환경과 가치관의 변화는 저출산의 문제, 자기중심의 'YOLO'(You Only Live Once)[41] 소비문화, 더 나아가 '나홀로 족'[42] 생활양식 등으로 나타나면서 공동체 중심의 가치가 다소 퇴색되는 결과로 이어지고 있다.

이러한 삶의 변화는 개인의 국가관 형성에 영향을 미치는 것은 자연스러운 현상일 것이다. 하지만 삶의 변화 속에서도 대한민국의 국민 한 사람으로서 '바람직한 국가관이란 무엇일까?'라는 물음에 생각해 보는 것은 매우 중요한 일이다. 왜냐하면 국가를 떠난 개인은 행복한 삶은 보장받기 어렵기 때문이다.

21세기를 살아가고 있는 개인은 모두 국적을 갖고 있다. 대한민국 국민 개개인도 외국에 나가면 대한민국 정부가 발행해준 여권을 가져야 나갈 수 있다. 외국에 나가서 태극기를 보면 누구나 가슴이 뭉클하거나 코끝이 찡하거나 코끝이 찡한 경험을 하게 된다. 국가공동체는 나의 삶 터전을 마련해 준다. 예컨대 2019. 12. 중국에서 '코로나바이러스 감염증-19 감염증' 발병 이후 국제 사회는 '판데믹[43]'을 우려하면서 국가 간의 발병률 및 조치를 눈여겨보았다. 그것은 환자 발생 수는 국가의 이미지이자 국력으로 평가되는 척도로 인식되었다. 게다가 자국민을 보호하기 위한 국가간의 대응 및 의료시스템에 대한 평가로 이어졌다. 당시 대한민국의 '코로나바이러스 감염증-19 감염증'에 대한 대응 및 조치는 세계적으로 매우 성공적인 결과로 평가되었다.

---

41) 남보다 자신, 미래보다 현재의 행복을 중시하는 태도로 '현재를 즐겨라!'라며 미래보다는 지금 당장의 행복을 추구하는 소비 행태를 지칭한다. 「NAVER 지식백과」, https://terms.naver.com(검색일: 2020. 2.16.)

42) 혼족이란 혼(자)이라는 글자와 공통된 생활양식을 지닌 사람들이라는 뜻의 족을 합쳐서 만든 신조어이다. 1인 가구가 늘어나기 시작한 2010년대부터 사용되기 시작한 신조어로 새로운 생활양식의 사람들을 말한다. 혼족은 혼자 밥을 먹거나 여가생활과 쇼핑을 즐기며, 여행도 홀로 떠나는 등 혼자 활동하는 취미를 가졌거나 그런 성향이 강한 사람들을 일컫는 줄임 말이다.「위키백과」, https://ko.wikipedia.org/wiki(검색일: 2020.2.16.)

43) 판데믹(pandemic)이란 세계보건기구(WHO)는 전염병의 위험도에 따라 전염병 경보단계를 1단계에서 6단계까지 나누는데 최고 경고 등급인 6단계를 '판데믹(pandemic: 전염병의 대유행)'이라 한다. 그리스어로 'pan'은 '모두', 'demic'은 '사람'이라는 뜻으로, 전염병이 세계적으로 전파되어 모든 사람이 감염된다는 의미를 지니고 있다. https://search.naver.com(검색일: 2020.2.16.)

다시 말해서 '코로나바이러스 감염증-19 감염증'이 급속도로 확산 되는 가운데 "대한민국이라는 국가가 자국 국민의 안전한 삶을 보장하면서 세계 속의 대한민국의 위상을 높이는 전기가 되었다."라는 관점에서 대한민국이라는 국가와 국민의 삶은 불가분의 관계임을 입증했다 할 것이다. 비교척도로서 시대적 상황이 열악했던 일제 치하의 '백범 김구(金九)선생'의 국가관에 대해 생각해 보자.

백범 김구(金九)선생'의 국가관

나는 우리나라가 세계에서 가장 아름다운 나라가 되기를 원한다. 가장 부강한 나라가 되기를 원하는 것은 아니다. 내가 남의 침략에 가슴이 아팠으니, 내 나라가 남을 침략하는 것을 원치 아니한다. 우리의 부력(富力)은 우리의 생활을 풍족히 할 만하고, 우리의 강력(强力)은 남의 침략을 막을 만하면 족하다. 오직 한없이 가지고 싶은 것은 높은 문화의 힘이다. 문화의 힘은 우리 자신을 행복 되게 하고 나아가서 남에게도 행복을 주기 때문이다.

지금 민족에 부족한 것은 부력이 아니요, 경제력도 아니다. 자연과학의 힘은 아무리 많아도 좋으나 인류 전체가 보면 현재의 자연과학만 가지고도 편안히 살아가기에 넉넉하다. 인류가 현재에 불행한 근본 이유는 인의(仁義)가 부족하고, 자비가 부족하고 사랑이 부족하기 때문이다. 이 마음만 발달 되면 현재의 물질로도 20억이 다 편안히 살아가기에 넉넉하다.

인류가 이러한 정신을 배양하는 것은 오직 문화다. 나는 우리나라가 남의 것을 모방하는 나라가 되지 않고 이러한 높고 새로운 문화의 근원이 되고 목표가 되고 모범이 되기를 기원한다. 그래서 진정한 세계의 평화가 우리나라에서, 우리나라로 말미암아 세계에 실현되기를 원한다. 홍익인간이라는 우리 국조 단군의 이상이 이것이라고 믿는다. 이 일을 하기 위해서는 사상의 자유를 확보하고 바른 정치 양식의 건립과 국민교육이 이뤄져야 한다.

최근 우리 문화건설의 사명은 우리 민족을 모두 성인으로 만드는 데 있다. 대한 사람이라면 가는 데 마다 신용을 받고 대접을 받아야 한다. 우리의 적(일본)이 우리를 누르고 있을 때는 투쟁의 정신을 길렀으나, 적(일본)은 이미 물러갔으니 우리는 증오의 투쟁을 버리고 화합의 건설을 일삼을 때다.

우리는 개인의 자유를 주장하되, 그것은 짐승같이 제 배를 채우기 위한 자유가 아니라, 가족을, 이웃을 잘살게 하기 위한 것이어야 한다. 공원의 꽃을 꺾는 자유가 아니라 공원에 꽃을 심는 자유다. 우리는 남의 것을 빼앗거나 남의 덕을 입으려는 사람이 아니라, 가족에게, 이웃에게, 동포에게 주는 것을 낙으로 삼는 사람이다.

그러므로 게으르지 않고 부지런하다. 사랑하는 처자를 가진 가장(家長)은 부지런할 수밖에 없다. 한없이 주기 위함이다. 이것이 우리 조상들이 좋아하던 인후지덕(人厚之德)이란 것이다. 이로써 우리나라의 산에는 산림이 무성하고, 들에는 오곡백과가 풍성하며 촌락과 도시는 깨끗하고 풍성하고 화평할 것이다. 그리하면 우리 동포 얼굴에는 항상 화기가 있고 몸에 눈 덕의 향기를 발할 것이다.

백범 김구(金九)선생'의 국가관
이러한 나라는 불행 하고자 해도 불행할 수 없고 망하려 하여도 망할 수 없는 것이다. 민족의 행복은 결국 계급투쟁에서 오는 것이 아니라, 개인의 행복이 이기심에서 오는 것도 아니다. 계급투쟁은 끝없는 계급투쟁을 낳아서 국토에 피가 마를 날이 없고 내가 이기심으로 남을 해하면 천하의 이기심이 날로 해할 것이니 이것은 조금 얻고 많이 빼앗기는 법이다. 이성에 말한 것이 내가 바라는 새 나라 모양이다. 이러한 나라가 이루어지면 얼마나 좋겠는가? 또 우리 자손에게 이러한 나라를 물려 줄 수 있다면 얼마나 기쁘겠는가? 나는 우리의 힘으로 특히 교육의 힘으로 반드시 이 일이 이루어 지리라 믿는다. 우리나라의 젊은 남녀가 다 이런 마음을 가질 건데 아니 이뤄지고 어찌하랴. 나는 이미 늙어 시간이 얼마 남지 않았으나, 남녀가 다 이런 마음을 가질 건데 아니 이뤄지고 어찌하랴. 나는 이미 늙어 시간이 얼마 남겨두지 않았으니, 남녀 학도들이여 한번 크게 마음을 고쳐먹고 이런 나라를 만들어 보지 않겠는가.

위의 김구 선생의 국가관은 지금의 대한민국의 상황과 같지 않다. 하지만 오늘을 살아가는 우리에게 시사하는 바가 매우 크다. 백범은 개인의 사익보다는 민족과 국가의 극단적인 위기를 걱정하고 그 해결책을 모색하고자 노력했다. 백범은 그의 성장 과정에서부터 양반 중심의 조선사회의 부패상에 대해 매우 부정적인 생각을 했고, 면면히 흐르는 백성 중심의 인류 보편적인 자유 사상을 존중했다. 이러한 국가관을 바탕으로 백범 김구의 삶은 민족의 아픔을 자신의 아픔으로 여기고, 그 아픔을 극복하기 위해 항일운동의 선봉에 서게 된 것이다. 그 노력의 결실로 광복의 기쁨을 얻게 되었고, 이후 이어지는 국가 건설과정에서는 남한만의 단독정부 수립을 반대하고 민족 전체가 하나의 국가를 이루기 위해 노력했다.

4 바람직한 국가관

국가에 소속된 국민으로서 올바른 국가관을 견지하는 것은 매우 중요하다. 그것은 개인의 삶을 풍요롭게 할 뿐만 아니라 국가의 번영과 미래비전을 위해 매우 중요한 원동력이 되기 때문이다. 이러한 관점은 오늘날 대한민국의 공공성 업무를 수행하는 이들에게 커다란 시사점을 던져주고 있다. 그 시사점에 대해 정리해 보면 다음과 같다.

첫째, 국가의 존재 이유에 대해 분명한 인식을 해야 한다. 국가는 개인의 안전을 지키는 것은 물론 국민 각자가 인간다운 삶을 살 수 있도록 노력해야 한다. 흔히 정치를 '배부르고 등 따습게 하는 것'으로 규정한다. 물론 그런 물질적인 터전도 중요하다. 그러나 그것이 인간 삶의 궁극적인 목적은 될 수 없다. 플라톤이 질타했듯이, 그런 '욕망의 세계'가 국가가 지향해야 할 목표일 수는 없다. 국가는 국민의 '훌륭한 삶'을 위해 고민하고 그것을 위한 선택지를 만드는데 진력해야 한다.

둘째, 한국적인 상황에 부합하는 국가관을 정립해야 한다. 지금 우리 사회가 당면한 과제는 한둘이 아니다, 그중에서도 국가의 안전을 지키고 경제발전을 통해 물질적 필요를 충족시키는 것은 최우선 순위가 될 수밖에 없다.

셋째, 지금 현재 한국의 공직자들은 글로벌 사회의 일원으로서 그에 부합하는 복무자세를 취할 것을 요구받고 있다. 한국은 남의 나라 원조를 받는 나라에서 불과 수십 년 만에 남을 돕는 나라로 변모했다. 이제 한국은 국제 사회의 변방이 아니다. 따라서 한국의 공직자들은 국제 사회의 주체로서 글로벌 규범을 실천에 앞장서야 한다. 민주주의 이념 위에 자유와 평등, 박애 정신을 구현하고자 적극적 역할을 해야 한다. 이와 관련, 특히 유념해야 할 점은 국제적 보편주의와 우리 민족 중심주의 사이에서 적절한 균형을 잡을 수 있어야 한다는 것이다. 한국의 공직자로서 당연히 우리의 국가이익을 증진하기 위해 노력해야 한다. 그러나 그것이 폐쇄적 민족주의로 경도되어서는 안 된다.

바람직한 국가관으로는 '진충보국의 국가관'이 언급되고 있다. 그 사례로는 조선시대의 한음을 들 수 있다. 조선 중기에 일화와 해학(諧謔)으로 우리에게 잘 알려져 있는 '오성(鰲城)과 한음(漢陰)'이라는 문신(文臣)이 있었다. 오성은 오성부원군(鰲城府院君)에 봉해졌던 백사(白沙) 이항복(李恒福)이고. 한음(漢陰)은 이덕형(李德馨)이다. 이 두 분은 어릴 적부터 아주 가까운 친구로서. 선조(宣祖) 때 같이 벼슬하다가 임진왜란(壬辰倭亂)을 치르면서 많은 공훈을 세웠고. 벼슬이 신하로서는 최고 지위인 영의정(領議政)에까지 이르렀고. 광해군(光海君) 때 영창대군(永昌大君) 살해와 인목대비(仁穆大妃)의 폐위를 반대하다가 귀양 가는 신세가 되었는데. 두 분의 일생이 비슷하다.

한음은. 임진왜란 때는 체찰사(體察使)를 맡아 전쟁을 지휘하고. 명나라에 원병(援兵)을 요청하는 등 분골쇄신(粉骨碎身)하였고. 임진왜란이 끝난 뒤에도 복구사업에 쉴 틈이 없었다. 나랏일이 워낙 바빠 집에 돌아가 식사할 겨를도 없었다. 그래서 대궐 문밖에 조그만 집을 한 채 빌려 첩으로 하여금 거기서 거처하게 하여 식사를 해결하고 있었다.

어느 날 날씨가 매우 더웠는데, 한음은 임금에게 장시간 여러 가지 일을 아뢰고 나자, 목이 되게 타고 가슴이 답답하였다. 대궐 문밖의 임시 거처로 급히 돌아와 입을 열어 말을 하기도 전에 손부터 내밀었다. 물을 달라는 표시였다.

그런데 그 첩은 미리 제호탕을 준비하였다가 바쳤다. 제호탕이란, 대추 오매(烏梅) 백단향(白檀香) 등 한약재를 가루로 내어 꿀에 버무려 두었다가 찬물에 타서 먹는 우리나라 전통의 청량음료이다. 한음은 너무나 마음에 들었다. 그러나 마시려고 하다가 마시지 않고 그 첩을 한참 쳐다보았다. 그리고는, "나는 이제부터 너를 버리겠으니, 너 갈 대로 가라"는 말을 남기고는 그 길로 돌아보지도 않고 떠나버렸다.

그 첩은 평소 매우 영리하였는데 한음의 총애를 한층 더 받기 위해서 미리 머리를 써서 더위를 식혀줄 제호탕을 준비하였는데, 그 일로 인하여 자신이 버림받는 신세가 되고 말았다. 그러나 아무리 생각해 봐도 도무지 그 이유를 알 수가 없었다. 밤새도록 잠을 이루지 못하고 울다가 이튿날 한음과 마음이 가장 잘 통하는 백사(白沙)에게로 달려가 그 사정을 이야기하였다. 백사도 친구 한음이 정말 사랑하던 첩을 버렸다는 말을 듣고 그 이유를 알 수가 없어 의아하게 생각하였다.

그 뒤 한음을 만나자 백사는 "총애하던 여인을 아무 이유도 없이 버리는 것은 어째서인지?"라고 묻자, 한음은 이렇게 대답하였다. "그 여인이 죄가 있어서가 아니라네. 얼마 전 내가 임금님께 일을 아뢰고 나왔을 때, 날씨가 매우 더워 가슴이 답답하고 목이 말랐네. 그런데 내가 말도 하기 전에 그녀가 미리 제호탕을 준비했다가 주는 게 아닌가. 그 영리함이 너무나 사랑스러웠고, 내가 그 그릇을 받아 들고서 그 얼굴을 보니, 온갖 애교가 내 마음을 끌어 더욱 아름답게 보이더군. 그래서 내가 '전쟁 뒤에 나라가 어지러워 아직 평정을 찾지도 못하여 안위(安危)를 걱정해야 할 시국인데, 나랏일을 책임진 사람으로서 마음이 끌려 돌아보는 곳이 있게 되면 나랏 일을 그르치고 말겠구나'라고 생각하여 은혜와 사랑을 끊고 나랏일에 전념하기로 한 것이라네. 그녀에게 죄가 있는 것은 아니라네." 한음의 말을 듣고 백사는, "자네의 이번 일은 정말 늠름한 대장부다운 처사라네. 나 같은 사람이 따라갈 수 없는 일일세"라고 탄복하며 칭찬해 마지않았다.

나랏일을 맡은 공직자로서 개인적인 애정 관계를 끊은 한음의 처사는 공정하다고 하겠다. 모든 공직자가 자기 사사로운 인연에 얽매이지 않고, 오로지 충성하는 마음으로 나랏일에 전념한다면, 나라는 저절로 잘되어 갈 것이다.

5 바람직한 국가관에 요구되는 덕목

바람직한 국가관을 확립 및 실천을 위해 요구되는 덕목에 대해 특정하게 정의할 수는 없다. 하지만 공직에 근무하는 직업인은 국가의 공복으로서 요구되는 일반적인 덕목으로는 애국애족, 충성, 봉사를 실천해야 한다.[44]

가. 애국애족

애국애족은 자기의 나라와 겨레를 사랑하는 마음으로서 '조국에 대한 사랑'과 '민족에 대한 사랑'의 의미를 내포하고 있다.[45] 이는 조국의 운명에 대한 깊은 애정을 뜻하며, 자기 민족에 대한 사랑을 의미한다. 따라서 어느 직업보다도 공무원이 지향해야 할 최고의 덕목은 애국애족의 정신이라고 할 수 있다. 그 이유는 공직자의 가치 덕목인 충성, 봉사, 명예, 희생, 용기에는 애국애족의 정신이 밑바탕이 되고 있기 때문이다. 애국애족의 정신은 조국의 불행을 가슴 아파하고, 조국의 기쁨을 자신과 더불어 같이 나누면서 조국의 흥망에 자신의 운명을 직결시키는 충정이자 조국의 영광과 함께 더 나은 번영된 조국을 창조하기 위해 자신을 바치는 진실한 행위를 의미한다.

나. 충성

충성은 국가나 특정 인간 또는 신념에 자기를 바치고 지조를 굽히지 않는 마음가짐과 태도이다. 오늘날 민주국가에서 공무원에게 요구되는 충성이란 공무원의 행동규범(행위규범)으로서 국가이념이나 헌법의 자유민주주의 기본질서를 수호하고, 국민 전체의 보편적 이익(공익)에 헌신하는 것이다.[46]

한자(漢字)의 의미는 '거짓 없는 참마음에서 우러나오는 정성스러운 태도와 자세'를 말한다. 이러한 충성은 '국가에 대한 충성, 상관에 대한 충성, 자기 자신과 직업에 대한 충성' 등으로 이해될 수 있다. 국가에 대한 충성은 조국에 몸과 마음을 바치는 것

---

44) 육군교육사령부,《군사입문》, (교육사령부, 2012), pp. 4~8. 참조
45) http://search.naver.com/search.naver?sm=tab_hty.top&where=nexearch&ie=utf8&query=% EC%95%A0%EA%B5% AD%EC%95%A0%EC%A1%B1(검색일 : 2015. 9. 6)
46) http://terms.naver.com/entry.nhn?docId=659979&cid=42152&categoryId=42152(검색일 : 2015. 9. 6)

으로 “나라를 위해 몸을 바치는 것이 군인이 마땅히 행하여야 할 직분”이라는 안중근 의사의 ‘위국헌신 군인본분(爲國獻身 軍人本分)’의 자세이다. 상관에 대한 충성은 자신의 언행 때문에 상관의 권위와 위신이 실추되지 않도록 함을 의미한다. 그리고 자기 자신과 직업에 대한 충성은 자신과 본인이 속한 조직에 참마음으로 정성을 다하는 것이며, 또한 본연의 임무 수행을 통해 자아실현과 더불어 조직목표 달성에 기여할 수 있기 때문이다.

다. 봉사

봉사란 국가나 사회 또는 남을 위하여 자신을 돌보지 아니하고 힘을 바쳐 애쓰는 것을 뜻한다.[47] 공동체 생활을 영위하는 인간은 상호 협력을 통해 살아간다. 이러한 협력관계를 형성 및 유지하는 핵심 덕목이 봉사이다.

오늘을 살아가는 우리는 오늘이 있기까지 국가와 사회로부터 많은 혜택을 받으며 살아왔다. 따라서 모든 국민은 국가에 대한 의무를 지고 있으며, 이를 위해 일정 부분 봉사를 해야 한다. 특히 직업군인은 국가와 공동운명선이자 유사시 국민의 생명과 재산을 외부 위협으로부터 지키는 임무를 수행하는 직업의 특수성을 가지고 있다. 이를 종합해 보면 군대는 최고의 봉사집단이며, 직업군인은 명예로운 봉사자이다. 그러므로 직업군인은 작게는 부하와 동료를 위해 헌신하고 크게는 부대와 국가의 번영 및 발전을 위해 생명을 바칠 각오로 봉사를 실천해야 한다.

47) http://krdic.naver.com/detail.nhn?docid=17386000(검색일 : 2015. 9. 6)

Ⅱ. 사례

정도전과 성삼문의 국가관 비교

정도전과 성삼문은 고려 시대 말의 고위관료로서 각자 인식하는 국가관을 바탕으로 생사(生死)를 초월하는 삶을 추구했다.

정도전	정몽주

정도전은 고려 시대 시절 과거 급제 후 성균관 등에 있으면서 성리학을 장려하였고, 외교적으로 권문세족에 대항하여 명나라와의 외교를 주장하다 파직과 복직을 반복하였으며, 1383년 이성계를 만나 정사를 논하다가 역성 혁명론자가 되었다. 백성의 피폐함을 보고 이성계를 도와 새로운 국가(조선왕조)를 만들고자 했다. 그 명분은 고려 말 사회의 모순은 핵심은 윤리의 타락이 이었으며, 윤리의 타락은 백성들 상호 간의 증오심 격화로 이어졌다. 이를 해결하기 위해서는 민본정치와 부국강병 그 해결책이라고 보았다. 따라서 병농일치(兵農一致)를 통한 국방체제의 강화와 중앙군의 증대를 통한 수도치안의 강화를 지향했다. 이러한 체제의 확립은 경제생활의 안정 없이는 불가능한 것이며, 물질적 기초로서 국가재정이 확보되어야 한다고 생각했다. 민생을 안정시키기 위해서는 무엇보다도 농업 생산이 진흥되어야 하고, 또한 토지 소유 관계가 재조정되어야 했다. 고려 말 사회적 모순의 가장 큰 원인은 토지 소유의 극단적인 불평등에 있으므로 먼저 토지 제도 의 전면적 개혁을 하는 등 새로운 국가 건설이 필요하다고 보았다.

정몽주는 고려 말기의 학문 · 외교 · 경제 · 군사 · 정치 · 인품 모두 갖춘 재상이자, 고려 최후의 보루의 역할을 선비이며, 왜구 토벌에도 공을 세웠던 글자 그대로 문무를 겸비한 인물이었다. 그는 조선왕조의 개창을 반대하면서 고려 왕조 내에서 점진적 개혁만으로도 백성에게 도움을 주는 세상을 만들 수 있다고 보았다.

그래서 이성계와 정도전 등이 주장했던 역성혁명(易姓革命)보다는 개혁(改革)을 통해 현존하는 국가의 기능과 역할을 강화하고자 했다.

결국 정몽주의 국가관은 정도전의 국가관과 맥을 같이하는 이성계의 신왕조 수립에는 반대하는 입장이었다. 따라서 뜻을 함께할 수 없다고 판단한 이성계의 아들 이방원은 정몽주가 이성계를 문병하고 돌아가는 '선지교'에서 타살하였다

이순신 장군과 안현수의 국가관 비교

이순신 장군은 임진왜란 당시 모함을 받아 백의종군(白衣從軍)하면서도 나라를 구하기 위해 필사즉생(必死卽生) 필생즉사(必生卽死)의 정신으로 위국헌신군인본분(危國獻身軍人本分)의 국가관을 체현한 분이다.

정유재란이 일어나자 조선 조정은 일본인 간첩 요시라의 이간질에 녹아 이순신을 삼도수군통제사에서 경질하고 원균을 기용한다. 그러나 원균은 칠천량 해전에서 왜적의 전술에 말려 대패하고 만다. 조선은 제해권을 완전히 상실, 강토는 또 한 번 왜적의 침략에 분탕질 되고 만다. 1597년 8월 조선 조정은 권율 도원수 밑에 있던 이순신을 다시 삼도수군통제사로 복귀시킨다. 복귀한 이순신 장군은 다음과 같이 비장한 각오를 내비쳤다고 한다. "임진년부터 지금까지 5~6년 동안 적이 감히 충청, 전라도를 곧장 돌진해 오지 못했던 것은 우리 수군이 길을 막았기 때문입니다. 이제 제게 전선이 아직도 12척이나 남아 있습니다. 죽을힘을 내어 항거해 싸우면 오히려 할 수 있는 일입니다."[48] 당시 남은 배는 단 10여 척분이었다. 중과부적을 절감한 이순신 장군은 물살이 빠른 명량구에 진을 쳤다. 그는 휘하장수들과 함께 "우리는 함께 왕명을 받았다. 의리상 생사를 같이해야 한다. 국사(國事)가 이 지경에 이르렀는데, 어찌 한 번 죽음을 아끼겠는가. 오직 충의에 죽는다면 죽어도 영화가 있을 것이다."라고 굳게 결의했다.

당시 단 10여 척으로는 도저히 감당할 수 없는 상황에서 이순신 장군은 백성들의 피란선 100여 척을 이용하기로 한다. 전선 10여 척을 앞에 두고 그 뒤에 피난선을 쭉 늘어놓아 마치 100여 척의 전선이 있는 것처럼 거짓으로 허장성세를 펼친 것이다. 마침내 전투가 벌어지자 장군은 두려움에 떨고 소극전을 펼치려는 휘하장수들을 독려하여 적선 31척을 깨드리는 전과를 세운다. 특히 이 해전에서 조선 수군은 단 1척의 피해도 입지 않았고, 전사자 2명과 부상자 2명이 있었을 뿐이다.

한편 빅토르 안 선수는 러시아의 쇼트트랙 선수이며, 대한민국 출생으로 한국 국가 대표로 경력을 쌓다가 2011년 러시아로 귀화했다. 한국에서 쓰던 이름은 안현수였다. 2010년 12월에 안현수가 몸을 담았던 성남시청 쇼트트랙팀이 해체된다. 안현수는 소속팀도 없어지고 부상 여파로 인한 성적 부진으로 새로운 팀을 구하지도 못하는 상황에서 홀로 훈련을 하면서 2011년 2월 평창 전국동계체전 일반부에 경기도 대표로 출전 금메달 1개, 은메달 2개를 획득하였다.

2011년 4월 16일에는 국가대표 선발전을 겸한 쇼트트랙 종합선수권에 출전하였으나 5위에 그치면서 4위까지 주어지는 국가대표 진입에 실패한다. 이때 이미 결정된 러시아 진출을 공식적으로 선언하고 2011년 6월 러시아로 출국하였다. 이 당시만 해도 러시아에 간 건 1년 일정이었다고 대외적으로 발표했다. 하지만 러시아가 원한 건 처음부터 귀화였고 결국 안현수는 2014 소치 동계올림픽에 출전하기 위해 2011년 8월 17일부로 러시아 귀화 신청을 한다. 2011년 한 해가 저물기 직전인 12월 29일에 러시아 대통령 드미트리 메드베데프가 안현수에게 직접 러시아 국적을 부여하는 대통령령에 서명하였고 안현수는 러시아 이름을 소련 시절 명성을 떨친 고려인 출신의 록 가수 빅토르 최의 이름을 따 빅토르 안으로 정했다.

귀화 이 후 빅토르 안은 한 인터뷰에서 "내 가슴에 어느 나라 국기가 달리든 크게 상관하지 않는다. 운동에 집중하고 싶어서 내린 결정이기 때문이다. 또 많은 생각을 했고 결정에 대한 책임도 크다. 안 좋은 시선으로 보는 분들도 있을 것이다. 제 선택이기 때문에 각오도 하고 있다. 그리고 선택을 후회하지 않게 열심히 준비해서 올림픽에서 좋은 모습을 보여주겠다."고 했다.

48) 『이충무공전서(李忠武公全書)』, 권13, 부록5 행록1

Ⅲ. 발표 및 토의

구분	토의 주제	비고
주제 1	귀하는 공직시험에 응시한 결과 1차 필기평가에 합격했다. 그리고 2차 시험인 면접을 보는 중에 면접관으로 부터 "본인의 국가관에 대해 말씀해보세요?"라는 질문을 받았다. 본인이 생각하는 국가관에 대해 발표하시오.	개별 발표

Chapter

06 애국심의 재조명

Ⅰ. 필요지식

1 애국심(愛國心)이란?

국가는 그 구성원인 국민의 삶의 터전이자 스스로 자아를 실현할 수 있는 최상의 공동체이다. 동서고금을 막론하고 국가가 전제될 때, 그 국가를 지키기 위한 집단과 활동은 발생했다. 그 중심에는 소위 '애국심'이 있었다.

일반적으로 '애국심'(patriotic spirit)이란 자신의 나라를 사랑하는 마음으로서 "국가에 대한 사랑과 자부심, 그리고 최상의 국가이익이라고 여겨지는 바를 위해 희생을 감수하는 것"이라고 정의할 수 있다.

소크라테스는 애국심을 두 가지로 표현했다. 하나는 '자연적 애국심'(natural patriotism)이며, 다른 하나는 '정치적 애국심(political patriotism)'이다. 자연적 애국심은 "모든 시민은 땅의 자손이며 교육을 받고 태어 난다."고 말할 정도로 고향에 대한 본질적인 사랑이 바로 '자연적 애국심'의 한 형태라고 볼 수 있다.

이와 달리 '정치적 애국심'은 소위 '파트리아'[49]를 사랑할 때 나타나는 애국심의 한 형태이다. 그것은 '시민 공동체'의 뜻을 갖는 'polis'(도시국가)의 정치적 정체성과 충성심을 가지는 마음으로서 자기가 태어난 도시, 즉 "자기 나라를 향한 사랑과 희생이 곧 애국심이며, 그것은 조국에 대한 정서적 애착과 깊은 자부심을 갖게 된다."고 보았다. 이는 시민으로서 가져야 하는 최고의 덕성이 바로 애국심이라는 것이다.

---

49) '파트리아'는 지리적 실체인 동시에 정치적 실체라고 할 수 있으며, 자기 땅에 살고 있는 일군의 사람들이 공동의 자유, 공동선, 법치, 정의 등을 보장해 주는 파트리아를 사랑할 때 그들은 비로소 애국적 시민으로 변화한다고 보고 있다.

근대적 관점의 애국심은 영광스러운 조국을 위한 영웅적 자기희생의 강력한 상징으로서 로마 역사에 뿌리를 두고 나타나고 있다. 나라를 이롭게 하는 훌륭한 시민은 죽음을 주저하지 않을 것이며, 나라를 자기 생명보다도 더 귀중하게 여긴다는 것이다. 애국심은 자신이 태어나고 자신에게 혜택을 준 조국 자체가 언제나 사랑하고 존경할 대상이라는 인식이 깊게 자리하고 있다.

앞에서 제기한 애국심의 개념적 정의는 두 가지로 정리될 수 있다. 첫째 그 대상은 '국가'라는 존재이다. 애국심은 국가가 존재하지 않는다면 존속할 수 없는 개념이기 때문에 국가의 존재는 중요하다는 것이다. 둘째 국가에 대한 충성 또는 사랑의 감정을 가지는 주체는 바로 국민이라는 점이다. 국가가 존재하면 그 대상에 대해 충성하고 동일시하며 사랑의 감정 등을 지니는 국민이라는 요소가 필요하다는 것을 알 수 있었다.

2 인간의 사랑과 애국심의 관계

모든 인간은 사랑을 필요로 한다. 인간은 사랑을 통해 성장한다. 이는 꼭 연인과의 사랑, 가족 간의 사랑, 스승과 제자의 사랑, 친구와의 사랑처럼 인간과의 사랑만을 뜻하지는 않는다. 사물이나 어떠한 행위, 또는 눈으로는 볼 수 없는 추상적인 개념에 대한 사랑도 사랑이다. 예를 들면, 주말 오후에 하는 느긋한 피아노 연주, 초등학교 입학 후 첫 생일날 받은 지구본이나 친구들과 주고받은 편지들, 처음으로 암송에 성공한 시를 사랑한다 해도 무엇 하나 이상할 것 없다. 사랑의 대상은 그 어떠한 우주도 마음대로 정할 수 있는 것이 아니다. 고대 희랍인들은 사랑을 아가페(Agape), 에로스(Eros), 스토르게(Storge), 필리아(Philia)로 분류하였다.

	아가페(Agape)는 보통 거룩하고 무조건적인 사랑을 뜻한다. 아가페라는 용어는 초기 기독교인들은 이 용어를 인류를 위한 하느님의 자신을 희생하는 사랑으로 부르고 있다. 아가페(agape)는 쉽게 말해 '절대적인 사랑 '을 뜻한다. 사랑이 곧 이상으로서 인간이 살면서 이상을 지향하듯 조건 없이 어느 대상에 국한되지 않고 자연스럽게 모든 대상에 사랑을 베푸는 것이다.
	에로스(Eros)는 그리스 신화에 등장하는 연정과 성애를 담당하고 있는 신이다. 로마 신화의 아모르 또는 큐피드와 동일시된다. 남녀 간에 오가는 수평적이며 이성적 사랑을 말하며, 이는 뜨거운 열정이 따른다. 그리고 마침내 이로 인하여 사랑하는 남녀가 짝을 이뤄 가정을 탄생시키고 자녀를 낳아 인류의 역사를 이어가는 원동력을 이룬다.
	스토르게(Storge)는 혈족애(血族愛)를 말한다. 부모 자식 사이의 피로 얽힌 사랑이다. 피는 물보다도 짙고 호르몬보다도 강하다. 그러므로 부모자식 간 혈족애(血族愛)는 어느 사랑보다도 강(强)하다. 그것은 인륜(人倫)을 넘어서 천륜(天倫)이다. 자식이 불구자가 되어도 부모의 사랑은 변하지 않는다. 자식을 측은(惻隱)히 여기는 마음은 더욱 강(强)해진다. 가장 순수하고 이기적(利己的) 욕망을 떠난 사랑은 부모의 자식에 대한 사랑이다. 그런 의미에서 "어머니의 사랑"이 사랑 중에서 최고의 위치를 차지한다.
	필리아(Philia)는 수평적이면서 의리와 신뢰로 다져진 우정을 뜻한다. 예컨대, 친구를 죽마고우(竹馬故友) 화랑도(花郎徒)에서 친구지 간의 우정을 중시하여 붕우유신(朋友有信)을 강조하였다. 아름다운 우정으로는 춘추전국시대(春秋全國時代) 제(齊)나라의 관이오(管夷吾:管仲)와 포숙아(鮑叔牙:鮑叔)의 남달리 두터웠던 우정을 관포지교(管鮑之交) 또는 금란지교(金蘭之交)라 칭한다.

일반적으로 사랑은 내림 사랑이라 하여 부모가 자식을 끔찍하게 사랑하는 무조건적 사랑과, 올려 사랑으로 부모를 향한 순종과 보호, 스승을 향한 존경심, 그리고 사회와 이웃을 향한 봉사 정신을 으뜸으로 내세운다. 그런데 만약 인간이 사랑하는 마음이 없다면 그 삶은 너무나 고독하고 적막하다. 우리는 기쁨, 즐거움, 안타까움 등 여러 가지 감성을 실어 교감할 수 있는 온갖 것들을 사랑한다. 사랑의 대상은 여러 가지 상황에 따라 달라질 수 있다. 지난 세월 속에 우리의 자긍심을 높여주었던 스포츠 선수들을 생각해 보자!

김연아	박성현	정현

이런 것들은 국가를 사랑의 대상으로 하고 있으며, 국가를 사랑하는 마음이라는 것을 입증하고 있다고 평가할 수 있다. 즉, 애국심도 우리가 지니고 살아가는 여러 사랑의 감정 가운데 하나라고 볼 수 있다. 우리는 일반적으로 조국을 사랑해야 한다고 생각한다. 애국심을 갖는 것은 국민으로서 당연한 것이라고 여긴다. 그래서 개인의 안위보다. 국가와 민족을 위해서 희생한 분들을 존경한다. 이것은 대부분의 현존하는 국가에서 오랜 기간 검증된 시대정신이다. 우린 이들을 애국자라 부른다.

3 애국심의 두 얼굴

가. 애국과 매국에 대한 관점50)

영웅은 시대가 만든다. 간신 역시 마찬가지다. 중국 민초들은 남송의 명장, 악비(岳飛, 1103~1142)를 구국의 영웅으로 받든다. 그에 대한 추모 열기는 충무공 이순신 못지않다. 반면에 그를 모살한 화친파의 영수, 진회(1090~1155)는 매국노라는 오명을 뒤집어 쓴 채 만고의 죄인으로 남아있다. 그러나 중국 역사에서 최고의 간신으로 손꼽히는 진회(秦檜)는 어쩌면 시대의 희생양이다. 그는 기개 넘치는 젊은 엘리트에서 '나라를 팔아먹은 매국노'로 역사에서 지탄의 대상이 되었다. 하지만 진회에 대한 변명도 분명 존재한다. 즉 그가 간신이 된 것은 '때로는 굴욕의 평화가, 명분뿐인 죽음보다 나은 길'이라고 판단했기 때문이라는 것이다.

50) http://cafe.daum.net/_c21_/bbs_search_read?grpid=2Akp&fldid=3L0P&datanum=5038(검색일: 2018. 8.4)

악비(岳飛)	진회(秦檜)
	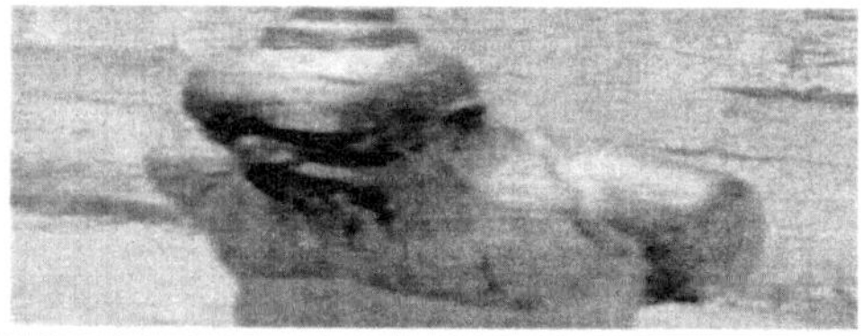

충신이든 간신이든, 선인이든 악인이든 간에, 뜬구름 같은 세상에서 잠시 얼굴을 내밀다 사라진다. 서호(西湖) 가까이 위치한 악비 묘 앞에 진회 부부가 상반신이 벌거벗겨진 모습으로, 두 손을 뒤로 포박당한 채 무릎을 꿇고 있는 조각상이 보인다. 이곳을 찾은 사람들이 저마다 침을 뱉어서, '침을 뱉지 마시오'라는 문구가 적혀 있다. 사람들은 '회(檜)'라는 글자를 꺼려, 이름을 지을 때 이 글자를 사용하지 않는다고 한다. 서민들이 아침 식사로 즐겨 먹는 '여우티아오(油條)'라는 간편한 음식이 있다. 반죽한 밀가루를 작고 길쭉하게 떼어내 기름에 튀긴 것으로, 진회를 증오하여 한때 '여우짜휘(油炸檜, 기름에 튀겨 죽일 인간말종, 진회)'로도 불렸다.

중국 정부의 악비에 대한 평가도 바뀌는 추세다. '민족의 영웅'에서 '충성스러운 군인'으로 그 격을 낮추었다. 소수 민족이 세운 정권도 엄연한 중국 역사의 일부라는 시각이 반영된 결과다.

서강대 사학과 계승범 교수는『우리가 아는 선비는 없다 - 조선을 지배한 엘리트, 선비의 두 얼굴』에서, 역사적 인물을 평가할 때, '현실성', '보편성', '역사성', '책임성'에 입각해야 오류를 줄일 수 있다고 하였다.[51] 이러한 기준을 근거로 진회를 평가하자면, 재상으로 집정하는 동안 남송의 정권 유지와 안녕을 위해 나름대로 제 몫을 다 했다고 볼 수 있다. "예리함을 감추고 은밀히 실력을 쌓는다."라는 '도광양회(韜光養晦)'의 관점에 비추어, 결사 항전에 나섰던 악비는 절대 선이요, 화친 정책을 폈던 진회는 절대 악이라는 이분법적인 시각에서 벗어나야, 진회의 참모습을 제대로 볼 수 있을 것이다.

51) http://monthly.chosun.com/client/news/viw.asp?ctcd=&nNewsNumb=201201100049(검색일: 2019. 1. 21)

나. 애국심의 본질과 이중성

1) 애국심의 본질

애국심은 다른 사랑의 감정과는 다르다. 그것은 사랑의 대상이 국가이며, 폭력을 행사하는 조직이기 때문이다. 국가는 합법적이고 정당하다고 간주 되는 물리적 폭력을 독점적으로 보유하고 행사한다. 그것도 자국민의 행복을 보장하기 위해 타 국가에 대해 폭력을 행사하기도 하지만 개인 자신에게도 폭력을 행사한다. 예컨대 국가는 자기가 사랑하는 사람들을 전쟁과 학살이라는 끔찍한 참화 속으로 들어가도록 강요한다.

한편으로 특정 국가의 애국심은 상대국가나 그 국민에게 증오 또는 혐오를 일으키는 직접적 요인으로 작동되기도 한다.

애국심은 표현하는 방법도 매우 다양하고 특이하다. 일반적으로 애국심을 발현하는 최고의 형식은 이타적(利他的)이다. 예컨대 국가를 위해 죽음을 무릅쓰거나 자신을 희생시킨다.

2) 애국심의 이중성

현실에서 애국은 불행하게도 배타성을 지닌 자기 국민들만 사랑하는 감정이다. 역사적으로 많은 전쟁사에서 배출된 애국자는 모두 이 범주다. 애국의 최고 형식은 국가를 위해 목숨을 바치는 것이다. 그러나 다른 나라 국민에게는 악을 저지른 인물로 간주되기도 한다. 예컨대 백범 김구 선생과 안중근 의사는 대표 애국지사지만 많은 일본 국민들은 테러리스트나 암살범으로 간주한다. 안 의사가 사살한 이토 히로부미는 일본 국민에게는 애국자지만 우리에겐 범죄자로 여긴다. 한국 전쟁 때 전사한 군인들에 대해서도 대한민국과 조선민주주의인민공화국은 각각 자기 쪽의 군인들만 애국자로 받든다. 이것이 애국심이 지닌 두 얼굴이다. 이렇게 보면 애국심은 곧 배타성이다.

한 민족 또는 국민은 다른 민족 또는 다른 국민의 억압을 받을 때 비로소 자기 자신에 대해서 자각하게 된다. 예컨대 통일신라가 들어서기 전까지 한반도 전역을 포괄하는 민족의식은 존재하지 않았다. 그러나 통일신라 이후 우리는 중국적 질서 또는 일본의 제국주의 시대, 냉전 체제하에서 고난과 역경을 이겨내며 주권국가로서 자존심을 지켜오고 있다. 그 과정에서 우리의 애국심은 중국, 일본, 북한 등을 대상으로 발현되었다. 따라서 애국심이 성립되려면 증오하고 혐오해야 할 외부의 대상이 있어야 함을 전제로 한다.

4 애국심(愛國心)에 대한 시각

애국심(愛國心, patriotism, patriotic spirit)은 그 방식에 따라 "옳든 그르든 나의 나라"라는 입장(보수적 애국심)과 "나라의 일에 반대하는 것도 애국이다."(진보적 애국심)라는 입장으로 나타나듯이 여러 관점에서 조명해 볼 수 있다. 그러나 여기에서는 애국심의 순기능과 역기능이라는 관점에서 존재하는 긍정적인 시각과 부정적인 시각으로 접근해 보자.

가. 긍정적인 시각

안창호	그대는 매일 5분씩이라도 나라를 생각해 본 일이 있는가
안중근	위국헌신 군인본분 爲國獻身 軍人本分)
김구	나는 우리나라가 세계에서 가장 아름다운 나라가 되기를 원한다. 그 집의 뜰을 쓸고, 유리창 닦는 일을 해보고 죽게 하소서!
존F케네디	국가가 나를 위해서 무엇을 해줄 것을 바라기에 앞서, 내가 국가를 위해 무엇을 할 것인가를 생각해야 한다.
유관순	존경하는 국민 여러분 옛말에 나라 사랑하기를 내 집같이 하라는 말이 있습니다. 가족이 집을 사랑하지 않으면 집은 존재할 수 없는 법입니다. 난 대한의 딸이다. 나라를 위해 독립만세를 부르는 것조차도 죄가 될 이유가 있느냐?

나 부정적인 시각

버나드 쇼	인류에게서 애국심을 없애지 못하는 한 조용한 세계는 없을 것이다.
시어도어 루즈벨트	악당들은 애국심을 천명하여 다른 사람들이 자신의 정책에 따르도록 위협한다.
제임스 메디슨	애국심은 언제나 폭군의 도구였다
마크 트웨인	애국자란 자신이 무슨 소릴 하는지 알지도 못하면서 가장 큰 소리로 떠드는 사람들.
기 드 모파상	애국심이란 일종의 종교이다. 이것은 전쟁으로 부화되는 계란과 같다.
톨스토이	전쟁을 없애기 위해서는 애국심을 없앨 필요가 있습니다. 그리고 애국심을 없애기 위해서는 이것이 하나의 악이라는 것을 이해하는 것이 우선 필요합니다. 사람들에게 애국심이 나쁜 것이라고 말해 보십시오, 대부분은 이렇게 말할 겁니다. “그래요, 나쁜 애국심은 나빠요. 하지만, 나의 애국심은 좋은 겁니다.”

다. 애국심에 대한 대표적인 견해

애국심이 배타적 사랑의 감정이기 때문에 애국심에 대한 도덕적 철학적 정치적 평가도 상당히 대립적이다. 애국심에 대해 서로 다른 관점을 가진 피히테, 톨스토이, 르낭의 견해를 살펴보도록 하자.

1) 피히테[52] - '국민의 민족적 각성과 교육의 발전'

1806년 나폴레옹과의 전쟁에서 프로이센이 패하고 1807년 독일 연방의 한 축인 프로이센이 굴욕적 강화조약을 맺었다. 프랑스의 속국처럼 바뀐 절망적 상황에서 피히테는 독일 국민의 각성을 요구하는 명연설을 남겼다. 그것은 프랑스문화에 대한 독일인·독일문화의 우수성을 설명하고 독일의 민족독립과 문화재건을 역설하면서 국민정신을 함양하고 교육이 당시 독일을 재건하는 지름길이라고 역설한다.

그는 단지 독일에서 태어났기 때문이 아니라, 독일 민족의 선조들이 쌓아 올린 귀중한 문화를 이방인으로부터 지키기 위해 싸워야 한다고 주장하였다. 그는 독일 패배의 근본적 원인이란 이기심이며, 그것은 새로운 국민교육으로 타파되어야 한다고 주장했다. 그 결과 민족의식이 깨어나야 독일 국민은 독립을 되찾고 세계사에서 하나의 민족으로 참된 기능을 발휘할 수 있다는 것이다. 여기에서 그는 교육받은 문화적 엘리트가 담당해야 할 몫을 특히 강조했다. 이것이 유명한 피히테의 〈독일 국민에게 고함〉이다.[53]

52) 요한 고틀리프 피히테 (Johann Gottlieb Fichte 1762년 5월 19일 - 1814년 1월 27일)는 독일 철학자이다.

53) http://www.epicurus.kr/index.php?mid=Group_Episteme&page=6&document_srl=339518&listS tyle=viewer(검색일: 2018. 8. 4)

젊은 세대에 호소한다. 여러분은 젊다. 젊은 만큼 빛나는 예지와 비상한 능력을 갖고 순수하고 뛰어난 감성을 갖고 있으리라 믿는다. 이것은 여러분의 그 고귀한 젊음이 순진성과 자연적인 감정에서 멀어지지 않았음을 말한다. (중략) 명석한 사유로 여러분은 만년 청년이 될 수도 있다. 육체가 늙고 무릎이 휘청거리더라도 여러분의 정신은 끊임없는 신선함을 가지고 되살아나고, 여러분의 개성은 확고부동하여 흔들리지 않을 것이다. 여러분에게 기회가 닥쳐오면 즉각 단단히 붙잡아라. 여러분이 반성해야 할 점을 과제에서 똑똑히 가려내라. 이것이 명백해지면 다른 모든 점도 역시 저절로 밝혀질 것이다. (중략)
"여러분은 말기(末期)이기를 원하는가, 아니면 시조(始祖)이기를 원하는가." 그것은 여러분에게 달려 있다. 말기란 여러분이 존경을 못 받을 뿐 아니라 후세로부터 부당하게 멸시를 당하는 세대의 최후자 임을 말한다. 또 그 세대의 역사에 있어서 이제부터 시작하는 야만 시대가 있다고 하면 여러분의 자손은 여러분이 말기가 되는 것을 기뻐하고 또 그렇게 되는 것이 당연하다고 그 운명을 찬양할 것이다. 시조란 여러분의 모든 관념을 초월하는 빛나는 시대의 새로운 전개점(展開點)이고 또 자손이 이제부터 그 축복의 연대를 헤아려 보는 세대이다. (중략)
여러분이 선택해야 하는 여러 조건을 마음속에 떠올려 봐라. 여러분이 계속 침체되고 버림받은 상태에 있는다면, 노예 상태에서 생겨나는 모든 불행, 즉 결핍과 굴욕, 그리고 정복자의 우롱과 오만이 여러분을 기다리고 있을 뿐이다. 여러분은 어디에서나 잘못되었고 방해가 되기 때문에 궁지에 몰리고 약탈당할 것이다. 결국에 가서는 그 국민성과 국어를 희생시켰을 뿐, 얻은 것이라고는 보잘것없고 하찮은 자리에 불과하고, 그런 식으로 해서 하나의 민족으로서 차츰 사라져 갈 것이다.
이와 반대로 만일 여러분이 분발해서 씩씩하게 행동한다면, 꽤 괜찮고 명예로운 상태에 살게 될 것이며, 여러분 중에서 그리고 여러분 주위에서 여러분과 독일인들의 이름을 아주 빛나게 해줄 것을 약속하는 한 세대가 자라나는 있음을 보 게 될 것이다. 여러분은 이 세대에 의해 독일의 이름이 모든 민족 중에서 가장 영광스럽게 부상하는 것을 머릿속으로 그려볼 수 있을 것이다. 또한 여러분은 우리 민족이 세계를 부흥시키고 재창조하는 것을 볼 것이다.
여러분이 맨 꼴찌가 되어, 존경받을 가치도 없고 또 분명 후손들로부터 부당하게 멸시당할 세대의 마지막 주자가 될지 어떨지는 여러분에게 달렸다. (중략) 여러분은 여러분이 상상하는 것 이상으로 영광스러운 새 시대의 첫 주자가 되어, 그 후손들이 여러분의 세대부터 구원의 연대를 헤아리게 될 수도 있다. 여러분은 이 중대한 선택을 마음대로 할 수 있는 최후의 세대라는 사실을 깊이 명심하라.

피히테는 19세기 초의 독일이 나폴레옹 군대에 무참히 유린당하는 것을 보고 충격을 받았다. 치욕스런 이민족의 치하에서 민족을 해방시킬 수 있는 방도는 민족에 대한 사랑과 애국심을 일깨우는 대중교육이 필요하다고 보았다. 그것이 『독일 국민에게 고함』이라는 책이다.

국가는 개인을 초월하는 신성한 존재로 보았다는 점에서 홉스와 견해를 같이하고 있다. 조국애가 국가 자체를 지배하게 하기 위해서는 개인의 자연적 자유를 여러 가지 방식으로 가능한 한 좁게 제한하여 그 모든 충동을 획일적인 규칙에 종속하게 하고 이를 끊임없이 감시해야 한다고 주장했다. 특히 민중의 문화적 정신적 분열을 극복하기 위해서 강력하고 보편적인 국가교육을 해야 한다고 보았다. 우리나라 박정희 정부 시절 피히테를 숭배했으며, 이를 일부 실현하기도 하였다. 그것은 바로 '국민교육헌장'이다. 그 첫 문장은 "우리는 민족중흥의 역사적 사명을 띠고 이 땅에 태어났다."로 시작된다. 우리가 세상에 나온 목적을 국가(대통령)가 정해 준 것이다. 그리고 '민족중흥'이라는 국가의 목표가 곧 나의 인생 목표가 되었다.[54]

2) 톨스토이[55] – '애국심은 사악한 감정'

톨스토이는 대규모 살상을 불러왔던 제1차 세계 대전과 인류 역사 최초의 사회주의 혁명이 시작되었던 재정 러시아와 유럽의 사회 상황을 보면서 애국심이라는 인위적이고 유해한 감정을 근절해야 한다고 주장했다.

톨스토이는 국가 권력의 토대는 물리적 폭력이라고 인식했다. 물리적 폭력의 핵심은 군대이며, 군대를 통제 및 지휘하는 자가 권력을 장악한다. 그래서 권력자들은 군대에 지대한 관심을 가지고 자기편으로 끌어들였다. 군대를 장악하고 있는 한 권력도 권력자들 수중에 있었기 때문이다. 군대를 장악한 권력자들은 권력을 유지하기 위해 위협을 강조 또는 조장하면서 애국심을 요구한다. 그래서 애국심은 권력자가 군대를 장악하고 동원을 통해 권력을 유지하기 위한 파괴적인 감정이라고 보았다.

톨스토이의 애국심 관련 저술에서 가장 중요한 것으로는 「애국심이냐, 평화냐?」(Патриотизм или мир?)(1895), 「애국심과 정부」(1900)를 들 수 있다. 두 논문 모두 그가 받은 편지들이 집필의 동기가 되었다. 전자는 베네수엘라 국경을 두고 국과 미국 사이에 벌어진 전쟁에 대해 견해를 밝혀달라는 영국 기자의 요청에 해답장 형식으로 쓴 것이고, 후자는 독일 병사가 자신의 잔혹한 전쟁 체험담을 전하며 톨스토이에게 부디 전쟁에 반대하는 좋은 책을 써달라는 부탁을 들어주기 위해 쓴 책이다. 즉, 톨스토이에게 애국심은 곧 전쟁인 것이다.

톨스토이는 기회 있을 때마다 애국심이 인위적이고, 비이성이고, 유해한 감정이며, 인류가 겪고 있는 병폐의 상당 부분이 애국심에서 비롯했다는 사실을 강조해왔다. 그

54) 유시민, 「국가란 무엇인가?」, pp. 126 - 127.
55) 톨스토이, 1828년 9월 9일 ~ 1910년 11월 20일)은 러시아의 소설가이자 시인, 개혁가, 사상가이다.

는 애국심을 “자기 국민만 행복하기를 바라는 것 (желание исключительного блага своему народу)”이라 정의하였다. 따라서 애국심은 필연적으로 전쟁으로 귀결될 수밖에 없다고 말한다. 톨스토이는 옳고 정당한 애국심이란 없으며, 모든 애국심은 국가라는 악의 산물이자 그 동력이다. 따라서 인간은 이성적 존재로서 사용할 수있는 모든 수단을 사용하여 애국심을 억누르고 근절해야 한다고 주장했다.

“국가의 거짓 가르침은 자신을 어떤 민족, 어떤 국가의 사람들과는 하나이고, 다른 민족, 다른 국가의 사람들과는 분리되어 있다고 인정하는 데 있다. 이러한 거짓 가르침 탓에 사람들은 서로를, 그리고 스스로 괴롭히고, 죽이고, 강탈한다. 사람은 자신 속에 있는 삶의 정신 근원이 모든 사람에게 있는 것과 같다는 것을 인정할 때에만 이 거짓 가르침에서 자유로워질 수 있다. 그 근원을 인정하면 사람은 신이 결합해놓은 것을 갈라놓는 인간의 이 제도를 더 이 상 믿을 수 없다.”

톨스토이는 제국주의의 기본 동력 역시 바로 이 애국심에 있음을 역설하는 한편, 강국의 침략과 병합으로 고통을 받은 약소국이나 소수민족까지 이 애국심이라는 전염병에 감염되어 자신들을 억압했던 자들의 소행을 같이 되풀이한다는 에서 개탄을 치 못했다. 자신과 다른 국민이나 민족에 한 유린과 학살을 정당화하는 애국심과 애국주의는 기독교 형제애에 가장 대척하는 감정이고 논리다.

톨스토이는 애국심에서 벗어나 사해 동포 간의 형제애를 회복할 것을 거듭 강조했다. 그는 현재의 모든 고난으로부터의 구원은 낡아빠진 애국심과 국가에 한 복종으로부터 스스로 해방시켜, 민족 간의 형제애적 결합이라는 보다 고결한 영역에 들어설 때 비로소 이루어질 수 있음을 역설했다.

톨스토이의 애국심은 기독교적인 세계관에서 비롯된 것이며, 다음과 같이 언급한 데서 입증이 되고 있다. “사람들이 자신이 어떤 국가나 조국의 자식이 아니라, 하느님의 자식이라는 것을 알고, 따라서 누구의 노예나 적이 될 수 없다는 것을 알 때, 정부라고 불리는 터무니없고, 무엇에도 쓸 수 없는 치명인 구시대의 제도와 여기서 비롯된 고난, 폭력, 굴욕, 범죄는 모두 사라질 것이다.”

1904년 러일전쟁이 발발했을 때 톨스토이가 견결한 반론을 주장했음은 잘 알려진 사실이다. 러시아인도. 일본인도 아닌, 고통받는 모든 사해 동포를 위해 그 어떤 전쟁도 결사반대하는 톨스토이의 이론 기반이 바로 이 반국가, 탈애국주의에 있는 것이다.

3) 르낭[56) – '함께 귀속되고자 하는 인민의 의지'

피히테는 1806년 조국 독일이 프랑스 군대에 짓밟히는 것을 보았다. 반면 르낭은 조국 프랑스가 독일 군대에 유린당하는 것을 보았다. 1871년 1월 파리를 점령한 프로이센 왕 프리드리히 빌헬름의 군대가 샹젤리제 거리를 거침없이 행진한 것이다. 빌헬름은 베르사유 궁전에서 통일 독일 제국 황제로 즉위하는 대관식을 거행했다. 그 후 독일과 프랑스는 오랜 세월 영토분쟁이 있었고 100여 년 전부터 프랑스에 귀속되었던 알자스와 로렌지역을 독일 제국 영토에 편입되었다.

민족주의와 애국심이 광풍을 일으키던 그 시점에 르낭은 민족 창출의 근본적인 요소가 기억이 아니라 망각이라고 주장했다. 민족은 기억의 공동체가 아니라 망각의 공동체라는 것이다. 특히 르낭은 민족국가를 형성한 통일과정은 항상 갑작스럽게 이루어졌고 언제나 대규모 살상과 전쟁을 동반했다는 사실에 주목했다. 예컨대 프랑스 북부와 남부의 결합은 거의 한 세기 동안 계속되었던 몰살과 테러의 결과였다는 것이다.

다시 말해서 르낭은 애국심은 개개인의 함께 귀속되고자 하는 인민의 의지라고 생각했다. 개개인이 함께 귀속하고자 하는 곳은 바로 국가이고 민족이다. 르낭은 피이테와는 다르게 민족을 공통된 모국어를 갖는 집단이라고 보지 않았다. 르낭은 민족을 망각의 산물이라고 생각했다.

가장 우리에게 가까운 예로 지금으로부터 약 1400년 전인 삼국시대로 돌아가 보자. 당시엔 고구려, 백제, 신라에 '한민족'이라는 의식이 없었다. 있었다면 신라가 무슨 이유로 저기 저 먼 당나라와 손을 잡고 굳이 무리하면서 삼국을 통일하려 했을까. 지금 고구려, 백제, 신라 땅에 사는 우리들은 KTX를 타고 오가며 서로를 한민족이라고 생각하고 있다. 1400년 사이에는 무슨 일이 있었길래 고구려, 백제, 신라가 한민족이 된 것일까. 망각이 바로 한민족을 만든 해답이다. 통일신라로 백제와 고구려가 편입되는 즉시 그곳에 살던 주민들이 "우리는 이제 신라야!"라고 했을까?

절대 그렇지 않다. 그들을 신라인으로 만들었던 것은 주변의 외적들이다. 왜놈, 당나라 놈들이 그들로 하여금 황산벌 전투, 평양성 전투를 망각하게 했기 때문이다. 망각으로 생겨난 애국심은 바로 개개인의 의지로 이뤄진 것이다.

우리가 한반도 분단체제를 극복하고 다시 국가적 통일을 이룬다면 한국전쟁의 처

56) 조제프 에르네스트 르낭(Joseph Ernest Renan, 1823년~1892년)은 프랑스의 언어학자·철학자·종교사가·비평가이다.

절한 고통의 기억도 언젠가는 사라질 것이다. 그 기억이 계속해서 힘을 발휘한다면 남북 간의 대립과 갈등은 지속될 것이다. 더 큰 결속을 위해서는 망각과 용서가 필요하다.

르낭은 주민들 자신의 의지가 가장 중요하다고 생각했다. 그 의지의 뒷받침을 받을 때 애국심은 존재가치가 있다. 인간은 인종의 노예도, 언어의 노예도, 종교의 노예도, 영토의 노예도 아니다. 인간의 건전한 정신과 뜨거운 심장이 민족이라고 부르는 도덕적 양심을 창출한다. 이 도덕적 양심이 공동체를 위해서 바친 희생을 바탕으로 자신의 힘을 증명할 때 민족은 정당하게 존재할 권리가 있다.

애국심이란 국가에 대한 배타적 사랑의 감정이 아니다. 함께 귀속되어 살면서 실현하고자 하는 가치 또는 목적에 대한 사랑과 충성심인 것이다. 예컨대, 알사스와 로렌지역이 독일에 병합될 때 독일어를 쓰는 주민이 많다는 것을 명분으로 주민의 의사도 묻지 않고 진행되었다. 프로이센의 행위는 부당한 것이다. 그럼에도 불구하고 그 지역을 반드시 프랑스에 귀속시켜야 한다고 주장하지 않았다. 그것은 영토와 국경선을 설정할 때는 주민의 의지를 존중하는 것이 원칙이라는 것이다. 한 민족은 결코 그 주민들의 의사와 상관없이 병합되거나 압류될 수 없다는 것이다.

5 애국심이 주는 시사점

피히테, 톨스토이, 르낭은 애국심을 서로 다른 각도에서 이해했다. 피히테에게는 '살아 있는 언어' 르낭은 '함께 귀속되고자 하는 의지'를 톨스토이는 민족애, 조국애, 애국심은 이성으로 근절해야 하는 유해 한 것으로 인식했다.

피히테에게 애국심은 어떤 대상을 위해, 즉 언어에 의해 규정되는 민족 집단을 위해 헌신하고 희생하려는 의지를 의미했다. 르낭은 '어느 민족 또는 국가에 귀속되어 함께 어떤 가치를 실현하려는 자신의 의지에 대한 사랑'으로 인식했다. 반면 톨스토이는 사악한 감정으로 보았다.

애국심은 분명 사랑의 감정이다. 사랑하는 대상이 작을수록 애국심은 더욱 강한 배타적 감정이 된다. 사랑의 대상이 크고 넓어질수록 애국심의 배타성은 축소된다. 그럼에도 불구하고 국민국가 시대가 종식되기 전까지는 애국심이라는 이름을 가진 배타적 사랑과 열정이 사라지지 않을 것이다.

Ⅱ. 사례

조선시대 주전론과 주화론의 관점[57)]

인조 시대의 동아시아 정세는 요동치고 있었다. 임진왜란 후 만주의 여진족은 조선과 명(明)의 국력이 약화된 틈을 이용하여 흥기했다. 1616년(광해군 8) 후금(後金)을 세우고 남하하면서 명과의 무력충돌은 불가피해졌다. 패권국으로 군림하였던 명은 지고 후금이 뜨고 있었다. 두 나라 사이에 끼인 조선의 입지는 어려웠다. 국내적으로는 임진왜란의 상처가 아직 아물지 않았고, 대외적으로는 대륙의 패권을 놓고 명과 후금이 충돌하는 불안정한 정세 속에서 약소국 조선이 자유로울 수 없었기 때문이다. 명은 임진왜란 때에 파병한 재조지은(再造之恩)을 내세워 조선을 격변 속에 끌어들여 후금과 싸움을 붙이려 했고, 후금은 조선이 중립을 지키도록 압박하였다. 그러던 중 1618년 후금의 누르하치가 명의 변경을 점령하자 조선은 명의 요청에 따라 군대를 파견하기도 했다. 하지만 당시 광해군은 명이 쇠퇴하고 후금이 흥기하는 동아시아의 정세변화를 정확히 판단하고 명과 후금 사이에서 균형정책을 구사해 후금과의 전쟁을 피할 수 있었다.

후금은 명과의 교전을 위해 극심한 물자 부족을 극복해야 했다. 조선의 물자가 필요했다. 그때 마침 조선에서 인조반정(仁祖反正)으로 광해군(光海君, 재위 1608~1623)이 실각한 뒤 정권을 장악한 서인은 친명 배금(親明排金) 정책을 추진하였다. 이로 인해 후금과의 사이가 경색되고 이는 정묘호란(1627)과 병자호란(1636)을 불러일으킨 원인이 되었다.

정묘호란 후 후금은 국호를 청으로 바꾸고 형제의 관계에서 군신의 관계로 바꿀 것을 강요하였다. 이에 대해 조선 조정은 주전론과 주화론이 극렬하게 대립하여 논쟁을 벌인 결과 청의 제의를 거부하는 것으로 결론을 맺었다. 결국 청은 10만여 군대를 동원하여 조선을 다시 침입하는 병자호란을 일으켰다. 인조(仁祖, 재위 1623~1649)는 남한산성으로 들어가 항거했고, 다시 주전론자와 주화론자 간에 치열한 논쟁이 전개되었다.

척화론자인 윤집·오달제·홍익한·김상헌(金尙憲, 1570~1652) 등은 청에 사신을 보내 화친하자고 주장하는 최명길의 목을 벨 것을 청하였다. 최명길이 국왕의 뜻을 움직여 화친의 일을 성립시키고자 인조에게 승지와 사관을 물리치도록 청하자 이를 규탄하는 극렬한 내용의 소를 올렸다. 흔히 삼학사로 불리는 홍익한·윤집·오달제는 중국 심양(瀋陽)에서 참형을 당했으며, 김상헌 역시 후에 잡혀 가 옥중 생활을 하였다.

한편 후금이 국호를 청으로 바꾸고 군신 관계를 요구해 오자 조선 조정에서는 극렬한 논쟁 끝에 주전론이 우세해졌다. 이에 1636년 청이 재차 침입하여 병자호란이 발발하였으며, 남한산성으로 피난한 인조와 조정 대신들 사이에 주전·주화 논쟁이 계속되었으나 결국 인조가 삼전도에서 항복함으로써 이 문제는 일단락되었다. 최명길로 대표되는 주화파는 인조반정 공신이 주축이었다. 인조반정을 성공시킨 서인 정권의 주화파로서는 정권 유지가 가장 중요한 과제였다.

57) http://contents.history.go.kr/front/hm/view.do?treeId=010601&tabId=03&levelId=hm_099_0030(검색일: 2019. 1. 19)

청과의 화의 교섭에 지대한 역할을 하였던 최명길이 이후 명과 비밀 외교를 계속 전개하였다는 점에서 이런 사실을 잘 파악할 수 있다.
이를 평가해 보면 척화론이 이상론이고 원칙론이라고 한다면 주화론은 현실론이었다. 당시 상황을 종합 해보면, 조선은 친명배금사상이 자리 잡은 상태였기 때문에 실리보다는 의리를 중시하며 척화론을 주장했어야 했으나, 호란을 겪은 후 청은 점점 강해지고 명은 점점 쇠퇴하는 시점에서 언제까지나 의리라는 명분만을 주장하며 국정을 어렵게 만들 수는 없는 일이었다. 이 두 가지 주장은 현실 타개의 원칙과 방법론적 측면에서 차이점이 확연하였다. 그러나 근대사학이 성립하면서 현대적 가치관과 인식론에 입각하여 척화론자를 허황된 명분론자로, 주화론자를 현실을 직시하고 역사적 사명감이 투철한 사람들로 극명하게 대비하며 국론 분열이라 설명하기에 이른 것이다. 이러한 평가는 단지 현대의 이데올로기인 힘의 논리와 실리주의에 따른 설명이지, 당 시대를 올바르게 이해하고 평가한 시각이라고 할 수는 없다.

Ⅲ. 발표 및 토의

구분	토의 주제	비고
주제 1	병자호란 이후 주화론(화친을 주장)과 주전론(싸움을 주장)을 정리해 보고 현대의 국가의 본질과 역할의 관점에서 평가를 기술하고 발표하시오	조 발표
주제 2	애국심에 대해서는 긍정적 시각과 부정적 시각이 존재한다. 21세기를 살아가는 민주시민으로서 건강한 애국심이란 어떤 것인가? 에 대한 자신의 생각을 정리하여 발표하시오	개별 발표

제3부

국가안보

Chapter

07 국가와 국제관계 본질

Ⅰ. 필요지식

1 개요

최근 국제 정세는 파편화된 세계 질서하에서 새로운 진영화가 동시에 진행되고 있다. 글로벌 곳곳에서 다양한 갈등과 충돌로 인한 불확실성과 리스크가 증대되고 있다. 하지만 뚜렷한 글로벌 리더십을 가진 국가의 부재로 모든 국가가 자국의 안보와 경제이익의 확보를 최우선시하는 추세가 지속 될 전망이다. 주목해야 할 이슈는 기술패권과 관련된 미중 관계의 전개, 우크라이나 전쟁의 향배, 중동정세, 대만 및 남중국해 문제, 그리고 한반도 상황이다.[58)]

이러한 국제 정세 속에서 한반도는 "한국이 한국전쟁 이후 한 번도 경험해 보지 못한 초유의 외교적 도전이 될 것이기에 한국은 초당적, 국가적 차원에서 지혜를 강구해야 할 것으로 사료된다."는 의견이 정치학계의 대체적인 시각이다.[59)]

지난 2010년대 사드, 화웨이, 남중국해 사건 등에서 경험했듯이 미 · 중 사이에서 '양자택일(兩者擇一)'이라는 전략적 선택의 압력이 가중되는 가운데, 북핵 문제는 미국의 해법과 중국의 해법 사이에서 무기력하게 북한의 핵 무력 강화를 방치하는 '이중고'를 겪게 될 것으로 보인다.

북한 핵과 상황과 관련하여 미국의 마이크 폼페이오 전 국무장관은 인도 태평양, 중동, 우크라이나 등에서 긴장이 고조되고 있는 현 국제 정세를 거론하며 "미국은 유

58) 이성현, "2024년 국제정세 전망", 「정세와정책」, 2024. 01. 02.
https://sejong.org/web/boad/1/ egoread.php?bd=2&seq=7501(검색일: 2024. 02. 04.)
59) 이성현, "미중관계 악화와 중국의 한반도 정책 변화 평가", 「세종정책브리프」, 2019. 12. 16. p.3.

럽과 중동에서 (군사적) 억지력을 잃었다", "아시아에서도 억지력을 상실하기 직전이며 이미 잃었다고 보는 사람도 있을 것"이라며 한반도 상황을 매우 우려하고 있다.[60] 이것은 미국과 중국 중심의 세계체제 및 동북아체제라는 국제관계 속에서 종속적인 행위자인 대한민국이 극복해야 하는 전략적 선택을 의미하고 있다.

이러한 정세전망은 주된 행위자인 국가와 그 국가를 기본 단위로 구성되는 국제질서라는 구조로부터 분석되고 도출된 것이다. 따라서 국제관계의 본질을 현실주의와 자유주의를 필두로 한 국제정치 이론적 관점에서 규명하고 이를 바탕으로 국가안보, 동북아 국제관계, 미·중관계, 북핵 문제 등 한국이 당면한 국제정치적 과제들을 합리적으로 이해할 수 있는 관점에 대해 접근해 보자.

2 국가와 국제관계

근대의 주권 국가[61] 개념이 확립되기 시작한 1648년 웨스트팔리아 체제의 등장 이후 국제관계는 '무정부 상태'라고 간주하고 국가를 유일한 행위자라고 보았다. 이는 국가들 관계의 중심을 '힘의 논리'에 두는 현실주의 이론으로 발전하게 되었으며, 국제정치 패러다임의 한 축을 이루게 된다.

그러나 반세기에 걸쳐 일어난 제1, 2차 세계대전은 '힘의 논리'가 얼마나 공허하며 위험할 수 있는지를 보여주었고, 이에 국제정치를 '제도와 협력'으로 풀어내려는 이상주의와 자유주의 물결이 나타나면서 현실주의와 열띤 학문적 대결을 펼치게 된다. 현재까지는 이 두 축을 중심으로 수많은 국제정치 이론들이 파생되고 있다.

1989년 탈냉전 이후 접어든 국제정치는 더욱더 빠른 속도로 변하고 있다. 세계화에 따른 다양한 분야의 초국가적 이슈들이 급증하였으며 환경 안보, 경제 안보, 인간안보, 마약 및 국제범죄 이슈, 테러리즘 등 다양한 비전통 안보 혹은 포괄적 안보문제가 국제관계연구의 주요 주제로 부상하였다. 이와 더불어 국제기구 비정부단체 다

60) 「동아일보」,"폼페이오 "美, 亞서 억지력 상실 직전"… 한반도 안보위기 경고", 2024. 02. 01.
61) 주권 국가(主權國家)(sovereign state)는 국제법에 따라 중앙정부가 지역에 대한 주권을 가지고 있다고 판단되는 정치적 실체이다.[1][2]지속적인 인구, 정해진 영토, 단일 정부, 다른 주권국과 관계를 맺을 수 있는 능력으로 규정되어 있다. 즉, 주권국은 다른 권력이나 국가에 의존하거나 종속되지 않는다고 이해할 수 있다

국적기업과 같은 다양한 행위자가 등장하고 있다.

국가를 기본 단위로 구성되는 사회를 국제 사회라고 하며, 국제 사회는 '국가들의 사회'(society of the states)로서 서로 다른 국가들이 공통의 가치, 규범, 규칙에 기초하여 상호관계를 조정하는 구조이다. 이러한 국제 사회의 정치 질서(political ordcr)를 간단히 '국제질서'라고 말한다. 결과적으로 국제질서 또는 국제관계는 국제 사회 속에서 작동되는 행위 주체(행위자)에 의해 형성된 결과를 의미한다. 이러한 행위 주체를 분류해 보면 다음과 같다.

국가	국제 사회를 구성하는 기본 단위(국제관계의 주된 행위자)
초국가적 행위체	국경을 넘어서 영향력을 행사 → 국제 연합(UN), 초국적 기업, 비정부 국제기구(INGO
국가 내부적 행위체	한 국가의 일부분이지만 독자적 영역을 가지고 국제적으로 활동하는 행위체 → 지방 자치 단체, 소수 인종, 소수 민족, 각종 사회 세력 등
개인	강대국의 국가 원수, 국제 연합 사무총장

국제관계는 기존의 국가 간의 정치(즉, 국제정치)의 시각에서 벗어나 세계적인 차원에서의 넓은 의미의 정치적 관계에 초점을 두고 있다. 따라서 세계정치는 행위자의 차원에서 기존의 '국가'(states)뿐만 아니라 국가 이외의 이른바 '비국가행위자'(nonstate actors)를 포함한다. 여기서 '비국가행위자'는 다른 말로 '비정부행위자'(non-governmental actors)라고도 한다. 비국가행위자(또는 비정부행위자)는 국가를 대표하는 정부 이외의 국제적 행위자로 개인 · 단체 · 기업을 포함한다.

UN이나 WTO 같은 정부 간 기구(IGO, intergovernmental organizations)는 개별 국가 또는 정부를 구성원으로 하는 국제기구이지만, 그 자체는 분명 국가는 아니다. 따라서 정부간 국제기구는 '비국가행위자'이다 그렇다고 해도 다국적기업이나 국제비정부기구(INGO)와 같은 순수 민간행위자들을 정부간기구(IGO)와 똑같이 비정부행위자(또는 비국가행위자)로 분류하는 건 다소 문제가 있다. 따라서 UN이나 WTO 같은 정부 간 기구와는 그 성격이 다른 다국적기업이나 국제 비정부기구(INGO) 등의 민간행위자는 특별히 '초국가 행위자'(transnational actors)라 부른다. 여기서 주목할 점은 국제관계[62]는 그 범위가 국가들 사이의 정치인 '국제정치'로

62) 국제관계는 국가 간의 외교 관계나 세계적 차원에서 진행되고 있는 문제에 대한 정치적 입장을 의미한다. 즉, 국가들 사이의 정치/군사/안보 관계는 물론이고 경제, 사회, 문화, 환경, 인권 등 거의 모든 관계를 포함한다. 따라서 '국제관계학'은 '국가 간의 모든 관

부터 국가 간의 정치, 경제, 사회, 문화의 영역으로 확대되었지만, 여전히 국제 사회의 기본 단위인 '국가 간의' 관계로서 국제관계의 주된 행위자는 '국가'에 국한된다는 점이다.

3 국제관계 분석이론

국제관계란 그 핵심이 정치에 있으므로 일반적으로 국제관계가 국제정치와 동일한 의미로 사용되기도 한다. 따라서 국제관계(國際關係, international relations)는 정치학의 한 부문으로, 국제체계 안에 있는 여러 나라 사이의 외교 관계와 세계적인 이슈에 관한 연구를 말한다.

국제 사회의 주요한 구성단위인 국가란 일정한 영토와 주민들과 그리고 독립적인 정치체제를 포함하고 있다. 하지만 그 구조를 통제할 수 있는 권위체가 부재한 무정부적인 상태에서 국가가 추구하는 이익들은 각기 다르며, 경우에 따라서는 서로 대립하기도 한다. 따라서 모든 국가와 민족은 국제관계의 틀과 작동 메커니즘으로부터 자유롭지 못하다.

예컨대, 제2차 세계대전 이후의 국제관계는 미국과 소련을 정점으로 한 서방 진영과 공산 진영의 양극체제였다. 그러나 1960년대 이후 미국의 경제력 약화와 함께 일본과 독일이 주요 세력으로 등장하면서 기존의 양극체제는 다극화의 경향을 나타내기 시작하였다. 이러한 양극체제 안에서의 다극화 현상은 1980년대 말 동구사회주의의 붕괴와 소련의 몰락 등으로 냉전체제의 한 축이 사라지면서 경제력 중심의 다극체제로 전환되었다. 그러나 탈냉전 이후 중국의 부상과 함께 'G-2'체제를 유지하고 있다.

이러한 국제관계의 기본적인 성격은 중앙집권적이고 권위적인 성격을 갖는 주권국가와는 달리 무정부적이다. 또한 국제 체제를 구성하는 주요 행위자들, 즉 국가들의 수와 성격의 다양성 그리고 행위자들 간 관계의 다양성으로 인해 상당히 복잡하다.

계'(relations among states)를 다룬다. "국제관계"는 국제정치를 포함하고, 국제정치는 국제관계의 일부이다. 그럼에도 불구하고, 일반적으로는 '국가간의 정치' 라는 전통적 개념인 '국제정치'를 '국제관계'라는 용어와 혼용하고 있다.
https://ocw.dongguk.edu/contents/2013%5C20137511310/pdf20137511310(1).pdf (검색일: 2020. 2. 17)

아울러 국제 체제를 구성하는 주된 행위자인 국가 간의 관계가 끊임없이 변화하는 동적인(dynamic) 경향을 갖는다.

국제 체제의 주요한 특징은 먼저, 국제 체제의 중심국가는 강대국(major powers)이다. 국제관계에서 강대국들은 자국의 이익을 최대화할 수 있는 체제를 형성하는데, 이러한 체제를 형성하기 위해 강대국들의 원칙을 마련하게 된다. 이러한 원칙은 곧 국제정치의 원칙이 되고, 약소국들에게 자신들의 원칙을 강요하게 된다.

다른 하나는 국제체제는 개별 국가의 외교정책의 한계와 범위에 지대한 영향을 미치지만, 한편으로는 한 국가의 외교정책이 국제환경에 영향을 미치기도 한다. 특히 강대국일수록 그들의 외교정책이 국제체제에 미치는 영향력의 정도는 약소국에 비해 훨씬 더 크다. 이처럼 국가와 달리 강제성을 지닌 법적, 제도적 장치가 제대로 마련되지 않은 국제체제에서 강대국의 '힘의 논리'나 강대국의 '국가이익'은 거의 배타적으로 보장받는다.

이러한 국제관계는 힘의 우열관계, 국제적 규범의 틀, 그 관계가 위치하는 구조적 현실 등을 토대로 해석할 수 있다. 즉 힘, 제도, 구조 이 세 가지 기제를 통해 바라볼 수 있으며 어느 요소에 더 비중을 두느냐에 따라 크게 국제관계를 바라보는 시각을 크게 현실주의, 자유주의, 구성주의로 분류할 수 있다. 여기에서는 국제관계를 이해하는데 대표적 이론인 현실주의와 자유주의를 중심으로 접근해 보자.

가. 현실주의

현실주의는 국제관계학에서 가장 오래되고 영향력이 큰 시각이다. 국제사회의 무정부 상태를 전제로 두고 개별단위인 국가들은 권력(Power)을 위한 투쟁을 한다고 본다 이러한 상황에서는 "진정한 평화란 실현 불가능"하기에, 대신 빈 체제[63]와 같은 세력균형에 의존할 수밖에 없다고 본다. 현실주의를 주장한 대표 학자로는 두키디데스, 손자, 마키아벨리, 에드워드 핼릿 카, 한스 모겐소 등이 있다.

국제관계에서의 현실주의는 고전적 현실주의나, 신현실주의 등 세부적으로 그 의견 차이가 있지만 대체로 다음과 같은 공통적 주장을 가진다. 첫째, 국가는 국제관계

63) 나폴레옹 전쟁의 전후 처리를 위해 열린 빈 회의(1814~1815) 이후 30여 년 동안 지속된 유럽의 국제정치 체제로 절대왕정을 유지하기 위해 각국의 자유주의와 민족주의 운동을 억압하는 반동 복고적 성격을 지녔다. [네이버 지식백과], https://terms.naver.com/(검색일: 2020. 2. 17)

의 중심적 행위자이다. 둘째, 행위자로서의 국가는 자국 이익을 최우선으로 한다. 셋째, 중앙권위가 부재한 무정부적 상태로 국가안보에 관련된 중요한 문제를 유발한다. 넷째, 근본적으로 국가 간 관계의 속성은 갈등적, 투쟁적이다. 다섯째, 국제체계에서 각국은 국가안보를 위해 자구책을 강구 해야 한다. 그래서 국가는 국제관계에 있어 권력과 이익의 추구를 바탕으로 타 국가와 갈등적 관계를 형성한다.

현실주의는 국제관계를 협력이 아닌 '힘의 관점'에서 접근한다. 국제 체제를 협력이 불가능한 '무정부 상태'로 본다. 이러한 상황에서 국가는 다른 국가로부터 자신의 생존을 보장받을 수 없다는 '두려움'을 갖게 된다. 이를 극복하고자 국가들은 '자국의 힘'을 키우게 되고 결국 '국가 간 갈등'을 초래하게 된다. 따라서 국제 평화를 유지하기 위해서는 국가가 힘을 극대화하려는 시도를 억제할 필요가 있다. 그 효과적인 방편이 바로 '보다 강력한 힘'이라는 것이다. 힘을 통해 힘을 견제하는 것이다. 세력균형 정책은 이러한 이론적 기반 위에 추진된다. 세력균형이란, 한 국가가 지배적인 힘을 갖게 되면 주변국에 위협이 되기 때문에 대응세력을 통해 그 국가가 지배적인 힘을 갖지 못하도록 억지하는 체제다

그러나 이러한 현실주의에 대한 비판이 존재한다. 먼저 현실주의는 국제관계의 중심 행위자를 국가로 설정하는 국가 중심적 개념으로 인해 초국가적 이슈들에 대해 적절한 설명을 제공하지 못한다. 또한 과거 현상에 대한 설명이 주를 이룰 뿐 국제관계의 미래에 대한 예측에 한계가 있으며, 현실주의가 주장하는 국제관계의 갈등적 속성은 현실의 모든 면에 대한 설명이 될 수 없다. 마지막으로 막스적 입장에 따르면 국제체계는 국가들의 권력 추구보다는 계급 간의 위계적 구조에 중점이 있다고 비판한다.

따라서 다음과 같은 비판과 반론에 직면하고 있다. ① 국제관계에서의 행위주체는 주권국가에 한하지 않는다. (예: 국제기관, NGO, 개인 등), ② 국가가 추구하는 목표는 안전보장에 한하지 않는다. (예: 경제적·문화적 번영 등), ③ 국제기관에서의 힘은 군사력에 한하지 않는다. (예: 경제력, 문화력, 소프트 파워 등) ④ 국제정치는 권력투쟁의 색채만을 가지고 있지는 않다. (예: 정치, 사회, 경제, 금융, 문화의 교류·협조 등). 현실주의 관점을 이해하는 대표적인 사례는 다음과 같다.

1991년 걸프전 이후 전쟁의 패배에도 불구하고 당시 후세인 이라크 대통령은 유엔(UN)의 무기사찰을 거부하고 군비확장을 계속해왔다. 미국은 걸프전 이후 이라크를 불량국가, 테러지원국으로 지정했으며 후세인을 '제거 대상 1호'로 지적해왔다. 또한 미국은 2001년 9.11테러 사건 이후 북한, 이라크, 이란을 '악의 축'으로 규정하였으며, 2002년 8월 조지 부시 미국 대통령은 유엔 연설에서 이라크에 대량살상무기(WMD) 폐기 등 요구하고 정권교체를 언급했다.
이후 이라크가 유엔의 무기사찰을 수용했으나 미국은 2003년 2월 유엔 안보리에 이라크 침공 승인을 요구하는 결의안을 제출하였다. 결국 2003년 3월 20일 미국은 유엔 안보리의 동의가 이루어지지 않은 상태에서 영국, 오스트레일리아 등과 함께 이라크를 침공했다.
UN 안보리 결의를 둘러싼 각국의 반응 가운데 주목해야 할 점은 전통적인 우방으로 간주했던 프랑스와 독일, 그리고 냉전질서 해소 이후 미국과 전략적 동맹관계를 유지해온 러시아가 제동을 걸었다는 사실이다. 이는 미국이 이라크 전쟁을 통해 의도하는 속셈에 대한 의구심을 시사한다.
미국이 이라크를 침공하려는 속셈은 '석유'와 '달러', 즉 세계패권을 강화하는 것이었다. 미국은 세계 제2의 산유국인 이라크에 친미정권을 수립하고 OPEC을 미국의 통제에 둠으로써 석유자원을 안정적으로 확보한 뒤, 1945년 이후 국제 석유거래의 기준이었던 달러 가치를 높임으로써 세계 경제에 대한 영향력과 이득을 취하려 했다. 특히 최근 석유거래를 유로화로 하려는 시도가 증가함에 따라, 미국은 자신의 경제적 패권을 유지하기 위해 이라크 장악을 통한 중동의 새로운 판짜기를 시도한 것이다.
따라서 유럽연합(EU)을 대표하는 프랑스와 독일, 러시아는 이라크 전쟁을 통해 유일 초강대국으로서 지위를 더욱 확고히 하려는 미국의 일방주의적 패권정책에 대해 강한 거부감을 나타낸 것이다.

나. 자유주의

자유주의는 현실주의에 대한 반발로 나타났으며, 대체적으로 정치적 이상주의를 뿌리로 하여 체계적 이론의 발전을 추구했다. 자유주의는 법적 평등, 민주주의, 자유, 자유로운 시장 등의 가치들을 강조하였다.

근본적으로 현실주의와 달리 인간 이성과 합리성에 대해 높은 수준의 신뢰를 보이며 자유주의에 기반한 인류 진보에 대한 믿음을 가진다. 또한 국제체계에 있어서 국가뿐 아니라 비국가적, 초국가적 행위자들의 역할을 강조하고 국가-사회 간의 관계 이해를 통한 국제관계의 규명을 주장한 점에서 현실주의와 입장을 달리한다. 특히, 자유적 혹은 신자유적 제도주의는 복합적 상호의존개념과 구제제도의 의미, 역할에 대한 이해를 중요시하여 국제제도와 국제레짐을 강조한다. 자유주의적 관점은 국제기구, NGO, 다국적기업, 영향력 있는 개인 등 다양한 행위자들 간의 상호작용을 복합적으로 바라보면서 그들 간의 갈등을 극복할 수 있는 협력 증진 방안에 연구의 초점을 맞춘다. 이를 요약정리하면 다음과 같다.

국가 사이의 이해관계에 대한 조화가 가능하기에 평화가 가능하다는 입장이다. 인간을 기본적으로 선한 존재로 인식하기 때문에 상호 협력이 가능하다고 본다. 전쟁은 인간 본성에 기인하는 것이 아니라 잘못된 제도들 때문이라고 본다. 국제 사회의 협력을 통해서 세계 정부를 만들고 국제법과 국제규범으로 인류 평화를 이룰 수 있다고 주장한다. 이러한 사조는 '경제적 자유주의'로까지 나아가 국제 관계는 안보와 군사력도 중요하지만 경제적 이해관계도 핵심적 역할을 할 수 있다고 주장한다. 국제관계가 복잡해지면서 국가 간 경제적 협력은 가능하고 또한 점차 확대된다는 것이다.

그러나 지유주의는 국가 간 관계의 갈등적 속성과 국제체제의 무정부성에 대한 경시와 비국가적 행위자의 존재와 구별되는 주권국가의 특수성을 간과했다는 점에서 비판받는다. 또한 국제관계는 복합적 상호의존 상태가 아니라 강자의 약자에 대한 불평등한 종속적 형태로서 자유주의는 기존 계급 질서를 정당화하는 수단이다. 자유주의 관점을 이해하는 대표적인 사례는 다음과 같다.

소말리아의 해적은 1990년대 초 소말리아 내전이 시작되면서 발생한 해적으로 국제 운송에 위협이 되고 있다. 2005년부터 국제해사기구와 세계식량계획 등 여러 국제기구에서 해적의 발흥에 우려를 나타내고 있다. 이곳 해적으로 말미암아 해운 비용이 오르고 식량 원조 조달이 방해받고 있다. 세계식량계획의 선적량의 90%가 바다를 통해 운반되는데, 이런 배는 군사 호위가 필요하다. 케냐 외무부에 따르면 소말리아 해적은 2008년 11월까지 열두 달 동안 미화 1억5천만 달러를 벌어들였다고 한다. 우리나라도 소말리아 해적 문제로부터 자유로울 수 없다. 2011년 1월, 대한민국의 삼호해운 소속 선박 삼호주얼리호 피랍사건이 대표적이다. 이 사건은 우리나라의 힘으로 해결했으나 많은 경우 몸값을 지불하고 피랍 선원을 구조하곤 하였다. 이러한 문제는 우리나라 외에도 여러 나라가 겪고 있는 어려움이었다. 이는 개별 국가가 문제 해결 과정에서 겪는 어려움이기 때문에 세계 각국은 소말리아 해적 문제에 대해 국제적인 차원에서의 해결을 도모하고자 했다. 이러한 노력으로 나온 기구가 'CGPCS[64](Contact Group on Paricy off Coast of Somalia), 즉 소말리아 해적퇴치 연락그룹'이다. 이 기구는 유엔 안보리 결의 제1851호에 의거하여 2009.1월 창설된 국제적 협의체로 현재 60개 국가 및 30여개 국제기구가 참여 중이다. CGPCS는 수차 회의가 진행되었다. 이 회의를 통하여 참여국들은 정찰비행과 연합함대를 증파하는 등 경비 활동을 늘리고 소말리아 인근 해역에 대한 해상안전 임무는 주변 국가들에게 이양될 수 있도록 지원 확대 계획을 세웠다. 또한 해적의 납치 사건이 생계형 범죄가 아닌 비즈니스화 되면서 해외에 계좌를 생성하여 두바이에서 일부 계좌가 발견되는 등의 일이 있다. CGPCS 회의에서는 이에 대해 소말리아 해적의 몸값으로 번 돈에 대해서는 손대지 못하도록 법적 차단 수단이 필요하다는 안건도 제시되었다. 각 국가는 이익의 추구과정에서 충돌이 발생하여 대치 관계를 이루기도 하지만 위 사례와 같이 공통된 문제점에 대한 해결을 위해 서로 협력하는 경우가 빈번히 존재한다. 이러한 사례는 해적의 문제 외에도 '탄소 배출 거래권' 같은 환경문제나 UNICEF 등의 국제 빈곤문제, 기아 문제, UNESCO(국제 문화유산 보호단체) 등 여러 분야에서 여러 국가 간의 협력이 존재한다.

4 국제관계의 본질

가. 국제체계의 기본적인 가정 65)

현실주의 이론에 근거한 국제 체제의 본질의 핵심은 '무정부체계'와 '힘의 논리'이다. 이는 미어셰이머(JOHN J. MEARSHEIMER)66)의 공격적 현실주의 관점과 그 맥을 같이하고 있다. 이러한 핵심은 21세기 미·중 패권전략 경쟁시대 동북아시아와 한반도 상황을 이해하는데 그 적실성이 매우 높다고 할 수 있다.

미어셰이머는 국제체제의 기본적인 구조는 국가로 하여금 다른 나라들과의 권력을 위한 경쟁에서 국가안보에 신경 쓸 것을 강요한다고 주장한다. 모든 강대국의 궁극적인 목표는 세계에서 자신이 차지하는 힘의 비중을 극대화시키는 것이며, 궁극적으로 국제 체제를 지배하는 것이다. 현실적인 측면에서, 이는 가장 강력한 국가들은 자신의 지역에서 패권국이 되고자 하며, 동시에 다른 라이벌 강대국들이 다른 지역에서 패권국이 되는 것을 막으려 한다는 것을 의미한다.

국제정치는 위험한 영역이며, 패권국의 의지를 가진 국가가 출현하는 경우 심각한 안부경쟁을 완화시킬 도리가 없다.

이 공격적 현실주의의 이론의 근본적인 다섯 가지 가설은 다음과 같다. 첫째, 국가

---

64) CGPCS란 2009 년 1 월 14 일 뉴욕에서 설립 된 국제 거버넌스 메커니즘으로 소말리아 해적행위 를 억제하기 위한 주와 단체 간의 행동에 대한 토론과 조정을 촉진한다.

65) 힘의 논리에 의한 무정부체계란 국력의 우열을 바탕으로 패권 국가에 의해 위계질시가 형성되는 위계체제를 의미함, 우철구, 박건영, 『현대 국제관계이론과 한국』(2004. 사회평론)

66) 코넬 대학에서 정치학 박사학위 취득, 브루킹스 연구소 연구위원과 하버드 대학 연구원역임, 현재 시카코 대학 정치학과 교수 재직 중. 국제안보, 군사전략 전문가로서 현실주의의 대표적인 학자.

는 국제정치의 핵심적 행위자이며, 국가보다 상위에 있는 권위적인 조직은 없다. 국가와 국가 간의 관계에서 국가들이 위기에 직면하거나 원조가 필요할 때 손을 내밀 수 있는 궁극적인 중재자 혹은 거인에 해당하는 나라 즉, 세계 정부가 존재하지 않은 국제 체제를 무정부 체계(anardhic system)67)라고 말한다.

두 번째는 능력에 관한 것이다. 국가들의 능력이 크게 차이가 나기도 하지만 모든 국가는 공격적인 군사 능력을 보유하고 있다. 그 능력을 어느 정도 측정이 가능하다. 한편 상대국가의 의도를 파악하는 일은 쉽지 않다.

세 번째는 의도에 관한 것이다. 의도란 국가 지도자의 머릿속에 있는 것으로서 결코 볼 수도 측정할 수도 없는 것이기 때문이다. 특히 미래를 생각할 경우 더욱 어려워진다. 지금부터 몇 년 뒤 상대국가의 지도자가 누구인지를 예측하는 것은 매우 어렵고 그들의 외교정책이 어떤 방향으로 지향될지를 알 수가 없기 때문이다.

네 번째 국가들은 국가의 생존을 가장 중요한 목표로 한다. 물론 생존이 유일한 목표라는 뜻은 아니다. 국가들은 다양한 야망을 가지고 있다. 그러나 국가들이 궁지에 몰렸을 때, 생존이라는 목표는 다른 목표를 압도하게 된다. 생존이란 단순히 영토의 일체성을 유지한다는 것 이상을 의미한다. 비록 영토의 일체성 유지는 본질적으로 중요한 사항이기는 하지만 한편으로 국가의 정치 결정 체제가 자율성을 유지하는 것을 의미하기도 한다.

다섯 번째 국가는 합리적인 행위자(rational actor)라는 것이다. 국가들은 스스로

---

67) 무정부 상태(無政府狀態, Anarchy)는 정부가 없는 탓에 국가의 사회 질서가 유지되지 않는 상태를 말한다. 대표적인 예로 17세기 잉글랜드 내전 당시의 잉글랜드 왕국, 18세기 프랑스 혁명 당시의 프랑스, 1991년 이후의 소말리아(소말리아 내전), 2011년 3월 이후의 시리아 내전, 이라크 내전, 예멘 내전 등이 있다. https://ko.wikipedia. org/wiki/(검색일: 2018. 8.9)

생존 가능성을 극대화하는 전략을 구상하는데 있어서 상당히 효과적으로 행동한다는 것이다.

세계 정부가 없는 무정부체계 상태에서 국가의 최고 목표는 '생존(survival)이다. 또한 국가의 폭력 사용을 억제할 수 있는 중앙 권위체의 부재 상태라는 현실적 인식을 바탕으로 국가는 타국의 의도에 대한 불확실성(uncertainty) 때문에 '자구책(self-help)'을 강구하게 되며, 안보(security)의 확보가 최고의 가치가 될 수밖에 없다. 예컨대, 무정부 상태라는 국제관계의 속성을 바탕으로 동북아의 경우를 보면 미국과 중국, 한국과 북한, 중국과 일본, 미국과 러시아 등 각국이 서로의 안보정책에 대한 정확한 내용과 의도를 알 수 없으므로 스스로 군사력과 경제력 강화에 매진하고 있다. 이러한 문제는 궁극적으로 안보 딜레마로 이어지고 있다..

나. 안보 딜레마

안보 딜레마는 한 나라의 안보추구 행위가 상대국의 안보를 위협하게 되고, 그럼으로써 그 나라의 안보증강을 야기하여 결국에는 자국의 안보에 해를 끼치는 악순환의 결과를 초래하는 현상을 가리킨다. 예컨대, 한 국가 A가 안보 불안을 느껴 군사력을 증강할 때 그것을 본 B도 안보 불안을 느껴 군사력을 증강하고, 이것을 보고 A가 다시 안보 불안을 느끼고 군사력을 증강을 시도함으로써 결국 A와 B의 군사력 증강이 계속되어 국가들의 안보 불안이 오히려 심해지는 현상이다.[68] 주로 현실주의에서 강조하는 현상이지만 오롯이 현실주의만의 것은 아니고 국제정치학에서 널리 받아들여지는 개념이다. 국가보다 상위의 권위체가 없는 무정부 상태에서 국가가 생존의 위협을 느끼게 되는데 이를 심화시키는 원인 중 하나다.

이러한 현상은 무엇보다도 주권을 지닌 국가들이 다수 존재하면서도 '세계 정부'를 갖지 못한 국제정치의 '무정부 상태(anarchy)'에 기인하는 것으로 간주 된다. 동시에 아무리 선한 동기와 합리적인 생각을 가지고 있다 할지라도 궁극적으로는 국제정치의 근본적인 속성으로 말미암아 서로 상생할 수 있는 가능성이 희박하다는 비관론으로 이어지고 있다. 이런 까닭에 '안보 딜레마'는 국제정치의 본질적인 모습을 가장 잘 나타내는 이론적 개념으로 자리매김 해왔다.

이러한 안보 딜레마 문제는 한반도에서 잘 나타나고 있다. 일반적으로 한국이 미국의 정책에 부합하는 안보 확실성 정책을 강화하면 할수록 통일정책의 추구에 있어서 부조화가 발생한다는 점이다. 즉 안보 긴장의 고도화 속에서 남북관계가 악화된다면 안보를 위해 쏟은 노력은 상대와의 갈등을 유발시켜 오히려 안보적 불안을 초래할 수 있기 때문이다.

다. 국가 간 분쟁의 근본 원인과 국가가 추구하는 최고의 가치[69]

지난 19세기의 1백 년간 인간은 석탄, 석유 등의 화석연료를 운동에너지로 전환하는 기술을 개발하여 인간의 생산력을 천문학적으로 증대시킨 산업혁명을 가져왔다. 산업혁명은 1차적으로 혁명을 이룬 나라와 그렇지 않은 나라 간의 힘의 격차를 넘을

68) https://femiwiki.com/w/%EC%95%88%EB%B3%B4_%EB%94%9C%EB%A0%88%EB%A7%88(검색일: 2019. 1. 24)
69) 이상우 저, 『국제관계이론』, (서울, 박영사, 2006). pp. 12~13.

수 없는 수준으로 확대시켜 놓았다.

산업혁명을 먼저 이룬 유럽 제국과 그렇지 못한 여타 세계 국가들의 관계를 선진 공업국가 대 후진 농업국, 식민제국 대 식민국가 관계로 구조화시켰다. 이는 결과적으로 21세기 현재까지 국제 사회의 불균등 구조를 만들어 내었다. 이러한 힘의 격차로 지칭되는 불균등 구조는 국가 간 갈등의 근본 원인으로 작동했다.

산업혁명은 또한 선진 공업국의 생활양식을 근본적으로 바꾸어 놓았다. 특히 선진 공업국의 대외정책 관심을 바꾸어 놓았다. 식민지 지배를 통하여 자원과 시장을 확보하지 않으면 살 수 없게 된 공업 선진국은 대외관계에서 1차적 관심은 식민지 유지 및 확대였고 이를 위하여 강한 군대를 키우고 이를 유지하기 위한 국부(國富)를 쌓은 부국강병(富國强兵) 정책을 국가 존망의 과제로 삼게 되었다.

II. 사례

현실주의와 자유주의 관점의 전쟁 원인

네덜란드 철학자 에라스무스(D. Erasmus)는 '겪어보지 못한 자에게 있어 전쟁이란 달콤한 것이다'라는 명언을 남겼다. 이는 전쟁을 겪어본 사람만이 그 막대한 희생과 고통을 알 수 있다는 것을 역설한 말이다.

이기는 전쟁이란 없다는 말에서 알 수 있듯 전쟁엔 막대한 희생과 피해가 따른다. 그렇다면 전쟁은 왜, 어떻게 일어나는가에 대해 의문이 생길 수밖에 없다. 전쟁의 발발 원인을 설명하는 다양한 이론들이 있지만 '현실주의'와 '자유주의' 관점에서 보다 용이한 접근이 가능하다.

먼저 현실주의는 국제정치의 주요행위자를 국가로 규정한다. 이에 무정부상태인 국제체재 내에서 국가들은 자국의 안보를 목표로 끊임없이 경쟁한다. 따라서 국제협력은 불가능하다고 말한다. 전쟁의 발발을 설명하는 대표적인 이론은 왈츠(K. Waltz)가 주장한 '세력균형이론'이다. 힘을 가진 패권국이 존재할 때 전쟁이 발생한다고 주장하는 이 이론은 동맹을 통해 두 개의 비슷한 힘을 가진 세력군이 균형을 이뤄야 전쟁이 일어나지 않는다는 논리를 설파한다. 실제로 유럽대륙에 강대국이 출현하는 것을 두려워한 영국은 1차 세계 대전 종결에서 2차 세계대전 발발까지를 이르는 전간기에 프랑스가 강해지면 독일을, 독일이 강해지면 프랑스를 지원하며 세력균형에 입각한 외교정책을 추진했다.

반면 자유주의는 국제무대에 국가 외에도 국제기구, NGO, 다국적기업, 국가 내부의 행위자 등 다양한 주체들이 존재한다고 본다. 그리고 다양한 행위자들이 만들어내는 도덕, 여론, 법률, 제도적 보완을 통해 국가 간 신뢰구축과 협력이 가능하다고 주장한다. 그러므로 이들은 국가 간 경쟁과 대립보다는 협상과 평화를 국제정치의 일반적인 경우로 상정하는 것이다.

자유주의 관점에서 나온 이론으로는 '민주평화론'을 들 수 있는데 이는 국가 내부 체제 유형인 민주주의로 국가 간 전쟁을 설명한다. 민주주의 정부는 국민의 의사에 따라 정책을 결정하므로 많은 시민들의 재산과 생명을 희생하는 전쟁은 정책으로 채택되지 않을 것이라는 논리에서 평화는 얼마든지 가능하다고 주장하는 것이다. 하지만 이 이론이 적용되기 위해선 두 가지 주요한 전제가 충족돼야 하는데 하나는 민주주의 국가 간엔 서로 전쟁을 하지 않는다는 점이며 또 다른 하나는 비민주주의 국가와는 전쟁을 불사한다는 점이다.

안보딜레마 Ⅰ(미사일 방어 체제와 북한 핵 문제)

한미정상회담(2014. 4. 25)에서 버락 오바마 미국 대통령은 한국이 미국 주도의 미사일 방어(MD)체제에 적극적인 동참을 재차 요구했다. 이는 제45차 한미 안보협의회의(SCM, 2013. 10. 2)에서 양국 국방장관이 북한의 핵·대량파괴무기 위협에 대비한 '맞춤형 억제전략'에 합의한 것을 만족스럽게 생각하지 않는다는 것이다.

순수한 군사 안보적 차원에서 볼 때, 적의 군사위협에 대해 가용한 모든 군사적 수단을 동원하여 대비하는 것은 당연하다. 그러나 현재 이루어지고 있는 모든 대비는 북한의 대남 핵·미사일 공격이라는 최악의 상황을 예상한 적극적 대비책인데, 그 실효성이 크지 않다는 점에서 비판이 제기되고 있다. 예를 들어, 정부가 2020년 이전에 도입할 계획인 '킬 체인'(Kill Chain)은 대북 선제공격(또는 예방전쟁)의 수단인데, 이에 대응하여 북한은 킬 인의 사슬을 끊는 대응 전략을 수립하려고 노력할 것이고, 그 비용은 우리보다 매우 낮을 것이다. 또한 한국형 미사일 방어망인 KAMD는 종심이 짧은 한반도 전장(theater)에서 현재의 낮은 요격률을 크게 향상시킬 가능성이 거의 없다.

특히 핵무기는 공중에서 폭파되더라도 수도권에서의 피해 규모는 지상에 떨어졌을 때와 크게 차이 나지 않을 것이다. 결국 북한의 핵·미사일 위협에 대응하는 두 안보대응책 모두 북한을 압박하는 군사적 수단이 될 수 있으나, 북한은 이에 대응하여 보다 '손쉽게' 다른 대안을 마련할 것으로 예상된다.

안보위기가 지속될 것이라는 점에서 그 이후는 어떻게 할 것인가에 대한 의문이 남는다. 따라서 맞춤형 억제전략이라는 우리의 대응책은 억제에 기여하기 보다는 재정 악화를 불러올 뿐만 아니라 안보 불안을 가중시키는 기제가 될 공산이 크다. 즉 남북한 '세력균형'(balance of power)의 균열이 서로가 군사적 우위에 서려는 노력 속에서 '공포의 균형'(balance of terror)으로 전환되면서 서로에 대한 살상력만 키우는 결과를 초래할 것이다.

한국이 붙박이 미군으로서 역할을 강요하는 것은 안보 불확실성에 대한 국내정치적 지지를 획득할 수는 있지만 남북관계 진전에 불리한 여건이 될 수 있다. 또한 주한미군의 '희생(전작권 전환 연기에 따른 세계전략 수립의 차질)'을 강조하면 할수록 한미동맹의 비대칭 구조는 더욱 악화되어 MD체제 동참, 한국군 해외파견, 최첨단 미국 무기의 수입증대, 주한미군 방위금 분담 등과 같은 이슈에서 불리한 입장에 빠지게 된다.

한국의 안보 확실성 추구가 북한의 핵·미사일 정책과 대응하여 서로를 자극하며 악순환하는 구조를 가지게 되면 안보 딜레마의 긴장 관계로 나아갈 가능성이 커지게 된다. 현 단계 북핵문제는 과거보다 더 국제화된 양상을 띠고 있으며, 따라서 남북관계를 주요 독립변수로 하는 핵문제의 해결 가능성은 더욱 축소되고 있다. 특히 남북한이 현재와 같은 냉랭하고 대결적인 관계를 지속하는 경우, 외부환경의 변화에 따라 차후 관계를 변화시켜야 하는 수동적 영역에 놓일 가능성이 크다. 이러한 상황에서 한국은 북한 핵 문제의 해결을 전제로 하는 대북정책의 원칙을 다소 완화하여 외부환경의 변화 속에서 선제적 대응이 가능한 위치로 전략적 이동을 고려해야 할 것이다.

이미 국제 문제화된 북한 핵 문제의 해결을 남북관계 개선의 전제로 하는 것은 정부의 박근혜 정부의 대북 기조인 한반도 신뢰 프로세스의 본격적 가동을 어렵게 하는 원인이 되고 있다.

물론 북한이 핵·미사일과 같은 비대칭 무기를 개발·강화하는 것은 한국의 안보에 중대한 위협이 되고 있다. 그러나 한국이 북한과 똑같이 대응할 수 없다는 현실적 조건 속에서 이는 국제공조를 통해 외교적으로 풀어나가야 할 문제이지 재래식 무기에 대한 군비 확장으로 해결할 사안이 아니다. 따라서 한반도 안보의 평화적 미래구상을 위해서는 군사현안에 대한 임기응변식의 대응이 아닌 북한의 군사력에 대한 객관적이고 냉철한 평가와 이에 기반 하는 적절한 방향의 군비증강 계획, 효율적 군사개편과 무기 첨단화 등이 필요하다. 또한 미국의 MD체제에 한국이 편입되는 것은 그 자체로서의 비용 증가뿐 아니라 대립하는 중국과 안보적 갈등구조에 놓이게 됨으로써 최대 교역 상대로부터 불이익을 받을 가능성이 크다. 변화하는 안보환경에 대한 우리의 대응은 단지 군사적인 문제가 아니라 이제 경제의 영역으로까지 확산되어 복잡한 양상을 띠고 있다.

안보 딜레마 II(안보 딜레마와 한반도 평화[70])

한반도 통일이 과연 평화적으로 이루어질 수 있을까. 모든 이들이 소망하는 것이지만, 현실은 오히려 정반대다. 세 차례의 핵 실험을 거치며 북쪽은 사실상 핵무기를 보유하게 되었고, 남쪽의 군사훈련은 공격적 성격을 강화하고 첨단무기 수입도 가속화되고 있다. 참여연대 평화군축센터에서 주창하고 있는 '평회 국기론'은 비로 이 비람과 현실의 극명힌 모순을 좁혀보려는 시도에서 출발했다.
평화 국가론은 남북의 군사적 대립과 동북아 군비증강 문제를 '평화적 수단에 의한 평화'라는 원칙에 기초하여 해결할 것을 요구한다. 군사적 수단에만 의존하는 안보는 다시 군사적 대응을 촉발해 안보 상황을 악화시키는 안보 딜마를 벗어나기 어렵다. 한반도와 동아시아의 현재 상황이 이를 잘 보여준다. 냉전체제의 해체로 한반도의 군사적 균형이 사실상 무너졌으나 냉전체제를 대체하는 새로운 평화체제가 구축되지 않은 상태에서 북쪽은 핵무기 개발로 군사력의 불균형을 메우려고 시도해왔다. 이에 남쪽이 다시 군사적으로 대응하려고만 한다면 결국 남북이 핵경쟁에 나서는 위험한 상황으로 이어질 것이다. 이보다 남쪽이 선제적 군축과 과도한 군사훈련의 자제 등을 통해 북쪽의 군사주의를 억제하는 전환점을 만들어야 한다.
동이시이의 군비증강에 대해서도 남쪽이 군비증깅으로 대응한다면 안보 딜레마는 더 심화되고, 남쪽과 같이 국가 규모가 상대적으로 작은 국가가 짊어져야 할 부담은 더 커지게 된다. 중국이나 일본 사이에 군비증강이 가속화되는 것을 막을 수 있는 방안을 모색해야지 이들의 군비 경쟁에 편승하면 한반도의 안보환경이 더 악화되는 사태를 막기 어렵다. 안보환경이 악화될 수록 군비증강과 안보의 논리가 강화된다. 분단 체제하에서는 더 말할 것도 없다. 그러나 이러한 대응 방식은 전쟁이 없는 상태를 의미하는 소극적 평화를 넘어, 한반도 주민의 삶(인권, 생태, 복지)의 질을 향상시킬 수 있는 적극적 평화의 길을 만들기 어렵다. 통일도 적극적 평화와 결합 될 때 세계인으로부터 환영받을 수 있다

70) http://www.hani.co.kr/arti/politics/defense/625180.html#csidxb8956542b707e289f58d5d5f7a85845(검색일: 2018. 8. 8.)

Ⅲ. 발표 및 토의

구분	토의 주제	비고
주제 1	안보딜레마에 대해 사례를 들어 발표하시오. (예, 한미동맹과 남북통일의 딜레마, 또는 자주국방을 위한 전력증강과 안보딜레마)	조 발표
주제 2	국제관계의 본질에 대해 요약정리하고, 국가는 국제관계의 주된 행위자이자 자국 이익을 최우선으로 한다는 관점에서 남북관계가 추구(지향)해야 할 방향이 무엇인지에 대해 발표하시오	조 발표

Chapter

08 국가안보와 안보패러다임

I. 필요지식

국가안보란 무엇인가? 안보는 안전보장의 줄인 말이지만, 명확한 정의도 없고 광범위한 합의가 있는 정의도 없다. 그 어원을 추적해볼 수는 있다. 마음의 평온한 상태를 의미하는 고대 로마어 세쿠리타스(securitas)가 그 출발점이었다. 하지만 로마제국 시대에 로마의 평화라는 개념에 종속됐다. 이후 국제정치가 베스트팔렌조약을 계기로 주권국가 중심으로 재편되는 과정에서는 국가와 유착되어 안보는 통상 국가의 안보로 이해되어 왔다. 유럽에서 사용되던 'security'를 일본이 안전보장(安全保障)으로 번역한 것이 한국으로 유입되어 사용되었으며 이를 줄여서 안보로 통용되고 있다.

1 국가안보의 개념

20세기 이후 '국가안보'의 성격· 범위· 내용과 정책이 많이 변화했다. 급변하는 내외환경과 새로운 변수의 발생으로 국가안보 이해가 난해해졌다. 냉전시대에는 국방·외교를 핵심으로 하는 안보개념이 비교적 분명했으나 탈냉전시대의 다극화 · 세계화시대에는 안보개념이 확대되고 복잡해졌으며 타 분야와의 경계도 애매해졌기 때문이다.

안보(Security)는 안전보장(安全保障)의 준말로 국가안보라 하면 국가적 수준에서 다루게 된다. 통상 국가가 공포, 불안, 걱정이 없는 상태를 말한다. 국가안보는 국가가 수행하는 가장 기본적인 기능중 하나이며 국·내외의 각종 위협으로부터 국민, 영토, 주권을 보호하는 것이다. 이는 국제 연맹 규약 전문에서 처음 등장했는데

Security란 타국에 의해 공격받지 않을 것을 보장하고 타국에 의해 공격받았을 경우 다른 나라로부터 즉시 원조를 받는다는 것을 보장하는 것으로 이 용어를 당시 국제연맹 일본 외무성에서 安全保障이란 말을 사용한 걸 영어로 번역하면서 비롯되었다.

탈 냉전이후 국가안보의 개념은 상당히 넓어졌고 비군사적 안보위협의 발생이 증대되고 다차원화 되었다. 이에 따라, 전통적인 안보는 포괄안보의 틀 안에 속하는 군사적 안보라는 하나의 구성요소 정도로 정의되게 되었다. 한편, 사회 구조적으로 관리되어야 하는 위험 등에 대한 인간안보, 국제적인 경제위기에 관한 경제안보, 그 외 환경이나 에너지안보 등 다양한 안보의 중요성이 부각되고 있다.

국가안보는 통상적으로 적의 공격을 방지하고, 피침 시 적을 신속히 격퇴하거나 승리할 수 있는 '능력'이나 '상태'를 의미하며 핵심은 위협을 사전에 방지하거나 국익에 장애가 되는 것을 제거 또는 최소화하는 데 있다.

그러나 최근의 국가안보 개념은 국내외 각종 군사적 · 비군사적 위협으로부터 국가목표를 달성하기 위해 정치 · 외교 · 경제 · 사회 · 문화 · 군사 · 과학기술 등 諸 수단을 종합적으로 운용함으로써 기존의 위협을 효과적으로 배제하고 또한 일어날 수 있는 위협의 발생을 미연에 방지하며 나아가 불시의 사태에 적절히 대처하는 것을 의미한다.

좀 더 구체적으로 국가안보 개념은 제2차 세계대전 이후 절대안보(avsolute security) 개념, 탈냉전시대에는 공동안보(common securiyt)와 협력안보(coorerative security) 개념, 1990년대 이후에는 포괄안보(comprehensive security) 개념으로 변화 발전되었다.

절대안보	적국을 희생함으로써 안보를 유지할 수 있다는 개념으로 현실주의와 권력론에 기반을 두고 있다.
공동안보	어떤 국가도 그 자신의 군사력에 의한 일방적 결정, 즉 군비증강에 의한 억제만으로는 국가안보와 평화를 달성할 수 없으며, 오직 상대국가(敵)들과의 공존공영을 통해서만 국가안보를 달성할 수 있다는 안보개념(예: CSCE)
집단안보	다수 국가가 상호간 전쟁을 금지하고 만약 침략행위가 발생될 경우 침략국이외의 체제나 모든 국가들이 침략국에 대해 효과적 집단조치를 취함으로써 체제 내 어떤 국가가 다른 국가를 침략하는 것을 방지하고 제거한다는 개념으로 가상적국을 상정하지 않음(예: 국제연합)
협력안보	국가간 군사적 대립관계를 청산하고, 협력적 관계의 설정을 추구함으로써 상호 양립이 가능한 안보목적을 달성한다는 탈냉전시대의 안보개념(예: ARF). 다자안보협력은 3개국 이상 국가들 간에 이루어지는 협력안보의 한 형태
포괄안보	냉전종식이후 안보위협이 다양해지고 국가간 상호 의존성이 심화됨에 따라 안보의 고려영역이 확대되어, 정치 군사뿐만 아니라 경제 · 환경 · 자원 · 마약 · 인권 · 난민 등의 개념을 포함하는 안보개념으로 확장(광의의 안보와 동일) * 전통적 안보개념(Conventional Security): 외부의 군사적 위협으로부터 국가의 생존을 보전하는 것으로서 통상 군사력 중심의 국방을 의미하는 것으로 인식 (협의의 안보와 동일)

이러한 안보개념의 변화는 국제 사회의 가치와 기준의 변화로부터 기인한 것이다. 1970년대부터 이전 국제관계에서 군비경쟁 및 영토 확장이 파생시킨 이익보다는 무역과 협력이 부여하는 이익이 보다 크다는 것을 인식한 국가들이 전통적 안보 중심에서 경제안보 중심으로 패러다임을 전환했다. 20세기 후반에는 전통적 국가안보뿐만 아니라 초국가적 · 비군사적 영역의 안보위협도 중시되고 있으며, 특히 .기근 · 질병 · 인권 등의 위협에 대처하는 '인간 안보'(Human Security)영역이 확장되어 가는 추세이다.

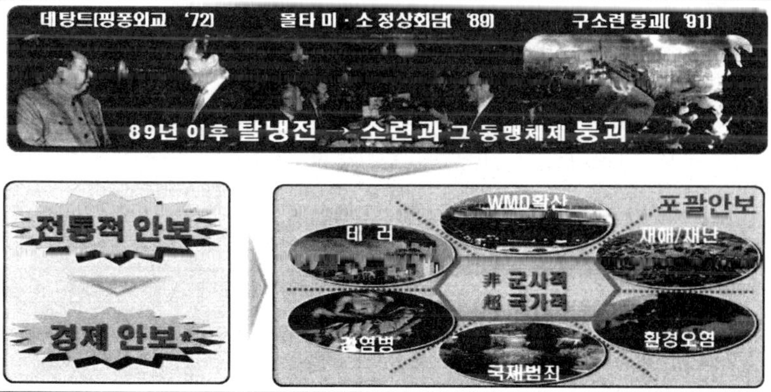

탈냉전 시대에 세계대전은 없었으나 인류는 테러리즘, 核 확산, 사이버 공격, 내전, 대기 · 하천과 해양오염, 유가 상승과 자원고갈, 식량부족과 물 부족 사태 등 새로운 위협에 직면하고 있다. 이런 도전에 민감하게 적응하고 효과적으로 대처하지 못하는 국가는 위기를 맞게 된다. 새로운 안보위협들은 전쟁 못지않은 심각한 위협이 되고 있다.

1986년 4월 26일 발생한 우크라이나 체르노빌 제4 원자로 폭발 · 화재사고는 단순한 인재였으나 엄청난 인명 피해가 발생했다. 체르노빌 원전사고는 20세기 역사에서 전쟁을 제외한 가장 큰 재앙의 날로 정한 사건이다. 원자로가 폭발해서 누출된 방사능 물질이 1945년 히로시마에 투하된 원폭의 350배이며 UN 보고서를 보면 900만 명의 사람들이 피해를 봤고, 3만 명이 사망했다.

32년이 지난 현재 체르노빌은 방사능으로 숲은 붉어졌고, 기형 동물과 기형아가 끊임없이 나오고 있다. 특히 기형아 출산과 출생 전 사망은 두 배로 증가했다. 또 유아 사망은 2배 증가하였고, 암 발생률이 급증했는데 특히 어린이 암 환자가 10배 정도 증가했다. 아직도 정확한 피해 집계를 따질 수 없고 사망자와 암 발생 역시 그 규모를 따지기 어려울 정도의 최악의 사고였다.

지구촌 유일의 초강대국 미국도 새로운 안보위협에 제대로 배비하지 못했다. 미국은 2001년의 9 · 11 사태는 4대의 민간 항공기를 납치한 이슬람 테러단체에 의해 동시다발적으로 이루어졌다. 그 피해는 테러범을 포함하여 2,996명의 사망자와 최소 6,000명 이상의 부상자를 발생시켰다. 4대의 항공기에 탑승한 승객은 전원 사망하였고, 워싱턴 국방부 청사에서 사망하거나 실종된 사람이 125명, 세계무역센터에서는 약 2,500명의 사람이 사망하였다. 미국 전역은 하루 만에 일어난 큰 테러 사건으로 인해 비상사태에 빠지게 되었고, 세계 경제의 중심부이자 미국 경제의 상징인 뉴욕은 공포에 휩싸이게 되었다.

경제적인 피해는 세계무역센터 건물 가치 11억 달러(1조 4300억 원), 테러 응징을 위한 긴급 지출안 400억 달러(약 52조 원), 재난극복 연방 원조액 111억 달러(약 12조 원), 이외에도 각종 경제활동이나 재산상 피해를 더하면 화폐가치로 환산하기 어려울 정도의 큰 피해가 발생하였다고 할 수 있다.

2005년 8월 美 국토안전부· 연방재난관리청과 주와 市 정부는 허리케인 카트리나로부터 뉴올리언스 시민들을 제대로 보호하지 못했다. 재난 당국은 홍수에 따라 뉴올리언스시의 80%가 침수되고, 사망자는 약 1천800명(집에서 익사), 가옥 10만 채가 파손됐다. 재산피해액은 1천억 달러(약 119조 4천억 원)로 추산됐다. 인명 피해와 재산피해 모두 역대 미국 자연재해 역사에서 최악의 수치다

사이클론 나르기스는 2008년 5월 2일, 미얀마를 강타한 대형 사이클론이다. 이 태풍은 미얀마의 이라와디 평야를 황폐케 한 초대형 사이클론으로 13만 명 이상의 사망 및 실종자와 250만 명 이상의 이재민이 발생했다. 인간 안보와 국제윤리를 경시하는 미얀마 군부의 행태로 구호 활동이 차질을 빚자, 주권을 무시하고라도 개입해야 한다는 격앙된 주장이 나오기도 했다.

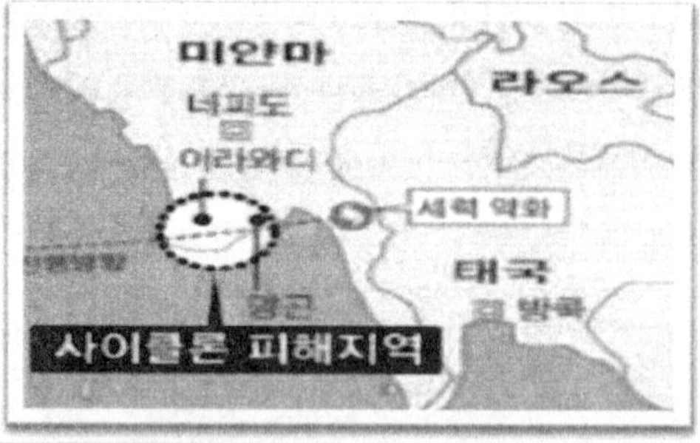

2008. 5. 12. 중국의 쓰촨성(四川省) 원촨(汶川) 일대를 강타한 리히터 7.9 규모의 지진으로 주민사망 3~5만여 명, 부상 10만여 명, 직접 피해 1,000만 명 이상의 피해와 경제적 피해 200억 달러 이상의 재난사태가 발생했다. 중국 정부는 공정대를 포함한 10만 명의 군경 병력을 현장에 투입해 구호에 나서고 있으나 피해지역이 광범위해 역부족이다. 예산 제약 등 온갖 애로점에도 불구하고 군은 폭넓은 안보개념에 입각, 정책을 재조정하고 혁신해야 한다고 입을 모았다.

2011년 3월 11일, 일본 동북부 인근 바다 밑에서 규모 9.0의 초강력 지진이 발생했습니다. 이 지진은 순간 최고 높이 40m의 엄청난 파괴력을 가진 쓰나미, 지진해일을 일으키며 일본 동북부 해안가를 덮쳤습니다. 이 끔찍한 자연재난으로 목숨을 잃은 사람만 1만6천 명에 달했다. 실종자도 2천5백 명이 넘었으며, 5년이 지난 뒤에도 집을 잃고 피난 생활을 하는 이재민이 18만 명에 달했다. 재산피해도 엄청나서, 피해 규모가 1천500억 달러에 달했으며, 이는 일본의 2016년 국가 예산 17%에 해당되는 규모였다.

특히 후쿠시마현의 피해는 재앙 수준이었습니다. 후쿠시마 제1(다이치) 원자력 발전소 6기의 원자로가 쓰나미로 전원이 중단되면서, 원자로를 식혀주는 냉각장치가 작동을 멈추었고, 원자로 3기에서 수소 폭발에 이어 핵 연료봉이 녹아내리는 사태로 이어졌다. 사상 최악의 원전사고로 기록되고 있는 소련 체르노빌 원전사고도 이 7등급이었는데, 후쿠시마 원전사고는 국제 원전사고 기준으로 7등급에 해당한다.

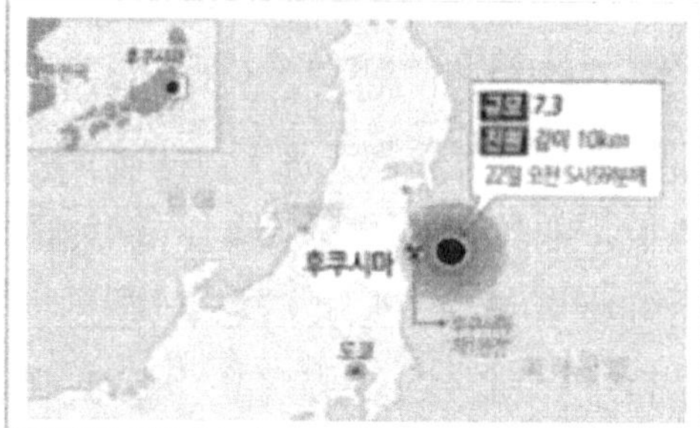

2 안보패러다임의 유형

냉전기의 안보연구는 군사에서 정의된 국가안보(national security)에 포커스를 맞추면서 주된 관심이 국가가 처한 위기에 대처하기 위해 구비해야 할 군사력에만 집중되었다. 이러한 안보개념은 국제체계를 바라보는 현실주의 시각을 반영한 것이었다. 그러나 1970년 이후 국제정치경제 환경의 변화는 통상적 안보개념인 국가안보의 적실성에 의문을 제기하는 동시에 새로운 국제안보(international security) 개념을 부각시키는 계기가 되었다. 또한 탈냉전 이후 기존의 국가안보 패러다임에서 벗어나 군사적 위협은 물론 경제나 문화적 분야의 다양한 위협으로부터 보호되어야할 대상을 인간으로 설정하는 비전통적인 안보개념인 인간 안보개념이 확장되고 있다.

가. 국가안보 패러다임

1648년 베스트팔렌 조약 이후 국가는 국제 세제에서 가장 강력한 행위자로 간주되어왔다. 근대 국가제제는 대내적으로는 일정한 공간에 살고있는 사람들에 대한 독립적인 지배와 외부로부터 어떠한 간섭도 배제하는 독점적 지배 원칙으로 상징되는 '주권 논리'와 이에 따른 자연스러운 결과로서 대외적으로는 중앙집권체제가 존재하지 않는 '무정부체제'를 기본 특성으로 하고 있다.

이러한 특성으로 인해 안보가 국가의 최우선 책임이 되었고 따라서 국가는 안보문제를 절대적 가치의 측면에서 바라보게 되었다. 또한 국가안보 패러다임은 사상적으로는 홉스, 마키아벨리, 루소 등과 연계되어 있다. 이들은 국가 간의 관계를 국가가 서로 끊임없이 상대국의 약점을 노리는 권력을 위한 투쟁으로 간주하였다. 특히 자연상태를 만인에 한 만인의 투쟁 상태로 파악하고 있는 홉스 사상과 긴밀한 연관을 맺고 있다. 이러한 역사·사상사 기원에서 발한 국가안보 패러다임의 기본 가정들은 제2차 세계 이후 모겐소(H. J. Morgenthau), 월츠(K. Waltz), 미어셰이머(J. Mearsheimer) 등의 주장과 일치한다.

이들의 기본 가정은 다섯 가지로 요약된다. 첫째, 국제 체제는 무정부체제다. 하지만 무정부라고 해서 반드시 혼란을 의미하는 것은 아니고 국가의 행위를 규제할 중심적 권위가 부재하다는 것을 의미한다. 둘째, 주권을 소유한 국가는 필연으로 자국을 방어하고 국력을 확장하기 위해 공세적으로 군사력을 보유하려고 한다. 이 이유로 국가는 서로에 대해 위협이 된다. 셋째, 국제 체제는 본래 신뢰의 결여로 이어지는 불확실성을 특징으로 가지고 있다. 국가들은 이웃 국가의 의도를 결코 확신할 수 없기 때문에 항상 그들을 경계해야 한다. 넷째, 국가들은 독립과 주권을 유지하려고 하기 때문에 국가의 생존은 국가 행위에 영향을 미치는 가장 기본 동기이다. 다섯째, 비록 국가는 합리적이지만 항상 오해 가능성이 존재한다. 불완전한 정보의 세계에서 잠재적 적대국들은 상대방을 혼란시키기 위해 자신의 국력을 정확히 밝히지 않으려는 동기를 가지고 있기 때문이다.

이러한 가정에 입각한 국가안보 패러다임은 국제분쟁이 발생할 수밖에 없다고 보고 이러한 위협에 대비하기 위해 군사적 방위의 측면을 강조한다. 또한 국가안보와 연계된 상위정치(high politics)에 집중하면서 현존하거나 잠재적인 적성 국가에 대해 사활적 국가이익(survival interest)을 보호 혹은 확장하는데 유리한 국가·국제정치 환경 조성을 주된 목표로 한다.

이 패러다임은 국제관계는 국가 간 불신과 두려움에서 피할 수 없는 안보딜레마(security dilemma)에 봉착해 있다는 인식을 기반으로 하고 있다. 그 결과 국가 간에는 갈등이 존재할 수밖에 없으며, 국가의 생존에 장애가 되는 위협과 위험을 제거 또는 축소하고자 한다. 이를 위한 안보의 핵심 수단을 군사력으로 하는 전통적 안보 개념이다.

나. 국제안보 패러다임

생존이라는 안보 가치의 절대성을 강조하는 국가안보 패러다임과 달리 국제안보 패러다임은 국제정치를 국가들의 사회라는 측면에서 기술한 그로티우스(De Grotius)에 정치사상에 기원을 두고 있다. 그로티우스는 국가들이 투쟁에 몰입한다는 홉스의 인식과는 달리 공동의 규칙과 제도에 의해 국가들의 갈등이 제한된다고 주장한다. 물론 그로티우스는 주권 국가가 국제정치에 있어 일차 행위자라는 홉스의 주장을 받아들이지만, 그럼에도 불구하고 국제정치는 국가 간의 완전한 투쟁 상태도 완전한 이익의 정체성 상태도 아니라고 본다.

국제제도나 국제협력이 전쟁을 예방하는데 크게 기여 하지 못한다고 생각하는 국가안보 패러다임과 대조적으로, 국제안보 패러다임은 한 국가의 안보는 적어도 어느 한 국가 이상의 다른 국가들의 안보와 밀접히 연계되어 있으며 제도가 국가 간의 안보경쟁의 위험을 극복하는 협력을 위한 틀을 제공할 수 있다고 주장한다. 즉 국가들의 안보업무는 상호의존이며 따라서 한 국가의 안보는 다른 국가의 행동으로부터 영향을 받고 그 역도 성립한다는 것이다. 이런 의미에서 국제안보 패러다임은 안보 레짐(security regime)이나 안보 제도의 중요성을 강조하는데, 이는 국제정치이론에서 국제 사회의 협력과 안정을 달성하는데 제도를 중시하는 자유제도주의의 논리와 일맥상통 한다.

탈냉전 이후 국제사회 힘의 분포는 특정국가의 절대적 힘의 우위가 점차 약해지면서 다차원적이고 복합성을 띠고 있는 추세이다. 정치적 영향력에서는 '단-다극체제'(uni-multipolar world)라 할 수 있다. 그리고 국가 간에는 과거와는 비교할 수 없을 정도의 상호의존성과 상호침투성이 심화되고 있다. 한 민주주의 국가의 확산, 상호의존의 심화, 초국가 행위사의 등장 등은 국가 간 갈등을 완화하고 협력을 신선시킬 가능성을 제고하고 있다.

현재 국가 간에 제도화된 협력의 발전이 향후 국제안보를 위한 전례 없는 기회를 제공할 것이라고 확신하는 자유제도주의자들의 주장이 힘을 받고 있다. 한편, 국가안보 패러다임이 국가라는 행위 주체와 군사안보에 집중하는 전통적 안보개념에 근거하고 있다면, 국제안보 패러다임은 행위 주체가 국가뿐만 아니라 개인, 초국가 행위자, 국제제도 등으로, 안보 분야도 군사뿐만 아니라 정치, 외교, 경제, 사회, 문화 등으로 확장되는 비전통적 안보개념에 근거하고 있다. 따라서 국제안보 패러다임은 공동안보(common security), 포괄안보, 협력안보(cooperative security) 개념과 유사하다.

1980년에 등장한 공동안보 개념은 '어떤 한 국가도 그 자신의 군사력에 의한 일방적 결정, 즉 군비증강에 의한 억지만으로 국가의 안보와 평화를 달성할 수 없으며, 오직 상대 국가들과의 공존·공영을 통해서만 국가안보를 달성할 수 있다는 것'이다. 이 개념에 따르면, 세계의 안보란 상호 의존적이며, 각 국가는 안보동반자 또는 안보공동체의 일원이며 한편으로는 자제하고 한편으로는 공동안보를 위해 협력을 해야 한다.

협력안보는 탈냉전 이후 새롭게 등장한 안보개념이다. 불법적으로 평화를 파괴하는 국가에 의해 공동행동을 취하는 집단안보(collective security)와 구별되며, 한 가상의 적을 미리 상정하여 형성되는 집단자위(collective self-defence)와도 구별되는 개념이다. 협력안보의 목적은 각 국가의 군사체제간의 대립관계를 청산하고 협력적 관계의 설정을 추구함으로써 근본적으로 상호 양립 가능한 안보를 달성하는 것이다. 상대국의 군사체제를 인정하고 상대국의 안보이익과 동기를 존중하면서 상호 공존을 추구한다는 측면에서 공동안보와 유사하나, 전쟁 예방을 위하여 적극적인 양자 간 또는 다자 간의 합의된 조치들을 추구하고 침략의 수단을 총동원하기 어렵게 만드는 조치를 적극적으로 추구하는 점에서 차이가 있다.

1990년 아세안에서 시작한 아시안 지역의 다자간 안보협력을 주도한 안보개념은 포괄적 안보이다. 안보는 경제적 노력과 지역 노력 그리고 평화 수단을 통해 국가 간의 문제를 해결하려는 공약을 통하여 상호의존성과 신뢰를 증진시킬 수 있으며, 이를 통해 국가들은 궁극적으로 안보를 증진시킬 수 있다고 본다. 포괄적 안보개념에서는 군사 수단보다 비군사 수단을 통한 안보증진이 더욱 중요하다.

다. 인간안보 패러다임

인간안보는 기존의 국가안보 패러다임에서 벗어나 군사적 위협은 물론 경제나 문화 분야의 다양한 위협으로부터 보호되어야 할 대상을 인간으로 설정하는 비전통인 안보개념으로, 탈냉전 이후 부각된 내전, 기아, 빈곤, 인종 청소 등의 문제에 대응하기 한 규범으로 유엔개발계획의 인간개발 보고서에서 처음 제시되었다. 인간의 생명과 존엄을 중시하는 새로운 안보의 패러다임으로서 '공포로부터의 자유(freedom from fear)'와 '빈곤이나 결핍으로부터의 자유(freedom from want)'를 초점으로 삼고 있다.[71)]

'물리적 폭력이나 군사적 위협으로부터의 자유(freedom from fear)'는 정치 · 사회 안보로 연결된다. 이 자유는 국내 · 외 세력으로부터 자신에 대한 생명의 위협을 받거나 삶의 터전을 훼손당하지 않고 주어진 환경에서 인간다운 삶을 영위할 수 있는 자유를 말한다. 냉전이 종식되면서 강대국의 군사적 개입과 지원이 끊기면서 제3세계에는 인도적 재난을 동반한 내전이 급증하였고, 이는 국내 권력계층이 자신들의 이익을 위하여 국민의 생명이나 삶의 터전을 위협하는 결과로 이어졌다. 따라서 내전의 주체인 권력층의 제거는 지역의 평화를 정착시키고 국민의 인간 안보를 확보하기 위한 필요조건이며, 이를 수행하기 위해 인도적 개입이 요구된다는 논리로 이어진다.

'빈곤이나 기아로부터의 자유(freedom from want)'는 경제안보와 연결된다. 이 자유는 기아나 빈곤으로부터 벗어나 최소한의 경제생활이 가능한 환경에서 인간다운 삶을 영위할 수 있는 자유를 말한다. 세계 경제가 통합되면서 지구적 양극화가 나타났으며 여기에 환경문제와 내전까지 더해져 최소한의 경제적 생활조차 못 하는 사람들의 수가 증가했다. 이러한 상황은 사람들의 삶의 터전을 빼앗고 이들을 난민으로 전락시켰으며 그 결과 더이상 이들이 자력으로 경제적 빈곤과 기아를 벗어나지 못하는 구조적 제약을 가져왔다. 따라서 스스로의 힘으로 빈곤과 기아를 벗어나지 못하는 상황에서 '빈곤이나 기아로부터의 자유'를 확보하기 위해서는 외부 행위자들의 인도적 원조가 요구된다. 이와 더불어 저개발국의 기아와 빈곤은 선진국가에도 부정적 영향을 끼친다. 빈곤이 해결되지 않는 경우 이들 지역의 빈곤은 국경을 넘어 질병, 범죄와 테러의 확산, 불법 이민, 불법 무역, 환경 파괴, 자원고갈 등으로 이어지는 지정학적 갈등으로 이어지기 때문이다. 따라서 국제 사회는 원조의 필요성을 절감하고 OECD의 DAC를 중심으로 개발 협력을 추진하고 있으며 점차 저개발 국가에 대한 국제 개발원조는 증가하는 추세에 있다. 인간 안보는 다음의 7가지 측면의 요소를 포함하고 있다.

71) https://ko.wikipedia.org/wiki/%EC%9D%B8%EA%B0%84_%EC%95%88%EB%B3%B4(검색일: 2018. 8. 9.)

구분	내용
경제적 안보	경제적 안보 측면에서는 개인에게 기본적인 소득이 보장되어야 한다. 개발도상국에서는 빈곤 문제가 심각한 한편 선진국에서는 취업난과 비정규직 문제로 인해 경제적 안보가 위협받고 있다고 할 수 있다.
식량 안보	식량안보 측면에서는 모든 사람이 언제나 기본적인 식량을 물리적으로, 그리고 경제적으로 확보할 수 있어야 한다. 식량 수급 자체는 식량 안보의 필요조건이지만 충분조건은 아니다. 전 세계적인 식량 수급은 큰 문제가 아니지만 식량의 분배나 구매력의 부족으로 인해 모든 사람이 기본적인 식량을 확보하지는 못하는 문제가 발생한다.
환경 안보	환경 안보는 자연 환경의 파괴나 고갈로부터 인간을 보호하는 것을 목적으로 한다. 개발도상국에서는 깨끗한 식수 확보의 어려움이 , 선진국에서는 대기 오염과 지구 온난화가 환경 안보의 문제로 등장하고 있다.
정치적 안보	사회에 속한 인간이 기본적인 인권을 존중받는지와 관련되어 있다.
보건 안보	보건 안보는 질병이나 건강하지 못한 생활에 대해 최소한의 보호를 보장하는 것을 목적으로 한다. 일반적으로 선진국과 개발도상국 사이에 의료 환경과 건강보험 등에 대한 격차가 심각하다. 일반적으로 가난한 사람이 부유한 사람에 비해 보건 안보에 대한 위협이 지대하다
개인적 안보	개인적 안보는 사람들을 물리적 폭력에서 보호하는 데 그 목적이 있다. 국가로부터의 폭력(고문), 외국으로부터의 폭력(전쟁)은 물론 범죄와 아동학대 역시 개인적 안보의 위협 요소에 포함된다.
사이버 안보	사이버 공간 안에서 개인의 표현자유가 보장되는 것과 동시에 개인 정보 보호, 불법 유해 정보 차단, 저작권 보호 등의 안보적 프레임 안에 다양한 방식으로 논의된다.

1994년 인간개발보고서 따르면 인간안보의 특징을 다음과 같이 설명하고 있다. "인간안보는 전 세계 어느 나라 사람에게나 보편적인 문제이다. 인간안보는 전 세계적으로 상호 의존적이며 인간안보의 위협 요소는 국경 안에 국한된 것이 아니며 전 세계적인 문제이다. 인간안보는 사후적 대처보다 사전적 예방이 더욱 효과적이다. 인간안보는 인간 중심적이다."

3 안보와 통일

분단국은 대외정책에 있어서 비분단국과는 달리 안보와 통일이라는 두 가지 국가목표를 모두 달성해야 하는 사명을 가지게 된다. 그런데 이 두 가지 국가 목표는 기본적으로 양립·병존하기 어려운 속성을 내재하고 있다.

분단국의 안보는 분단된 반쪽 국가를 상대 분단국의 군사적 위협으로부터 지켜내는 것을 의미하기 때문에 분단 상태의 '현상 유지'(status quo)를 전제한다. 반면 통일은 분단된 국가들이 뭉쳐서 하나가 되는 것을 의미하기 때문에 분단 상태의 '현상 타파'를 전제한다. 특정 시점에 존재하는 세력의 분포상태를 그대로 유지시키는 것을 의미하는 현상 유지와 그러한 세력의 분포상태를 변화시키는 것을 의미하는 현상 타파는 상호 대립·배치되는 개념이다.

상대 분단국은 안보의 관점에서는 '적(敵)'으로 규정되고 통일의 관점에서는 화합과 협력의 대상, 즉 '친구'로 규정된다.[72] 이런 상황에서 안보에 치중할 경우 통일이 저해될 수 있고, 통일에 치중할 경우 안보가 저해될 수 있다. 예컨대, 일방 분단국이 군사력 증강, 군사력 사용의 적극화, 동맹 강화 등을 통해 안보를 강화하는 행위가 상대 분단국에는 적대행위의 강화로 인식됨으로써 분단 양국 간의 화해와 협력이 위축될 수 있다. 이명박 정부 하에서의 남북교류협력 후퇴도 이런 맥락에서 이해될 수 있다. 한편, 분단 양국간의 화해와 협력의 증진은 군사력 증강, 군사력 사용의 적극화, 동맹 강화 등 상대 분단국을 자극하는 행위를 가급적 자제하게 함으로써 안보를 위축시킬 수 있다. 김대중 정부의 제2연평해전에서 소극적 대응이나 노무현 정부의 주적 개념 삭제 및 한미동맹 약화도 이런 맥락에서 이해될 수 있다.

따라서 분단국은 안보와 통일을 동시에 추구해야 하는 경우 '안보와 통일의 딜레마'에 빠질 가능성을 내재하게 된다는 것이다. 요컨대, 분단국에서 안보는 분단 상태의 '현상 유지'(status quo)를 전제하고 통일은 분단 상태의 '현상 타파'(destruction of status quo)를 전제하며, 상대 분단국은 안보의 관점에서는 '적'으로 규정되고 통일의 관점에서는 '친구'로 규정된다는 것이다.

이처럼 분단국에서 안보와 통일은 동전의 양면과 같이 상호 대립·배치되는 속성을 내재되기 때문에 안보에 치중하는 대외정책을 구사할 경우 통일이 저해되고 통일에 치중하는 대외정책을 구사할 경우 안보가 저해될 수 있다는 것이다. 결과적으로 안보와 통일이라는 두 가지 대외정책 목표를 동시에 추구해야 하는 분단국은 '안보와 통일의 딜레마'에 빠질 가능성을 내포하고 있다.

72) 엄상윤, "한국의'안보/통일 딜레마'와 파생효과 감소방안,"『세종정액연구』 (2012-14호), p. 8.

Ⅱ. 발표 및 토의

구분	토의 주제	비고
주제 1	대한민국은 군사적 대치된 상황의 분단국가이다. 이러한 현실 속에 귀하는 공직 또는 직업군인을 지향하는 학생으로서 스스로가 생각하는 안보관에 대해 발표하시오	개인 발표 (3명)
주제 2	분단국가로 인해 야기되는 안보와 관련된 문제점이 무엇인지 그리고 통일이 필요한 이유에 대해 발표하시오	조 발표 (2개조)
주제 3	대한민국은 북한과 군사적으로 대치하고 있는 분단국가이다. 군대의 역할이 무엇인지 그리고 그 필요성을 설명하시오	개인 발표 (2명)

Chapter

09 국가안보와 패러다임

Ⅰ. 필요지식

1 개요

국가의 본질적 임무와 역할은 국가의 철학적 의미와 헌법적 가치를 내포하고 있다. 모든 국민은 인간으로서 존엄과 가치를 가지며, 행복을 추구할 정당한 권리를 가지고 있다. 따라서 국가는 '우리들과 우리들의 자손의 안전과 자유와 행복을 영원히 확보' 하도록 최선을 다해야 한다.

〈국가의 책무〉

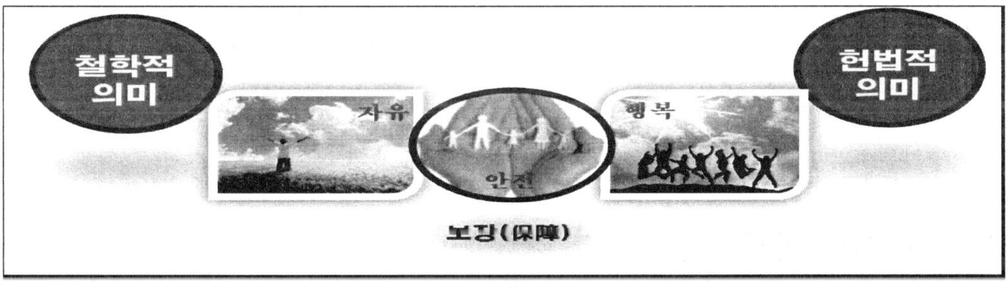

헌법 전문	유구한 역사와 전통에 빛나는 우리 대한국민은 3·1운동으로 건립된 대한민국임시정부의 법통과 불의에 항거한 4·19 민주 이념을 계승하고, 조국의 민주개혁과 평화적 통일의 사명에 입각하여 정의·인도와 동포애로써 민족의 단결을 공고히 하고, 모든 사회적 폐습과 불의를 타파하며, 자율과 조화를 바탕으로 자유민주적 기본질서를 더욱 확고히 하여 정치·경제·사회·문화의 모든 영역에 있어서 각인의 기회를 균등히 하고, 능력을 최고도로 발휘하게 하며, 자유와 권리에 따르는 책임과 의무를 완수하게 하여, 안으로는 국민생활의 균등한 향상을 기하고 밖으로는 항구적인 세계평화와 인류공영에 이바지함으로써 **우리들과 우리들의 자손의 안전과 자유와 행복을 영원히 확보할 것을 다짐**하면서 1948년 7월 12일에 제정되고 8차에 걸쳐 개정된 헌법을 이제 국회의 의결을 거쳐 국민투표에 의하여 개정한다.
제 10조	모든 국민은 **인간으로서의 존엄과 가치를 가지며, 행복을 추구할 권리**를 가진다. 국가는 개인이 가지는 불가침의 기본적 인권을 확인하고 이를 보장할 의무를 진다.

돌이켜 보면 대한민국은 민주화와 경제발전을 이룩한 국가이자, 보편적으로 국가의 철학적 · 헌법적 가치를 구현해 가고 있는 국가라 평가할 수 있다. 대한민국 정부수립 이후부터 현재에 이르기까지 외부적으로는 강대국 정치의 수요자로서, 분단국가로서 다양한 위협을 극복하면서 자국의 생존을 유지하면서 경제발전을 이루었다. 내부적으로는 독재로부터 민주화를 통해 국민의 권리와 자유를 지켜냈다.

이처럼 국가의 본질적 임무와 역할을 완수하기 위해서는 다양한 국내적 · 국제적 위험과 위협을 극복해야 한다. 그것은 국가가 국민의 안전과 자유와 행복을 보장하는 책무를 수행하는 무대는 국가 내부에 국한되기도 하지만 한편으로 국제관계에 영향을 받을 수밖에 없기 때문이다.

2 국가의 위협요소와 안보

가. 국가 위협의 종류 및 영역

국가의 위협은 크게 외부적 위협, 내부적 위협으로 구분할 수 있다. 그 위협의 영역은 군사적 위협, 초국가적 위협, 비군사적 위협으로 분류할 수 있다. 그리고 위협은 결국 안보위협과 등치되며, 안보영역의 관점에서 21세기를 포괄적 안보[73]시대라 말한다.

73) 전통적 안보개념(Conventional Security)은 외부의 군사적 위협으로부터 국가의 생존을 보

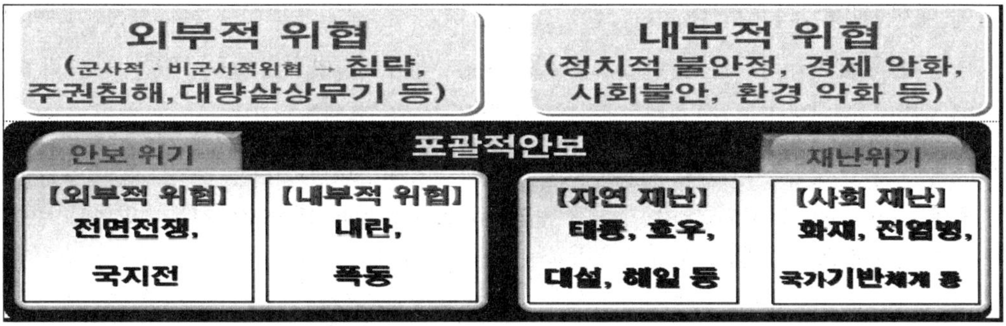

그러므로 국가는 본연의 책무를 수행하기 위해서 현존하는 외부적 위협과 내부적 위협을 축소 · 제거하는 위기관리 활동을 지속해야만 한다. 이것이 곧 국가안보의 속성이다.

나. 국가안보의 개념

국가안보란 무엇인가? 안보는 그 어원을 추적해 보면, 마음의 평온한 상태를 의미하는 고대 로마어 세쿠리타스(securitas)가 그 출발점이다. 이후 국제정치가 베스트팔렌조약을 계기로 주권국가 중심으로 재편되는 과정에서는 국가와 융합되어 안보는 통상 국가안보로 이해되어 왔다.

안보(Security)는 안전보장(安全保障)의 준말로 '국가안보'라 하면 국가적 수준에서 다루게 된다. 따라서 안전보장의 대상은 국가(민족)이며, 그 내용은 국가의 취약성과 위협을 방지 및 제거하여 위협이 없는 상태를 의미한다. 소극적인 의미에서는 국가존

전하는 것으로서 통상 군사력 중심의 국방을 의미(협의의 안보와 동일)하며, 포괄적 안보개념(Comprehensive Security)은 냉전 종식 이후 안보위협이 다양해지고 국가 간 상호의존성이 심화됨에 따라 안보의 고려영역이 확대되어, 정치 군사뿐만 아니라 경제 · 환경 · 자원 · 마약 · 인권 · 난민 등의 개념을 포함하는 확장된 안보개념(광의의 안보와 동일)을 의미한다.

립에 대한 취약성과 위험이 없는 상태를 말한다. 적극적인 의미에서는 국가의 총체적 능력을 동원하여 국가 존립에 필요한 요소들을 강화 및 발전시킬 수 있는 능력과 기회에 대한 자유를 갖는 상태를 말한다. 이는 국가가 수행하는 가장 기본적인 기능중 하나로서 국·내외의 각종 위협으로부터 국민, 영토, 주권을 보호하는 것이다. 결국 국가안보란 "국가의 총체적 능력을 동원해서 국가 존립에 대한 취약성과 위협을 방지 및 제거하고, 국가 존립에 필요한 요소들을 강화 및 발전시키는 것"이라고 정의할 수 있다.

이러한 국가안보의 목적은 "국가의 본질을 형성하는 핵심적 가치체계를 보전 및 발전시키는 것"이다. 그 핵심적 가치체계는 국가의 3요소인 '국민', '영토', '주권'을 의미한다. 이를 대한민국의 헌법과 연계시켜 국가안보의 실체적 목적을 살펴보면 아래와 같다.

구분	내용
국민	국민의 안전과 자유와 행복을 보장
영토	영토 조항 → 한반도와 그 부속도서의 존속 통일 조항 → 자유민주적 질서에 입각한 평화통일
주권	국가의 독립과 헌법 수호, 통치의 정통성 확보

국가안보의 방법은 소극적 측면에서 안보의 대상인 핵심적 가치를 위협하는 것을 축소 또는 제거하는 것이며, 적극적 측면에서는 핵심적 가치를 발전시킬 수 있는 능력을 창출하는 것을 의미한다.

그렇다면 지금까지 살펴본 국가안보와 '국가이익 · 국가목표 · 국력'과의 관계는 무엇인가? 국가안보는 국가이익, 국가목표, 국력, 국가전략 및 정책과 긴밀한 상관관계를 가지고 있다.

국가안보는 국가이익을 최대로 보장할 수 있어야 하며, 국가목표는 국가이익을 전제로 설정되고 수립해야 한다. 또한 설정된 국가목표가 달성될 수 있는 국력을 확보하고 유지해야 한다. 이를 바탕으로 방법론적 측면에서 정책 또는 전략을 수립하고 수행하는 것이다. 국가이익은 국가별로 처한 상황과 여건에 따라 가변성이 있다. 국가이익은 국가의 주체나 정부의 구조, 우선순위 등에 의해서 변화될 수 있다. 예컨대, 대한민국의 국가이익은 국가목표를 추구하고 달성하는 기준으로서 '평화', '번영', '통일', 등을 들 수 있다. 국가목표는 국가가 지향하는 최종 상태로서 국력을 집중하고 노력을 지향해 가는 의지를 의미한다. 예컨대, 평화통일, 복지사회, 공정사회, 국민의 권리와 자유 확대 등을 들 수 있다. 국력은 수단으로서 군사력, 경제력, 인구수, IT 수준 등을 의미하며, 정책이나 전략은 방법론을 의미하며 한국과 동남아시아 경제 협력 강화, 한미동맹 유연화, 한중관계 고도화, 남북협력 강화 등을 들 수 있다.

3 국가안보 개념의 변화와 그 실체

가. 국가안보 개념의 변화

20세기 이후 '국가안보'의 성격 · 범위 · 내용과 정책이 많이 변화하고 있다. 급변하는 내외환경과 새로운 변수의 발생으로 국가안보 이해가 복잡해진 것이다. 냉전 시대에는 국방 · 외교를 핵심으로 하는 안보개념이 비교적 분명했으나 탈냉전 시대의 다극화 · 세계화 시대에는 안보개념이 확대되고 복잡해졌으며 타 분야와의 경계도 불투명해졌기 때문이다.

탈냉전 이후 국가안보의 개념은 상당히 넓어졌고 비군사적 안보위협의 발생이 증대되고 다차원화 되었다. 이에 따라, 전통적인 안보는 포괄안보의 틀 안에 속하는 군사적 안보라는 하나의 구성요소 정도로 정의되게 되었다. 한편, 사회 구조적으로 관리되어야 하는 위험 등에 대한 인간 안보, 국제적인 경제위기에 관한 경제안보, 그 외 환경이나 에너지 안보 등 다양한 안보의 중요성이 부각되고 있다.

좀 더 구체적으로 국가안보 개념의 변화를 살펴보면 제2차 세계대전 이후 절대안보(absolute security) 개념 - 탈냉전 시대에는 공동안보(common security), 협력안보(cooperative security) - 1990년대 이후에는 포괄안보(comprehensive security)로 그 개념이 변화되고 진화했다.

절대안보	적국을 희생함으로써 안보를 유지할 수 있다는 개념으로 현실주의와 권력론에 기반을 두고 있다.
공동안보	어떤 국가도 그 자신의 군사력에 의한 일방적 결정, 즉 군비증강에 의한 억제만으로는 국가안보와 평화를 달성할 수 없으며, 오직 상대국가(敵)들과의 공존공영을 통해서만 국가안보를 달성할 수 있다는 안보개념(예, CSCE)
집단안보	다수 국가가 상호간 전쟁을 금지하고 만약 침략행위가 발생될 경우 침략국이외 체제나 모든 국가가 침략국에 대해 효과적 집단조치를 취함으로써 체제 내 어떤 국가가

	다른 국가를 침략하는 것을 방지하고 제거한다는 개념으로 가상적국을 상정하지 않음 (예, 국제 연합)
협력안보	국가간 군사적 대립관계를 청산하고, 협력적 관계의 설정을 추구함으로써 상호 양립이 가능한 안보 목적을 달성한다는 탈냉전 시대의 안보개념(예, ARF). 다자안보협력은 3개국 이상 국가 간에 이루어지는 협력안보의 한 형태
포괄안보	냉전 종식 이후 안보위협이 다양해지고 국가 간 상호의존성이 심화됨에 따라 안보의 고려영역이 확대되어, 정치 군사뿐만 아니라 경제 · 환경 · 자원 · 마약 · 인권 · 난민 등의 개념을 포함하는 안보개념으로 확장(광의의 안보와 동일) * 전통적 안보개념(Conventional Security): 외부의 군사적 위협으로부터 국가의 생존을 보전하는 것으로서 통상 군사력 중심의 국방을 의미하는 것으로 인식 (협의의 안보와 동일)

이러한 안보개념의 변화는 국제 사회의 가치와 기준의 변화로부터 기인한 것이다. 1970년대부터 이전 국제관계에서 군비경쟁 및 영토 확장이 파생시킨 이익보다는 무역과 협력이 부여하는 이익이 훨씬 크다는 것을 인식한 국가들이 전통적 안보 중심에서 경제안보 중심으로 패러다임을 전환하였다. 20세기 후반에는 전통적 국가안보뿐만 아니라 초국가적 · 비군사적 영역의 안보위협도 중시되었으며, 특히 .기근 · 질병 · 인권 등의 위협에 대처하는 '인간안보'(Human Security)영역이 확장되고 있는 추세이다.

나. 포괄안보 개념의 실체적 접근

탈냉전 시대에 세계대전은 없었으나 인류는 테러리즘, 核 확산, 사이버 공격, 내전, 대기 · 하천과 해양오염, 유가 상승과 자원고갈, 식량부족과 물 부족 사태 등 새로운 위협에 직면하고 있다. 이런 도전에 민감하게 적응하고 효과적으로 대처하지 못하는 국가는 위기를 맞게 된다. 새로운 안보위협들은 전쟁 못지않은 심각한 위협이 되고 있다.

1986년 4월 26일 발생한 우크라이나 체르노빌 제4 원자로 폭발 · 화재사고는 단순한 인재였으나 엄청난 인명 피해가 발생했다. 체르노빌 원전사고는 20세기 역사에서 전쟁을 제외한 가장 큰 재앙의 날로 정한 사건이다. 원자로가 폭발해서 누출된 방사능 물질이 1945년 히로시마에 투하된 원폭의 350배이며 UN 보고서를 보면 900만 명의 사람들이 피해를 봤고, 3만 명이 사망했다.

32년이 지난 현재 체르노빌은 방사능으로 숲은 붉어졌고, 기형 동물과 기형아가 끊임없이 나오고 있다. 특히 기형아 출산과 출생 전 사망은 두 배로 증가했다. 또 유아 사망은 2배 증가하였고, 암 발생률이 급증했는데 특히 어린이 암 환자가 10배 정도 증가했다. 아직도 정확한 피해 집계를 따질 수 없고 사망자와 암 발생 역시 그 규모를 따지기 어려울 정도의 최악의 사고였다.

지구촌 유일의 초강대국 미국도 새로운 안보위협에 제대로 준비하지 못했다. 미국은 2001년의 9 · 11 사태는 4대의 민간 항공기를 납치한 이슬람 테러단체에 의해 동시다발적으로 이루어졌다. 그 피해는 테러범을 포함하여 2,996명의 사망자와 최소 6,000명 이상의 부상자를 발생시켰다. 4대의 항공기에 탑승한 승객은 전원 사망하였고, 워싱턴 국방부 청사에서 사망하거나 실종된 사람이 125명, 세계무역센터에서는 약 2,500명의 사람이 사망하였다. 미국 전역은 하루 만에 일어난 큰 테러 사건으로 인해 비상사태에 빠지게 되었고, 세계 경제의 중심부이자 미국 경제의 상징인 뉴욕은 공포에 휩싸이게 되었다.

경제적인 피해는 세계무역센터 건물 가치 11억 달러(1조 4300억 원), 테러 응징을 위한 긴급 지출안 400억 달러(약 52조 원), 재난극복 연방 원조액 111억 달러(약 12조 원), 이외에도 각종 경제 활동이나 재산상 피해를 더하면 화폐가치로 환산하기 어려울 정도의 큰 피해가 발생하였다고 할 수 있다.

2005년 8월 美 국토안전부· 연방재난관리청과 주와 市 정부는 허리케인 카트리나라는 자연재해로부터 뉴올리언스 시민들을 제대로 보호하지 못했다. 재난 당국은 홍수에 따라 뉴올리언스시의 80%가 침수되고, 사망자는 약 1천800명(집에서 익사), 가옥 10만 채가 파손되었다. 재산피해액은 1천억 달러(약 119조 4천억 원)로 추산됐다. 인명 피해와 재산 피해 모두 역대 미국 자연재해 역사에서 최악의 수치다

사이클론 나르기스는 2008년 5월 2일, 미얀마를 강타한 대형 사이클론이다. 이 태풍은 미얀마의 이라와디 평야를 황폐케 한 초대형 사이클론으로 13만 명 이상의 사망 및 실종자와 250만 명 이상의 이재민이 발생했다. 인간안보와 국제윤리를 경시하는 미얀마 군부의 행태로 구호 활동이 차질을 빚자, 주권을 무시하고라도 개입해야 한다는 격앙된 주장이 나오기도 했다.

2008. 5 12일 중국의 쓰촨 성(四川省) 원촨(汶川)일대를 강타한 리히터 7.9 규모의 지진으로 주민사망 3~5만여 명, 부상 10만여 명, 직접 피해 1,000만 명 이상의 피해와 경제적 피해 200억 달러 이상의 재난사태가 발생했다. 중국 정부는 공정대를 포함한 10만 명의 군경 병력을 현장에 투입해 구호에 나섰으나 피해지역이 광범위해 그 한계를 드러냈다. 예산 제약 등 온갖 애로점에도 불구하고 군은 폭넓은 안보 개념에 입각, 정책을 재조정하고 혁신해야 한다고 입을 모았다.

2011년 3월 11일, 일본 동북부 인근 바다 밑에서 규모 9.0의 초강력 지진이 발생했습니다. 이 지진은 순간 최고 높이 40m의 엄청난 파괴력을 가진 쓰나미, 지진해일을 일으키며 일본 동북부 해안가를 덮쳤습니다. 이 끔찍한 자연재난으로 목숨을 잃은 사람만 1만6천 명에 달했다. 실종자도 2천5백 명이 넘었으며, 5년이 지난 뒤에도 집을 잃고 피난 생활을 하는 이재민이 18만 명에 달했다. 재산피해도 엄청나서, 피해 규모가 1천500억 달러에 달했으며, 이는 일본의 2016년 국가 예산 17%에 해당하는 규모였다.

특히 후쿠시마현의 피해는 새앙 수준이있습니다. 후쿠시미 제1(다이지) 원사력 발전소 6기의 원자로가 쓰나미로 전원이 중단되면서, 원자로를 식혀주는 냉각장치가 작동을 멈추었고, 원자로 3기에서 수소 폭발에 이어 핵연료봉이 녹아내리는 사태로 이어졌다. 사상 최악의 원전사고로 기록되고 있는 소련 체르노빌 원전사고도 이 7등급이었는데, 후쿠시마 원전사고는 국제 원전사고 기준으로 7등급에 해당한다.

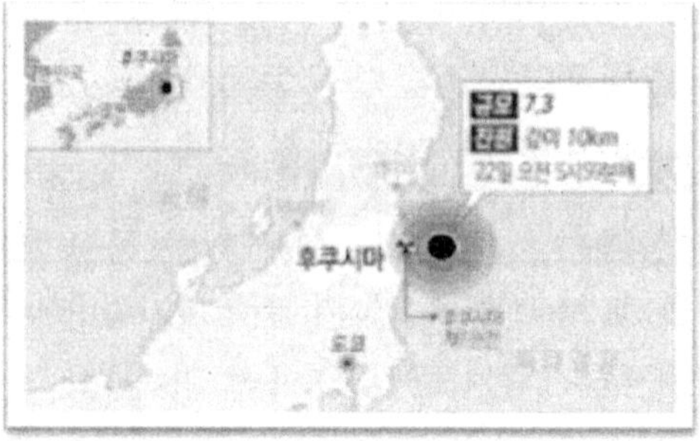

4 안보패러다임의 유형

냉전기의 안보연구는 군사 분야에서 정의된 국가안보(national security)에 포커싱(focusing)하면서 주된 관심이 국가가 처한 위기에 대처하기 위해 구비 해야 할 군사력에만 집중되었다. 이러한 안보개념은 국제체계를 바라보는 현실주의 시각을 반영한 것이었다. 그러나 1970년 이후 국제정치경제 환경의 변화는 통상적 안보개념인 국가안보의 적실성에 의문을 제기하는 동시에 새로운 국제 안보(international security)개념을 부각하는 계기가 되었다. 탈냉전 이후에는 기존의 국가안보 패러다임에서 벗어나 군사적 위협은 물론 경제나 문화적 분야의 다양한 위협으로부터 보호되어야 할 대상을 인간으로 설정하는 비전통적인 안보개념인 인간안보개념이 확장되고 있다.

가. 국가안보 패러다임

1648년 베스트팔렌조약 이후 국가는 국제 체제에서 가장 강력한 행위자로 간주 되었다. 근대 국가체제는 대내적으로는 일정한 공간에 살아가고 있는 사람들에 대한 독립적인 지배와 외부로부터 어떠한 간섭도 배제하는 독점적 지배 원칙으로 상징되는 '주권 논리'와 이에 따른 자연스러운 결과로서 대외적으로는 중앙집권체제가 존재하지 않는 '무정부체제'를 기본 특성으로 하고 있다.

이러한 특성으로 인해 안보가 국가의 최우선 책임이 되었고 따라서 국가는 안보문제를 절대적 가치의 측면에서 바라보게 되었다. 국가안보 패러다임은 사상적으로는 홉스, 마키아벨리 등과 연계되어 있다. 이들은 국가 간의 관계를 국가가 서로 끊임없이 상대국의 약점을 노리는 권력을 위한 투쟁으로 간주하였다. 특히 자연 상태를 만인에 한 만인의 투쟁 상태로 파악하고 있는 홉스 사상과 긴밀한 연관을 맺고 있다. 이러한 역사·사상사 기원에서 발한 국가안보 패러다임의 기본 가정들은 제2차 세계 이후 모겐소(H. J. Morgenthau), 월츠(K. Waltz), 미어셰이머(J. Mearsheimer) 등의 주장과 일치한다.

이들의 기본 가정은 다섯 가지로 요약된다. 첫째, 국제 체제는 무정부체제이다. 하지만 무정부라고 해서 반드시 혼란을 의미하는 것은 아니고 국가의 행위를 규제할 중심적 권위가 부재하다는 것을 의미한다. 둘째, 주권을 소유한 국가는 필연으로 자국을 방어하고 국력을 확장하기 위해 공세적으로 군사력을 보유하려고 한다. 이러한 이유로 국가는 서로에 대해 위협이 된다. 셋째, 국제 체제는 본래 신뢰의 결여로 결과되는 불확실성을 특징으로 가지고 있다. 국가들은 이웃 국가의 의도를 확신할 수 없으므로 그들을 경계해야 한다. 넷째, 국가들은 독립과 주권을 유지하려고 하기 때문에 국가의 생존은 국가 행위에 영향을 미치는 가장 기본 동기이다. 다섯째, 비록 국가는 합리적이지만 항상 오해 가능성이 존재한다. 불완전한 정보의 세계에서 잠재적 적대국들은 상대방을 혼란 시키고자 자신의 국력을 정확히 밝히지 않으려는 동기를 가지고 있기 때문이다.

이러한 가정에 입각한 국가안보 패러다임은 국제분쟁이 발생할 수밖에 없다고 보고 이러한 위협에 대비하기 위해 군사적 방위의 측면을 강조한다. 국가안보와 연계된 상위정치(high politics)에 집중하면서 현존하거나 잠재적인 적성 국가에 대해 사활적 국가이익(survival interest)을 보호 혹은 확장하기에 유리한 국가·국제 정치 환경 조성을 주된 목표로 한다.

이 패러다임은 국제관계는 국가 간 불신과 두려움에서 피할 수 없는 안보 딜레마(security dilemma)에 봉착해 있다는 인식을 기반으로 하고 있다. 그 결과 국가 간에는 갈등이 존재할 수밖에 없으며, 국가의 생존에 장애가 되는 위협과 위협을 제거 또는 축소하고자 한다. 이를 위한 안보의 핵심 수단을 군사력으로 하는 전통적 안보 개념이다.

나. 국제안보 패러다임

생존이라는 안보 가치의 절대성을 강조하는 국가안보 패러다임과 달리 국제안보 패러다임은 국제정치를 국가들의 사회라는 측면에서 기술한 그로티우스(Grotius)의 정치사상에 기원을 두고 있다. 그로티우스는 국가들이 투쟁에 몰입한다는 홉스의 인식과는 달리 공동의 규칙과 제도에 의해 국가들의 갈등이 제한된다고 주장한다. 물론 그로티우스는 주권국가가 국제정치에 있어 일차 행위자라는 홉스의 주장을 받아들이지만, 그럼에도 불구하고 국제정치는 국가 간의 완전한 투쟁 상태도 완전한 이익의 정체성 상태도 아니라고 본다.

국제제도나 국제협력이 전쟁을 예방하는데 크게 기여를 못한다고 생각하는 국가안보 패러다임과 대조적으로, 국제안보 패러다임은 한 국가의 안보는 적어도 어느 한 국가 이상의 다른 국가들의 안보와 밀접히 연계되어 있으며 제도가 국가 간의 안보경쟁 위험을 극복하는 협력을 위한 틀을 제공할 수 있다고 주장한다. 즉 국가들의 안보 업무는 상호의존이며 따라서 한 국가의 안보는 다른 국가의 행동으로부터 영향을 받고 그 역도 성립한다는 것이다. 이런 의미에서 국제안보 패러다임은 안보 레짐(security regime)과 안보 제도의 중요성을 강조하는데, 이는 국제정치이론에서 국제 사회의 협력과 안정을 달성하는데 제도를 중시하는 자유제도주의 논리와 일맥상통한다.

탈냉전 이후 국제사회 힘의 분포는 특정 국가의 절대적 힘의 우위가 점차 약해지면서 다차원적이고 복합성을 띠고 있는 추세이다. 정치적 영향력에서는 '단-다극체제'(uni-multipolar world)라 할 수 있다. 그리고 국가 간에는 과거와는 비교할 수 없을 정도의 상호 의존성과 상호침투성이 심화 되고 있다. 한 민주주의 국가의 확산, 상호의존의 심화, 초국가 행위자의 등장 등은 국가 간 갈등을 완화하고 협력을 진전시킬 가능성을 제고 하고 있다.

현재 국가 간에 제도화된 협력의 발전이 향후 국제안보를 위한 전례 없는 기회를 제공할 것이라고 확신하는 자유제도주의 주장이 힘을 받고 있는 것이다. 한편, 국가안보 패러다임이 국가라는 행위 주체와 군사안보에 집중하는 전통적 안보개념에 근거하고 있다면, 국제안보 패러다임은 행주 주체가 국가뿐만 아니라 개인, 초국가 행위자, 국제제도 등으로, 안보 분야도 군사뿐만 아니라 정치, 외교, 경제, 사회, 문화 등으로 확장되는 비전통적 안보개념에 근거하고 있다. 따라서 국제안보 패러다임은 공동안보(common security), 포괄 안보(comprehensive security), 협력안보(cooperative security) 개념과 유사하다.

1980년에 등장한 공동안보 개념은 '어떤 한 국가도 그 자신의 군사력에 의한 일방적 결정, 즉 군비증강에 의한 억지만으로 국가의 안보와 평화를 달성할 수 없으며, 오직 상대국가와의 공존 · 공영을 통해서만 국가안보를 달성할 수 있다는 것'이다. 이 개념에 따르면, 세계의 안보란 상호 의존적이며, 각 국가는 안보동반자 또는 안보 공동체의 일원이며 한편으로는 자제하고 한편으로는 공동안보를 위해 협력을 해야 한다.

협력안보는 탈냉전 이후 새롭게 등장한 안보개념이다. 불법적으로 평화를 파괴하는 국가에 의해 공동행동을 취하는 집단안보(collective security)와 구별되며, 한 가상의 적을 미리 상정하여 형성되는 집단자위(collective self-defence)와도 구별되는 개념이다. 협력안보의 목적은 각 국가의 군사체제 간의 대립 관계를 청산하고 협력적 관계의 설정을 추구함으로써 근본적으로 상호 양립 가능한 안보를 달성하는 것이다. 상대국의 군사체제를 인정하고 상대국의 안보이익과 동기를 존중하면서 상호 공존을 추구한다는 측면에서 공동안보와 유사하나, 전쟁 예방을 위해 적극적인 양자 간 또는 다자 간의 합의된 조치들을 추구하고 침략의 수단을 총동원하기 어렵게 만드는 조치를 적극 추구한다는 점에서 차이가 있다.

1990년 아세안에서 시작한 아시안 지역의 다자간 안보협력을 주도한 안보개념은 포괄적 안보이다. 안보는 경제적 노력과 지역 노력 그리고 평화 수단을 통해 국가 간의 문제를 해결하려는 공약을 통하여 상호 의존성과 신뢰를 강화할 수 있으며, 이를 통해 국가들은 궁극적으로 안보를 증진할 수 있다고 본다. 포괄적 안보개념에서는 군사 수단보다 비군사 수단을 통한 안보증진이 더욱 중요하다.

다. 인긴안보 패러다임

인간안보는 기존의 국가안보 패러다임에서 벗어나 군사적 위협은 물론 경제나 문화 분야의 다양한 위협으로부터 보호되어야 할 대상을 인간으로 설정하는 비전통인 안보개념으로, 탈냉전 이후 드러난 내전, 기아, 빈곤, 인종 청소 등의 문제에 대응하기 한 규범으로 유엔개발계획의 인간개발 보고서에서 처음 제시되었다. 인간의 생명과 존엄을 중시하는 새로운 안보의 패러다임으로서 '공포로부터의 자유(freedom from fear)'와 '빈곤이나 결핍으로부터의 자유(freedom from want)'를 초점으로

삼고 있다.[74)]

'물리적 폭력이나 군사적 위협으로부터의 자유(freedom from fear)'는 정치 · 사회 안보로 연결된다. 이 자유는 국내 · 외 세력으로부터 자신의 생명에 대한 위협을 받거나 삶의 터전을 훼손당하지 않고 주어진 환경에서 인간다운 삶을 영위할 수 있는 자유를 말한다. 냉전이 종식되면서 강대국의 군사적 개입과 지원이 끊기면서 제3세계는 인도적 재난을 동반한 내전이 급증하였고. 이는 국내 권력계층이 자신들의 이익을 위하여 국민의 생명이나 삶의 터전을 위협하는 결과로 이어졌다. 따라서 내전의 주체인 권력층의 제거는 지역의 평화를 정착시키고 국민의 인간안보를 확보하기 위한 필요조건이며, 이를 수행하기 위해 인도적 개입이 요구된다는 논리로 이어진다.

'빈곤이나 기아로부터의 자유(freedom from want)'는 경제안보와 연결된다. 이 자유는 기아나 빈곤으로부터 벗어나 최소한의 경제생활이 가능한 환경에서 인간다운 삶을 영위할 수 있는 자유를 말한다. 세계경제가 통합되면서 지구적 양극화가 나타났으며 여기에 환경문제와 내전까지 더해져 최소한의 경제적 생활조차 못하는 사람들의 수가 증가했다. 이러한 상황은 사람들의 삶의 터전을 빼앗고 이들을 난민으로 전락시켰으며 그 결과 더 이상 이들이 자력으로 경제적 빈곤과 기아를 벗어나지 못하는 구조적 제약을 가져왔다. 따라서 스스로의 힘으로 빈곤과 기아를 벗어나지 못하는 상황에서 '빈곤이나 기아로부터의 자유'를 확보하기 위해서는 외부 행위자들의 인도적 원조가 요구된다. 이와 더불어 저개발국의 기아와 빈곤은 선진 국가에도 부정적 영향을 끼친다. 빈곤이 해결되지 못하는 경우에 이들 지역의 빈곤은 국경을 넘어 질병, 범죄와 테러의 확산, 불법 이민, 불법 무역, 환경 파괴, 자원고갈 등으로 이어지는 지정학적 갈등으로 이어지기 때문이다. 따라서 국제 사회는 원조의 필요성을 절감하고 OECD의 개발원조회의(DAC)[75)]을 중심으로 개발 협력을 추진하고 있으며 점차 저개발 국가들에 대한 국제개발원조는 증가하는 추세에 있다. 인간안보는 다음의 7가지 측면의 요소를 포함하고 있다.

---

74) https://ko.wikipedia.org/wiki/%EC%9D%B8%EA%B0%84_%EC%95%88%EB%B3%B4(검색일: 2018. 8. 9.)

75) https://papago.naver.net/website?locale=ko&source=en&target=ko&url=https%3A%2F%2F
www.oecd.org%2Fdac%2Fglobal-outlook-on-financing-for-sustainable-development-2019-9789264307995-en.htm(검색일: 2020. 2. 17)

구분	내용
경제적 안보	경제적 안보 측면에서는 개인에게 기본적인 소득이 보장되어야 한다. 개발도상국에서는 빈곤 문제가 심각한 한편 선진국에서는 취업난과 비정규직 문제로 인해 경제적 안보가 위협받고 있다고 할 수 있다.
식량 안보	식량 안보 측면에서는 모든 사람이 언제나 기본적인 식량을 물리적으로, 그리고 경제적으로 확보할 수 있어야 한다. 식량 수급 자체는 식량 안보의 필요조건이지만 충분조건은 아니다. 전 세계적인 식량 수급은 큰 문제가 아니지만 식량의 분배나 구매력의 부족으로 인해 모든 사람이 기본적인 식량을 확보하지는 못하는 문제가 발생한다.
환경 안보	환경 안보는 자연환경의 파괴나 고갈로부터 인간을 보호하는 것을 목적으로 한다. 개발도상국에서는 깨끗한 식수 확보의 어려움이, 선진국에서는 대기 오염과 지구 온난화가 환경 안보의 문제로 등장하고 있다.
정치적 안보	사회에 속한 인간이 기본적인 인권을 존중받는지와 관련되어 있다.
보건 안보	보건 안보는 질병이나 건강하지 못한 생활에 대해 최소한의 보호를 보장하는 것을 목적으로 한다. 일반적으로 선진국과 개발도상국 사이에 의료 환경과 건강보험 등에 대한 격차가 심각하다. 일반적으로 가난한 사람이 부유한 사람에 비해 보건 안보에 대한 위협이 지대하다
개인적 안보	개인적 안보는 사람들을 물리적 폭력에서 보호하는 데 그 목적이 있다. 국가로부터의 폭력(고문), 외국으로부터의 폭력(전쟁)은 물론 범죄와 아동학대 역시 개인적 안보의 위협요소에 포함된다.
사이버 안보	사이버 공간 안에서 개인의 표현의 자유가 보장되는 것과 동시에 개인 정보 보호, 불법 유해 정보 차단, 저작권 보호 등의 안보적 프레임 안에 다양한 방식으로 논의 된다.

1994년 인간개발보고서에 따르면 인간안보의 특징을 다음과 같이 설명하고 있다. "인간안보는 전 세계 어느 나라 사람에게나 보편적인 문제이다. 인간안보는 전 세계적으로 상호 의존적이며 인간안보의 위협 요소는 국경 안에 국한된 것이 아니며 전 세계적인 문제이다. 인간안보는 사후적 대처보다 사전적 예방이 더욱 효과적이다. 인간안보는 인간 중심적이다."

5 국가안보와 통일

분단국은 대외정책에 있어서 비분단국과는 달리 안보와 통일이라는 두 가지 국가 목표를 모두 달성해야 하는 사명을 가지게 된다. 그런데 이 두 가지 국가 목표는 기본적으로 양립·병존되기 어려운 속성을 내재하고 있다.

분단국의 안보는 분단된 반쪽 국가를 상대 분단국의 군사적 위협으로부터 지켜내는 것을 의미하기 때문에 분단 상태의 '현상 유지'(status quo)를 전제한다. 반면 통일은 분단된 국가들이 뭉쳐서 하나가 되는 것을 의미하기 때문에 분단 상태의 '현상 타파'를 전제로 한다. 특정 시점에 존재하는 세력의 분포상태를 그대로 유지하는 현상 유지와 그러한 세력의 분포상태를 변화시키는 것을 의미하는 현상타파는 상호 대립·배치되는 개념이다.

상대 분단국은 안보의 관점에서는 '적(敵)'으로 규정되고 통일의 관점에서는 화합과 협력의 대상, 즉 '친구'로 규정된다.[76] 이런 상황에서 안보에 치중할 경우 통일이 저해될 수 있고, 통일에 치중할 경우 안보가 저해될 수 있다. 예컨대, 일방 분단국이 군사력 증강, 군사력 사용의 적극화, 동맹 강화 등을 통해 안보를 강화하는 행위가 상대 분단국에는 적대행위의 강화로 인식됨으로써 분단 양국 간의 화해와 협력이 위축될 수 있다. 이명박 정부시기 남북교류협력 후퇴도 이런 맥락에서 이해될 수 있다. 한편, 분단 양국간의 화해와 협력의 증진은 군사력 증강, 군사력 사용의 적극화, 동맹 강화 등 상대 분단국을 자극하는 행위를 가급적 자제하게 함으로써 안보를 위축시킬 수 있다. 김대중 정부의 제2연평해전에서 소극적 대응이나 노무현 정부의 주적개념 삭제 및 한미동맹 약화도 이런 맥락에서 이해될 수 있다.

따라서 분단국은 안보와 통일을 동시에 추구해야 하는 경우 '안보와 통일의 딜레마'에 빠질 가능성을 내재하게 된다는 것이다. 요컨대, 분단국에서 안보는 분단 상태의 '현상유지'(status quo)를 전제하고 통일은 분단 상태의 '현상타파'(destruction of status quo)를 전제하며, 상대 분단국은 안보의 관점에서는 '적'으로 규정되고 통일의 관점에서는 '친구'로 규정된다는 것이다.

이처럼 분단국에서 안보와 통일은 동전의 양면과 같이 상호 대립·배치되는 속성이

76) 엄상윤, "한국의'안보/통일 딜레마'와 파생효과 감소방안,"『세종정책연구』, (2012-14호), p. 8.

내재되어 있기 때문에 안보에 치중하는 대외정책을 구사할 경우 통일이 저해되고 통일에 치중하는 대외정책을 구사할 경우 안보가 저해될 수 있다는 것이다. 결과적으로 안보와 통일이라는 두 가지 대외정책 목표를 동시에 추구해야 하는 분단국은 '안보와 통일의 딜레마'에 빠질 가능성을 내포하고 있다.

Ⅱ. 사례

"보수·진보, 확연한 `사드`입장차…찬성 66% vs 29%로 갈려"77)

한국 사회는 경제 분야에서 진보적, 사회 분야에서 보수적 이념 편향을 보이면서 막상 좌 · 우 간에 간격이 크지 않았다. 하지만 안보 분야만큼은 이념 차이가 뚜렷하게 나타났다. 사실상 북한을 비롯한 국방·안보의 입장이 한국에선 보수와 진보를 갈랐다.

보수는 "사드를 배치해 북한을 견제하고 군사력을 키워 안보를 확충해야 한다"고 요구했다. 반면 진보는 "개성공단 가동을 즉각 재개하고 북한과 외교를 통해 평화를 유지해야 한다"고 주장했다.

매일경제신문과 서울대 폴랩(PoLLab) 한규섭 교수 연구팀이 조사한 결과 진보는 평화 유지의 원천으로 `외교적 노력`을 꼽았다. 이번 조사에서 진보라고 생각한 응답자의 71.1%는 `훌륭한 외교가 평화를 지키는 가장 좋은 방법`이라고 보았다. 북한과 대화하고 협력해 상호 이해를 넓히고 이를 통해 한반도 평화를 유지해야 한다는 것이다.

국가보안법 폐지와 관련하여 진보 응답자의 32.7%는 폐지해야 한다고 응답하였다. 반면 보수 응답자는 12.7%만 폐지를 주장했다.

또한 진보는 `개성공단 즉각 재개` 찬성이 45.7%, `한반도 사드 배치` 철회가 46.5%를 차지해 남북 긴장 완화에 방점을 뒀다. 진보 응답자 가운데 개성공단 재개 반대는 31.6%였으며, 한반도 사드 배치는 28.9%만이 찬성했다. 특히 진보 가운데 '국가안보를 위해 개인의 사생활을 포기하면 안 된다'는 응답이 58.9%였고, 국가안보가 우선한다는 응답은 41.1%에 그쳤다.

반면 보수는 군사력을 키워 북한의 위협에 대비하고 한반도 평화를 지켜야 한다고 봤다. 보수 응답자의 65.5%는 한반도 사드 배치를 지지했고 개성공단 재개도 59.5%가 반대한다고 응답했다. 대북 강경책을 지지하는 만큼 보수는 군사력 확충을 통한 평화 유지를 선호했다.

보수 응답자의 54.4%는 `평화를 지키는 가장 좋은 방법은 군사력을 키우는 것`이라고 답해 외교적 노력을 통한 평화 주장(45.6%)보다 많았다. `국가안보가 사생활에 우선 한다`는 응답도 68.3%를 차지했다. 정부가 중대한 국가안보를 위해 카카오톡 등 소셜네트워크 서비스에 대한 감청도 할 수 있다는 것으로 해석된다.

이내영 고려대 정치외교학과 교수는 "보수와 진보 모두 안보문제에서 이분법적 진영 논리에 빠져 있다"면서 "보수는 대북 강경책이 실패했는데도 대화를 거부하고 있고, 진보는 북핵 위협을 간과하고 있다"고 지적했다.

---

77) 「MK 뉴스」, 2017. 1. 11. https://www.mk.co.kr/news(검색일: 2020. 2. 17)

"국가안보에 진보·보수 따로 없다"[78)]

북한의 연평도 도발에 대한 일반 국민의 태도는 이중적이다. 정부의 강경한 대응을 원하면서 동시에 전면전으로 확산되는 것을 반대하고 있다.

지난 2015. 11. 27일 아산정책연구원이 발표한 여론조사 결과가 이를 입증해주고 있다. '연평도 사태 당시 우리 군이 더욱 강력한 군사적 대응을 했어야 했다'는 주장에 대해 전체 응답자의 80.3%가 동의한다고 응답했다. 한편 65.2%는 '향후 남북 간 군사적 대결이 발생하는 어떤 경우라도 전쟁이 일어나는 것은 피해야 한다'고 답한 반면 '전쟁을 각오하더라도 강력한 군사적 대응을 해야 한다'는 응답은 33%에 불과했다. 하지만 국민 81.5%는 현재 우리나라의 안보 상황에 대해 불안감을 느끼고 있는 것으로 나타났다.

국민의 이런 안보 불안감을 의식해서 이명박 대통령은 연평도 포격 관련 대국민 담화를 발표했다. 대통령은 담화에서 "대통령으로서 국민의 생명과 재산을 지키지 못한 책임을 통감한다."며 군의 초기 대응이 미흡한 점과 민간인 사망자가 발생한 데 대해 사과했다. 그러면서 "앞으로 북의 도발에는 반드시 응분의 대가를 치르게 할 것"이라면서 "지금은 백 마디 말보다 행동으로 보일 때"라고 강조했다. 대통령이 담화에서 밝힌 사과와 응징 의지보다 눈여겨봐야 할 대목은 "이제 북한 스스로 군사적 모험주의와 핵을 포기하는 것을 기대하기 힘들다"며 사실상 지난 정부의 '햇볕정책'을 실패로 규정한 것이다.

대통령은 "협박에 못 이긴 '굴욕적 평화'는 결국 더 큰 화를 불러온다는 것이 역사의 교훈이다" "더 이상의 인내와 관용은 더 큰 도발만을 키운다는 것을 우리 국민은 분명히 알게 됐다"며 대북 포용정책을 비판했다. 여기서 '하나 된 국민이 최강의 안보입니다'라는 담화 메시지에 주목할 필요가 있다. 분명 북한군의 연평도에 대한 무차별 공격은 우리를 오랜 위장평화의 잠에서 깨어나게 하기에 충분했다. 그런데 잠에서 깨어나는 것이 중요한 것이 아니라 앞으로 온 국민이 단결해서 국가안보의 최첨병이 되는 것이다. 국가안보에는 남녀노소, 여야, 진보와 보수가 따로 있을 수 없기 때문이다. 그런데 현시점에서 국민이 하나 되기 위해서는 국군최고통수권자인 대통령이 행동으로 보여줘야 한다. 그 일환으로 여야 대표와 함께 국가안보를 지키기 위한 대국민 합의를 도출해내야 한다. 일상적으로 청와대로 정당 대표를 초청하는 것이 아니라 더욱 낮은 자세로 안보 관련 장관들과 군 인사들을 대동해서 국민을 대표하는 국회로 가야 한다. 야당 대표, 국방위원장, 정보 위원장들과 만나 대화하고 토론해서 국민을 단결시켜 위기 극복의 길로 나아갈 수 있는 해법을 도출해야 한다. 이외에 대통령은 글로벌 경제위기 시 비상경제대책회의를 수시로 열었던 것과 같이 안보위기가 해소될 때까지 당분간 안보점검회의를 주기적으로 개최할 필요가 있다. 이런 회의가 군사적 긴장을 고조시킬 수 있다는 세간의 비판을 사전에 차단하기 위해서라도 국회의 지지가 필요하다. 그런 의미에서 야당도 정부의 미숙한 초기 대응을 질타하는 데만 집착하지 말고 대통령에게 힘을 실어

주는 통 큰 정치를 해야 한다. 9·11 테러 직후 부시 대통령의 최대 라이벌인 앨 고어 전 부통령은 "부시는 나의 최고 사령관이다"며 대통령에게 힘을 확실히 실어줬던 것을 상기할 필요가 있다. 국가 안보를 둘러싼 이런 초당적 협력관계를 구축하는 것이야말로 진정 국민을 하나 되게 하는 것이다.

Ⅲ. 발표 및 토의

구분	토의 주제	비고
주제 1	대한민국은 북한과 군사적 대치된 상황을 유지하고 있는 세계 유일의 분단국가이다. 이러한 안보 현실에서 귀하는 공직 또는 직업군인을 지향하는 학생으로서 "국가안보에 대해 어떻게 생각하는가?"라는 안보관에 대해 발표하시오	개별 발표
주제 2	대한민국은 전쟁 위협으로부터 자유롭지 못한 상황이다. 그것은 주변국도 문제이지만 북한과 군사적으로 대치하고 있는 분단국가이기 때문이다. 이러한 안보 현실을 감안 할 때 각자가 생각하고 있는 '군대의 역할과 필요성'이 무엇인지? 그리고 향후 직업군인으로서 스스로 견지하고 있는 비전에 대해 발표하시오.	개별 발표
주제 3	대한민국 국민 사이에는 "남북통일은 우리에게 필수적인가?"에 대한 다양한 시각이 존재한다. 그것은 통일의 문제를 어떤 관점을 두고 접근하느냐에 따라 달라지기 때문이다. 대한민국 국민 한 사람으로서 생각하고 있는 통일에 대한 시각과 그 이유를 발표하시오	개별 발표

78) 「여성신문」, 2015. 12. 25, https://www.womennews.co.kr/news/articleView.html?idxno=47686 (검색일: 2020. 2. 17)

Chapter

10 세계 및 동북아 안보 정세

Ⅰ. 필요지식

1 세계 안보 정세

가. 세계 안보환경의 특징

오늘날 세계안보환경의 한 특징은 냉전의 종식으로 대규모 전면전쟁 및 다자간 재래식 전쟁의 가능성은 줄어들었으나 기아, 환경오염, 종교 갈등, 인종 갈등, 핵 확산, 신종 전염병의 창궐, 국제테러리즘 등 냉전기에 잠재되어 있었던 국가·비군사 안보 이슈들이 표면화되면서 국가안보에 대한 위협의 성격이 다양하고 복잡하게 되었다는 것이다.

세계 각국은 외교정책을 통한 국가 간 협력을 통해 냉전 시기에 비해 많은 자율성을 향유하는 반면 특정 영역별 국가 간 전략적 이해(利害)가 상충(相衝)되면서 갈등이 심화하고 있다. 예컨대 2001년 9.11 테러 이후 테러와 대량살상무기(WMD) 확산방지 문제는 전 지구적 문제로서 국가 간 협력이 필수라는 인식이 대두되면서 이에 대한 국제 사회의 공조 문제가 핵심적인 현안이 되고 있다.

한편 2019년 1월 11일 니콜라스 마두로 베네수엘라 대통령의 2기 취임과 동시에 급격한 분열이 시작된 베네수엘라의 정치 위기는 내전의 성격을 내포하고 있다. 하지만 그 본질은 미국 중국 러시아 등 강대국들의 전략적 이해가 갈등을 심화시키고 있다.[79] 이처럼 냉전 종식 이후 국가 간의 전쟁 가능성은 감소 되고, 협력을 통한 자율성

79) https://namu.wiki/w/2019%EB%85%84%20%EB%B2%A0%EB%84%A4%EC%88%98%EC%97%98%EB%9D%BC%20%EC%A0%95%EC%B9%98%20%EC%9C%84%EA%B8%B0 (검색일: 2019. 5.1)

이 확대되고 있지만 다양한 정치 안보적 요인으로 국제 사회의 갈등은 지속되고 있다.

즈비그뉴 브레진스키(Zbigniew Brzezinski)는 최근 그의 저서 「21세기 미국의 세계 전략과 유라시아」에서 21세기 국제질서의 새로운 현실을 네 가지로 요약한 바 있다. 첫째, 치명 무기에 접근할 가능성이 더 이상 국가에 한정되지 않는다. 광범위한 사회적 피해를 가하는 능력, 특히 폭넓은 불안을 확산시키는 일은 상대적으로 작지만 결의가 굳은 집단에게 더욱 쉬운 일이 되고 있다. 둘째, 신속한 이동 수단뿐 아니라 개별 사회들 사이의 장벽을 낮추는 이민의 증가로 더욱 증대된 세계 이동성과 통신은 지하조직 간의 협력을 용이하게 한다. 셋째, 민주주의의 확산은 열린 사회에 한 침투를 촉진하고 위협을 색출하는 일을 극도로 어렵게 만드는 한편, 위협을 색출하려는 시도가 지나치면 민주주의가 손상된다. 넷째, 현대사회의 체계적인 상호의존은 연쇄반응을 초래하는 경향이 강화되고 있다. 만약 체계를 구성하는 하나의 주요 요소가 망가지면 곧 사회 붕괴와 급속한 공황이 촉발된다. 이러한 지적은 21세기 안보가 지난 과거에 비해 변화의 진폭이 커지고 그 대응 역시 더욱 복잡해진 현실을 반영한 것이라 할 수 있다.

나. 최근 세계 안보 정세 전망

세계 안보 정세의 지배적인 변수는 미·중관계이다. 이들은 국제질서 주도권 확보를 위해 소위 기술패권이라는 전략경쟁으로 지나친 갈등을 자제하는 방향으로 선회하고 있다. 2023년 11월 샌프란시스코에서 열린 아시아태평양경제협력체(Asia-Pacific Economic Cooperation, APEC) 정상회의를 계기로 열린 바이든(Joe Biden) 미국 대통령과 시진핑(習近平) 중국 주석 간 정상회담에서도 잘 나타난다. 그러면서도 미·중간 경쟁을 미국을 중심으로 하는 민주주의 세력 대 중국을 중심으로 하는 권위주의 세력 간 대립 구도라는 가치와 체제 문제로 전환시킴으로서 갈등의 근본적인 해소를 기대하기는 어렵다 할 것이다.

미국은 기존의 포괄적 다자협력을 유지하고 강화하는 동시에 새로운 소다자협력을 모색하고 활성화하는 가운데 러시아의 우크라이나 침공을 기점으로 형성된 '민주주의 대 권위주의' 대결 구도를 강화해 나가고 있다. 또한 안보 협력을 넘어 포괄적 협력을 지향하고, 동맹국들에게 '경제안보' 협력을 강조하면서 소위 '칩4(Chip4)' 등을 통해 동맹이나 우방국 중 특정 분야에서의 공급망 재편을 위한 연대를 강화해 나가고 있다. 상대적으로 중국은 방대한 시장과 자금력을 활용한 '포괄적 다자경제협력체' 주도의 영향력을 확대하면서, 미국이 주도하는 'Chip 4'나 IPEF에의 가입을 견제하고 있다. 또 '일대일로' 개발협력 네트워크를 통해 인도-태평양 지역 및 중동 그리고 동유럽 국가들에 대한 장악력 강화를 꾀하고 있다. 또한 권위주의 국가 간 연대 강화로서 러시아의 우크라이나 침공 후에는 중재 역할을 명분으로 중러 협력을 모색하고 있으며, 공식 '동맹'은 아니지만, 중동 및 아프리카 지역 국가들과 안보협력을 통해 미국의 영향력을 견제하는 움직임을 지속 확대해 가고 있다.

이러한 미중의 전략적 패권경쟁외에도 우크라이나 전쟁의 장기화 및 이스라엘-하마스 분쟁 격화 등 관련 주요국·지역뿐만 아니라, 국제금융과 통상, 국제법과 기후변화, 신흥안보와 개발협력 등 다양한 글로벌 이슈들의 도전에 직면해 있다. 이러한 이슈들은 미 · 중이 주도하면서 자국의 이익을 극대화하고자 하기에 세계 안보 정세는 더욱 불확실성이 증대하는 가운데 상대적 약소국들의 피해는 가중될 것으로 전망된다. 왜냐하면 실제로 미 · 중은 직접 충돌을 자제하면서도 각기 자신들을 중심으로 한 세력권을 강화함으로써 상대방을 견제하고 있다. 즉, 자국 중심 연대(Coalition)를 구축함으로써 경쟁국을 압박하려는 움직임이 강화되고 있다. 이는 상대적 약소국에게는 피할 수 없는 전략적 선택을 강요당할 수밖에 없기 때문이다. 이러한 경향은 이미 수년 전부터 시작된 것으로서 '신종코로나바이러스(COVID-19)' 팬데믹 후 일상 회복에 들어서고 정상들 간 회동으로 연대가 뒷받침되면서 더 노골화되고 있다.[80]

게다가 여전히 계속될 각 지역분쟁이다. 미국과 중국, 그리고 러시아까지 참가하는 연대결성 경쟁은 결국 주요국 간 신뢰 약화로 연결되고, 이는 각종 지역분쟁에서 조정이나 타협 가능성을 더 약화시키는 결과를 초래할 것이다. 이로 인해 우크라이나, 중동 지역에서 정전이나 평화협상 분위기가 조성되더라도 분쟁의 불씨는 여전히 남을 것이고, 이로 인해 분쟁이 일시 종식된다고 해도 그 시점은 가까운 기시권 밖이 될 것이다. 우크라이나 전쟁과 이스라엘-하마스 전쟁이 모두 일시에 종료된다고 해도 완전한 해결을 바라기는 어려울 것인바, 예를 들어 우크라이나 전쟁은 러시아의 '합병' 지역 인정, 우크라이나의 NATO 및 EU 가입 여부, 우크라이나 내부 정치 상황 등에 따라 언제든 재발 가능성이 있다. 이스라엘-하마스 전쟁도 팔레스타인 자치정부

80) 「2024 아산 국제정세전망」, "주요국들의 연대결정 경쟁, 계속되는 상호 견제", https://www.asaninst. org/(검색일: 2024. 2. 4.)

의 가자지구 통치를 둘러싸고 언제든 분쟁이 재현될 수 있다.

특히, 주목해야 할 곳은 대만과 남중국해 지역이다. 이미 2020년대에 들어 주요한 잠재 분쟁지역으로 꼽혀왔던 대만해협 긴장은 2024년 대만 총통선거를 둘러싸고 다시 재현될 가능성이 있고, 중국이 대만에 대한 직접 침공 가능성을 부인하기는 했지만, 중국은 '하나의 중국' 원칙이 침해당한다고 판단할 경우, 대만해협에서 고강도 긴장을 선택할 수 있기 때문이다. 이로 인해 2024년 1월의 대만 총통선거를 전후하여 대만해협에서 펠로시(Nancy Pelosi) 미 하원의장의 대만 방문(2022. 8월) 시 발생했던 수준의 긴장이 재현될 가능성은 있다. 대만해협 내 긴장은 한-미-일 안보협력 관점에서도 중요한 함축성을 지닌다. 2023년 8월 발표된 '캠프 데이비드 정신'은 대만해협에서 무력에 의한 일방적 현상변경을 반대하고 있다. 이 원칙을 한-미-일이 어느 정도까지 구현하는가에 따라 중국과 실제 군사 갈등 가능성이 좌우될 수 있기 때문이다. 물론 한-미-일 대 중국 및 연대세력과 직접 충돌이 이루어질 가능성은 낮지만, 외교 갈등의 발생은 불가피할 것이다. 또 북한이 대만해협에서의 갈등을 이용해 도발을 할 경우, 한국과 미국 간 안보공약 우선순위에 대한 미묘한 이견도 발생할 수 있다.

결과적으로 세계안보정세는 경쟁과 갈등이 지속되거나 격화될 수밖에 없다. 미국은 바이든 행정부는 기존 동맹·우방국에 대한 영향력을 포기하려 하지는 않을 것이며, 경제동맹 차원에서 반도체 배터리 등 다중적인 '연루(entrapment)'를 은근히 강권하는 정책으로 나타나게 될 것이다. 중국 역시 적극적으로 미국과 주도국 이미지 경쟁을 펼치면서 자신들의 구심력 속에 지역 및 세계 국가들을 끌어들이려 할 것이다. 이로 인해 동북아시아 차원에서는 기존의 국경, 새로운 가상 국경, 미래 이익의 개척지 등 다양한 영역에서 경쟁이 펼쳐질 것이며, 국가 간의 합종연횡과 사안별 연대와 대립 역시 확대될 가능성이 크다. 우려되는 것은 이러한 지역 구도가 형성될 경우, 오히려 한반도 비핵화 전망은 더욱더 불투명해질 뿐만 아니라, 경우에 따라서는 북한의 '전략적 도발' 재개 역시 이루어질 수 있다는 점이다.

2 동북아 안보 정세

가. 안보 환경 요약

동북아 지역은 경제적으로 세계에서 가장 역동적인 지역의 하나로서, 역내 국가간 상호의존이 심화되고 교류·협력이 급속히 확대되고 있다. 이에 따라 현재 동북아 3국을 합친 경제 규모는 EU, NAFTA에 이어 전 세계에서 세 번째를 차지하고 있는데, 10~20년 후에는 EU에 필적할 정도의 규모로 성장할 것으로 예상된다.[81] 그러나, 이러한 경제적 역동성에도 불구하고, 동북아 지역은 정치·안보분야에 있어서는 여러 숙제를 안고 있다. 역내 국가 간에 계속되고 있는 영토 영유권 주장, 역사논쟁, 과거사 등 문제들은 그 민족주의적 속성상 국가 간 갈등과 긴장은 물론 군비경쟁을 촉발할 잠재적 위험을 안고 있다. 더욱이 동북아 지역에는 제도화된 대화와 협력의 메카니즘이 없기 때문에, 그러한 위험의 가능성이 여타 지역에 비해 높다고 할 수 있다. 특히 최근 중국의 부상에 따라 동북아 지역의 안보환경에 변화가 나타나고 있다. 미국과 중국이 경쟁하는 가운데, 러시아와 일본 그리고 한국과의 관계도 상호 전략적 이익에 따라 대립과 갈등이 지속되고 있다. 동북아는 탈냉전 후 경제적 상호의존성이 심화되고 있음에도 불구하고, 군사안보 분야에서는 여전히 불안정한 상황이 지속되고 있는 것이다. 역내 국가들 사이의 불신과 과거사, 영토문제 등으로 인해 갈등과 대립 관계가 계속되고 있으며 역내 주도권 확보를 위한 군비경쟁마저 가속화되면서 동북아 안보의 불확실성은 더욱 증대되고 있다.

나. 동북아 안보위협 요인

모겐소(Hans Morgenthau)와 월츠(Waltz)는 국제정치 현실이 무정부적이며, 이러한 국제정치 현실에서 국익을 증진하기 위한 대외정책이 성립한다고 본다. 또한 국제정치는 국제 체제가 가지고 있는 독특한 구조적 성격이 있다고 보았다. 이것이 바로 신현실주의 또는 구조적 현실주의적 시각이다. 이러한 관점에서 동북아 안보위협 요인을 분석해 보면, 상수이자 독립변수로서 미·중간의 패권경쟁이 자리하고 있으며,

81) 미국 연구기관인 Global Insight Projection에 의하면, 2020년경에는 동북아 지역이 전 세계 GDP의 23%를 차지하여 NAFTA(31%)에 이어 제2위의 경제권이 될 전망이다.

전통적 군사안보 패러다임 그리고 역내 국가들의 역사 갈등 등 구조적 요인이 내재되어있다.

1) 미 · 중 패권경쟁

우리는 미 · 중 간 '패권경쟁'을 목도하고 있는 가운데 그들의 가치 또는 경제 연대라는 요구에 따라 전략적 선택을 강요받고 있다. 21세기의 새로운 패권경쟁은 전면전쟁으로 공멸의 위험을 무릅쓰기보다는 규범과 질서의 지배권을 둘러싼 대결이란 특징을 지닌다. 중국도 작금의 미 · 중 무역전쟁은 사실상 미국이 중국에 전쟁을 선포한 것으로서 단순히 무역 · 통상을 둘러싼 분쟁만은 아니라고 판단한다. 중국은 미국과 평등하고, 상호이익이 되고, 진정성 있는 협상을 원한다고 하지만 일방적이고 불합리한 압박에는 결코 굴복하지 않을 것이라는 점을 분명히 하고 있다. 관세부과로 시작된 미중 경제마찰은 이미 정보통신기술을 두고 벌이는 기술전쟁으로 비화되었으며, 환율, 국방 및 안보 부문으로 급속히 확대되어 가고 있다.

2008년 9월 CIA, FBI 등 16개 미국 정보기관을 총괄하는 국가정보국장(DNI) 산하 국가정보원회(NIC)는 2025년 후의 미래 트랜드를 분석한 보고서 일부를 언론에 공개했는데, 여기서 "향후 15-20년간 중국은 가장 큰 영향력을 행사할 것이다."라고 전망했다.[82] 이것은 미중 간의 세력전이 이론 또는 공격적 현실주의 이론에 의하면 미중간의 충돌은 불가피하며 이를 상수로 하는 동북아의 국제관계는 커다란 격랑에 휩쓸릴 개연성이 매우 높다고 평가할 수 있다.

82) 미국 국가정보원회 지음, 유지훈 · 김수 옮김, 美 정보기의 GLOBAL TRENDS 2025 (문, 2009), p. 95

냉전에서 1997년 외환 위기 그리고 2000년대~2010년대 초반까지 미중 관계는 중국이 힘의 열세를 인정하고 결정적인 사안들에서는 한 발자국 물러나는 전략을 취했기 때문에 본격적인 대립은 적었다. 심지어 한때는 미국이 중국군의 사령관을 자국의 항공모함에 초청하기도 했으며 미국이 중국의 반인권적 행태나 대외적 팽창주의를 간접적으로 비판하며 견제하는 정도였다. 그러나 2018년의 미중 무역전쟁과 2019년 홍콩 민주화 운동, 양안 관계악화, 코로나바이러스 감염증-19 사태 등을 기점으로 양국 간 대립이 점차 노골화되는 상황이다. 미국은 중국의 거대한 규모에서 나오는 경제적 잠재력과 팽창주의, 독재 체제를 이번 세기의 최대 도전으로 간주하고 있으며, 이러한 인식은 이미 초당적인 합의를 얻고 있는 관계로 미국 대통령이 바뀌더라도 서열은 바뀌지 않을 가능성이 높다. 반대로 중국 역시 미국을 데탕트 이후 한동안 지속되어온 우호적 인식 대신 본격적인 패권 경쟁자로 바라보는 시선이 늘어나고 있으며, 시진핑의 장기집권으로 내부의 권력투쟁도 안정화되면서 쉽게 물러서지 않을 가능성이 매우 높다.

미중 패권경쟁이 가시화될수록 한국의 고민도 깊어질 것이다. 우리는 미중 무역 분쟁이 단기간에 끝날 사안이 아니고 장기적 차원의 '패권전쟁'이라는 분명한 인식을 지닐 필요가 있다. 한국은 세계 10위권의 중견국(middle power)으로서 우리의 전략적 국가이익에 대한 개념 규정과 가이드 라인을 수립할 필요가 있다.

예컨대 미·중 간 패권경쟁은 동북아 안보환경의 독립변수로 작동될 것이며, 이들의 힘의 격차가 줄어들면서 패권경쟁이 가속화 또는 지속된다면 동북아 불안정성을 증대될 것이다. 왜냐하면 미국으로서는 부상하는 중국을 봉쇄하려 할 것이고 이 과정에서 상대적 약소국은 전략적 선택을 강요하는 상황에 직면하게 될 수밖에 없기 때문이다.

2) 전통적 군사안보 패러다임의 강화

동북아 안보환경은 전통적 군사안보의 개념에 입각한 안보위협 요인이 역내 국가간 상존해 있다.(김태운 2009, 32). 2001년 9·11과, 2009년을 전후하여 중국의 부상이 구체화되면서 미국과 일본의 안보협력체제는 더욱 강화되고 있으며, 이에 대응하여 중국과 러시아도 더욱 긴밀한 관계를 유지하고 있다. 이러한 결과는 세계체제의 탈냉전 흐름과 부합하지 않는 모습으로 이어지고 있다. 동북아에서는 이른바 '탈냉전

속의 냉전 대립' 구도가 여전하고 역내 국가 간 대립 구도는 더욱 강화되는 모습이다.

대표적으로 동북아 지역 내 안보갈등이 야기될 경우 남방 3각 동맹(한 · 미 · 일)과 북방 3각 동맹(북 · 중 · 러)의 충돌이다. 그것은 미중 간의 전략적 패권경쟁이 상수로 작동되면서 북핵 문제, 한반도의 지정학 등을 중심으로 주변 강대국들의 전략적 이해관계가 상충되고 있기 때문이다.

1945년 얄타제제 이후 미 · 소 중심의 자유민주주의 진영과 공산 진영의 대립이라는 진영논리를 기반으로 한 냉전체제가 형성되었으며, 핵 경쟁시대에 진입하게 되었다. 이 과정에서 1962년 쿠바 미사일 사태[83]가 발생하게 되었으며, 그 결과는 미국과 소련의 필사적인 외교에 의하여 소련 측의 미사일 기지 건설이 중지되고, 그에 대한 대가로 터키에 있던 미국 측의 ICBM(대륙간 탄도탄) 기지를 철수시킨다는 조건하에 사태가 종결됨으로써, 세계는 핵전쟁 위기에서 벗어났다.

결과적으로 쿠바 미사일 위기는 핵전쟁에 의해 세계가 공멸할 수도 있다는 위기의식을 불러일으켰으며, 이러한 위기의식은 기존의 대소련 봉쇄전략에서 평화공존전략으로 전환하게 되었으며, 이러한 외교적 노력은 1970년대 '데탕트'(긴장완화)[84]로 이어졌다. 1989년 미국의 부시 대통령과 구소련의 고르비 서기장 간의 '몰타 선언'으로 결과되면서 20세기 전반을 장악했던 미 · 소 동서 간의 냉전 구도가 탈냉전으로 해체되는 결과를 낳았다.

1989년부터 동유럽의 탈냉전과 함께 구소련이 붕괴(1992)되는 과정에서 대한민국은 노태우 정부시기에 북한의 혈맹이자 지원자였던 소련(1991) 및 중국(1992)과 국교 정상화를 이루어냈다. 한편 북한은 북 · 미, 북 · 일 국교 정상화를 추구했지만 미국과 일본의 반대로 실패하게 되었다. 이러한 상황은 세계적 탈냉전 상황에서 동북아의 냉전체제가 해체되지 못한 채 오늘날 동북아의 남방 3각 동맹(한 · 미 · 일)과 북방 3각 동맹(북 · 중 · 러)이라는 냉전체제가 지속되는 결과를 초래했다. 특히 당시 상황

---

83) 쿠바 미사일 위기는 1962년 10월 14일, 미국측의 첩보기 록히드 U-2에 의해 쿠바에서 건설중이던 소련의 SS-4 준중거리 탄도 미사일(MRBM) 기지의 사진과, 건설 현장으로 부품을 운반하던 선박의 사진이 촬영되면서 시작된 미국과 소련과의 대립을 뜻한다.
https://ko.wikipedia.org/wiki/%EC%BF%A0%EB%B0%94_%EB%AF%B8%EC%82%AC%EC%9D%BC_%EC%9C%84%EA%B8%B0(검색일: 2019. 1. 25)

84) 1970년대 미국과 구소련을 중심으로 한 동 ·서 진영(陣營) 간의 긴장완화.
https://terms.naver.com /entry.nhn?docId=1082530&cid=40942&categoryId=31656 (검색일: 2019. 1. 25)

은 북한을 탈냉전기에 국제 외교 · 정치적으로 소위 "구석에 몰린 개"와 같은 상황으로 전락시켰으며, 생존을 위한 방편으로 핵개발 전략에 몰두하게 되었다.

3) 역내 국가의 역시 갈등 지속

동북아 국가 간의 과거사 문제와 영토분쟁이 갈등과 대립을 지속시키고 있 다. 과거사 문제가 해소되지 않은 가운데, 이 문제로 인한 국가 간의 불신이 여전히 존재하고 있으며, 한중일 3국의 관계는 여전히 답보상태를 면하지 못하고 있다. 피해사였넌 한국과 중국이 가해자였던 일본에게 진정한 반성과 사과를 요구하고 있지만, 일본은 역사 왜곡으로 맞서는 상황이 계속되고 있다. 중국의 동북공정과 센카쿠를 둘러싼 영토갈등은 역내 안보환경을 더욱 악화시키고 있다.

다. 한반도 중심의 동북아 안보 정세 전망[85)]

1) 군비경쟁의 격화와 강대국 강압외교의 귀환

미국과 중국의 패권경쟁, 중국과 러시아의 미국에 대한 도전은 더이상 외교적 차원의 문제가 아니다. 경제적 차원에서도 미·중 간 경제협업구조를 고려할 때 전면전 상황을 장기적으로 유지하기는 쉽지 않아 보인다. 하지만 전혀 다른 영역이 있다. 그것은 바로 군사적 우위를 점하기 위한 강대국 간의 치열한 노력이다. 우리가 잊고 있는 사이 이미 미·중·러는 다음 세대의 미사일 전쟁을 준비하기 위해 엄청난 투자를 기울이고 있고, 군비경쟁은 이미 촉발된 것과 마찬가지다.

미국 트럼프 행정부는 2020년 2월 1일 중거리핵전력조약(INF Treaty)을 파기를 선언하며 강대국간 군비경쟁에 새로운 단초를 제공했다. 언뜻 보기에는 미국이 군비경쟁을 촉발한 것으로 보이지만, INF 조약은 오랫동안 존폐 논란에 휘말려 있었다. 이미 2000년대 초반부터 러시아의 이스칸데르 미사일 개발과 신형 크루즈 미사일 개발이 진행되어 왔기 때문이다. 이를 미국은 INF 조약의 사실상 위반이라고 판단해왔다. 또한 미국은 러시아가 보유한 사거리 2000㎞인 순항 미사일 SSC-8(러시아명 노바토르 9M729)를 실전배치하고 있다며 INF 조약 준수와 동 미사일의 폐기를 요구해왔다. 이같은 미국의 요구를 러시아가 수용하지 않자 전격적으로 조약 파기를 선언한 것이다.

미국의 INF 조약 파기에는 중국도 영향을 미친 것으로 보인다. 미국이 INF 조약을 준수하며 중거리 미사일을 제한한 사이, 중국은 소위 반접근지역거부전략(A2AD, anti access area denial)을 발전시키기 위해 다양한 미사일을 개발해 왔다. 그 대표적인 미사일이 DF(東風·둥펑)-21D이다. '항공모함 킬러'로 불리는 동 미사일은 대함탄도미사일로서 사거리가 1800~3000km에 달하고 핵탄두를 장착할 수 있다. 또한 지대지 미사일로 전용 가능해 중국 본토에서 일본 전역은 물론이고 오키나와 등에 있는 주일 미군기지까지 타격할 수 있다. 또한 중국은 DF-26을 실전배치 했는데, 사거리 3000-4000km에 이르는 이 미사일은 미국령 괌을 공격할 수 있어 '괌 킬러'로 불린다.

미국은 동아시아 지역에서 중국의 위협에 대응할 수 있는 무기체계 개발이 필요했

---

85) "동북아 지각변동과 우리의 대응방향", 「아산정책연구원 - 이슈브리프」, http://www.asaninst.org/ 검색일: 2020. 2. 22)

고 이를 위해 INF 조약을 파기한 후 중국까지도 포함된 새로운 조약을 만들고자 하고 있다. 물론 중국이 이를 수용할 가능성은 낮아 보이고 그 결과 미국은 새로운 중거리 미사일을 개발해서 동아시아에 배치하려 하고 있다. 이미 미국은 다 영역 전투 개념에 따라 사거리 700km 내외의 종심타격미사일(Deep Strike Missile), 사거리 1600km급의 전략타격캐논포병(Strategic Strike Cannon Artillery), 사거리 2500km급의 전략화력미사일(Strategic Fire Missile)을 개발 중에 있다. 중국보다 우수한 무기체계 능력을 토대로 중국의 미사일 위협에 대응하고자 하는 것이다. 이러한 추세를 고려할 때 이러한 군비경쟁에서 아무도 물러나지 않으려 할 가능성이 높다. 그 결과 전 세계적으로 특히 동아시아에서 군비경쟁이 재발할 가능성이 크다.

한편, 이러한 군비경쟁 과정에서 강대국의 강압외교가 전개될 가능성이 크다. 강대국간 편 가르기가 심해지며, 주변 국가들을 자기편으로 만들려 하는 압력이 거세질 것이다. 미국은 일본, 호주, 한국, 대만, 베트남 등을 포섭하려 들 것이며, 중국은 이들 국가에 대해 경고하며 미국의 노력을 무산시키려 들 것이다. 미국이 동아시아에서 중거리 미사일 배치를 시도할 경우 이를 수용하는 나라와 수용하지 않는 나라에 대한 안보 공약 수위를 차별화할 수 있다. 반대로 중국은 이를 수용하는 나라에 대해 경제제재 등 제재로 나설 것이다. 국가의 선택에 따라 대미 관계나 대중 관계에 치명적인 손상을 입게 될 가능성이 높다. 어떠한 선택이든 그 나라의 대외관계에 커다란 영향을 미치는 만큼, 주변 각국도 다양한 득실을 고려하며 그들만의 선택기준을 만들어 가야 한다.

2) 북한 핵 무력 강화

우크라이나 전쟁과 이스라엘-하마스 전쟁으로 북한 핵문제는 상대적인 후순위로 밀려나 있다. 미·중·러 모두 지구의 시활적 이슈에 우선순위를 둘 것이며, 북한 핵문제는 관리 정도로 만족할 수 있기 때문이다. 그 결과 북한은 이러한 정세를 적극 활용하며 핵무력을 강화 하려 들 것이다. 만약 북핵 문제를 임시방편으로 치부한다면 지난 30년간의 비핵화 노력은 물거품이 될 가능성이 크다.

북한은 2024년에도 핵무력정책법(2022)에 따른 공세적인 핵 사용 교리와 핵 태세를 강조하면서 한국과 한미동맹에 대한 핵 위협을 증대시킬 것으로 전망된다. 북한은 이런 핵 위협에 더해 2차 타격도 가능한 핵 전력을 갖추기 위해 핵물질을 계속 생산하는 한편 핵탄두의 파괴력과 침투력을 늘리기 위해 각종 첨단 운반수단의 개발과 실전 배치를 가속화 할 것으로 보인다. 한편 북·러 간 군사협력이 점차 확대되면서 한국과 한미동맹에 새로운 군사적 위협 요인이 될 것으로 전망된다. 현 단계에서 러시아가 북한에 국제 핵 질서를 뒤흔들 수 있는 대륙간탄도미사일(ICBM)과 핵탄두 기술을 제공할 가능성은 크지 않을 것으로 예상된다.

북핵 문제를 해결하기 위한 비핵화 외교는 2024년에도 정체될 것으로 보인다. 2018년 북·미 정상회담 이후 서울과 워싱턴에 북한 비핵화 비관론과 북핵 외교 무용론이 급속히 확산되었다. 북한이 극단적으로 공세적인 핵 태세와 핵 교리로 위협하고 한미동맹도 대응 능력을 증강하면서 한반도에서 군사적 긴장이 크게 고조될 것이다. 사소한 군사적 충돌의 확전이나 사고·오인으로 인한 핵 사용 위험도 존재한다. 2024년 남북 간에는 북한의 9·19 군사합의 완전 파기 선언과 대북 전단 살포 . 2024년 상반기 민간단체들의 대북 전단 살포가 재개될 경우 북한의 강한 반발을 불러올 것으로 예상된다. 2023년 11월 23일 9·19 군사합의를 전면 파기한 북한은 대북 전단 살포에 대응하는 군사적 행동을 할 수 있으며, 이로 인해 비무장지대 또는 서해상에서 남북 간 군사적 긴장이 고조될 가능성이 존재한다.86)

북한 핵 문제가 주변 정세에 영향을 받게 되는 것은 역내 강대국의 전략적 이해에 기인한다. 미국은 역내 다른 국가들과 협력하여 북한으로부터 비롯되는 핵무기 및 기타 군사적 위협을 해결하면서 한미일 군사협력을 강화하려는 입장이다. 반면 중국과 러시아는 북한의 핵개발 자체를 달가워하진 않지만 미국의 역내 영향력을 감소시킬 수 있는 전략적 이익에 치중하고 있다. 북한이 미국과의 협상에 성공한다면 궁극적으로 한미동맹과 미국의 한반도 주둔이 약화될 수 있기 때문이다.

특히 미국과 경쟁 중인 중국으로서는 북한 카드를 적극 활용해 역내 영향력을 공고히 하려 한다. 국제 사회의 과도한 압박으로 김정은 정권이 붕괴되거나 김정은 위원장이 미국의 압박에 굴복할 경우 미국의 대한반도 영향력이 커질 수 있다. 만일 이를 우려한 중국이 북한을 영향력 아래 두고자 보이지 않는 지원을 강화한다면 비핵화 협상은 성공하기 어렵다.

86) 「대한민국 정책 브리핑」, "2024 국제정세전망", pp. 8~9.

3) 한·미·일 안보협력의 위기

일반적인 한국의 인식과는 달리 미국이 지향하는 한·미·일 안보협력은 다목적이다. 미국의 경우 북한 위협 억제 못지않게 중국을 대상으로 한 한·미·일 안보협력을 강화하고자 한다. 미국은 한·미·일 자체로 끝나지 않고 호주, 필리핀, 베트남, 싱가포르, 그리고 인도에 이르는 동맹 및 우방국 네트워크를 연결하는 것이다. 이러한 전략에 맞추어 미국은 한·미·일 안보협력을 강화하고자 많은 노력을 해왔다. 하지만 문제는 미 행정부의 자국 이기주의적 행보, 기시다 정부의 역사 수정주의, 한국 윤석열 정부의 힘의 논리에 의한 강경한 대북정책 등은 지속 가능한 한·미·일 안보협력의 변수로 작동할 전망이다.

미국의 자국 우선주의는 동맹 네트워크 강화와는 반대의 움직임이다. 동맹국 간의 네트워크를 강화하기 위한 인센티브를 제공하는 대신 미국 주도의 네트워크에 동맹국들의 기여를 강조하고 있기 때문이다. 한·미·일 협력의 당사자인 한국이나 일본 모두 미국으로부터 강도 높은 방위비 분담금 증액 압박을 받고 있다. 더더욱 한국에 있어 'chip 4 동맹'[87] 가입시 예상되는 불리점도 결코 간과할 수 없다는 점이다. 예컨대, 기술 의존도면에서'Chip 4'는 주로 미국이 주도하는 기술과 표준을 사용하기에 한국 기업들은 미국에 의존해야 하며, 이로 인해 기술적으로 제한을 받을 수 있다. 경제적 영향은 가입시 기술과 생산에 대한 제약을 가져올 수 있으며, 이로 인해 한국의 반도체 산업과 경제에 부정적인 영향을 줄 수 있다는 점이다. 경쟁력면에서 가입시 한국은 기술적 경쟁력을 갖추기 위해 추가적인 노력을 기울여야 하며, 이는 시간과 자원의 소모를 초래할 수 있다는 점이다. 국가 보안면에서 한국이 미국의 기술과 시스템에 의존하게 되면, 미국의 국가 보안 이슈에 영향을 받을 수 밖에 없다는 것이다. 이처럼 미국 주도의 일방적 강요는 안보협력이 활성화되기보다는 내부적인 갈등

87) 칩4 동맹은 미국이 주도하는 한국, 일본, 대만을 포함하는 반도체 동맹이며, 중국의 반도체 굴기를 견제하는 것이 목표다. 미국은 반도체를 발명한 국가로서, 반도체 설계에 필요한 원천 기술(IP)과 반도체 장비를 과점하고 있다. 일본은 낸드 플래시를 발명한 나라이고, 반도체 장비와 소재 부분에서 세계시장을 리드하고 있다. 대만은 전 세계 파운드리 시장의 60% 이상을 과점하고 있다. 한국은 D램 및 낸드 플래시 메모리 반도체 시장의 65% 이상을 과점하고 있다. 이렇게 서로 다른 반도체 영역에서 강점을 가진 4개국이 동맹을 형성한다면 전 세계 반도체 시장에 대한 지배력이 엄청날 것으로 예상된다. 하지만 한국이 가입시 불리점도 잘 판단해야 한다는 것이 전문가의 의견이다.
https://csf.kiep.go.kr/issueInfoView.es?article_id=47843&mid=a&board_id=41&search_option=&search_keyword=&search_year=&search_month=&currentPage=16&pageCnt=10(검색일: 2024. 02. 05.)

을 축적하는 상황에 놓이게 될 것이다.

일본의 역사 수정주의는 간과할 수 없는 한·일간 협력의 장애물이다. 윤석열 정부가 들어서면서 미래지향적 한일관계를 시도하고 하고 있다. 외교안보·경제·민간교류 등의 다양한 분야에서 협력이 진행되고 있으며, 협력의 지역적 지평이 한·미·일, 한·일·중, 인도·태평양과 글로벌 차원으로 확대를 모색하고 있다. 하지만 한일관계에 대한 국내 여론은 매우 비판적이다. 그것은 강제징용 문제와 관련해서 일본 기업의 역할과 사도 광산, 위안부 등 과거사에 대한 사죄 문제 등에 대한 국민의 여론을 무시한 일방적으로 추진되고 있기 때문이다. 따라서 협력의 지속 가능성은 불투명해 보인다. 따라서 여전히 남아있는 역사문제에 대한 불편함이 양국관계와 한·미·일 안보협력의 장애가 될 것으로 보인다.

한국의 남북관계 역시 건전한 한·미·일 안보협력의 장애로 등장하고 있다. 윤석열 정부 이후 남북관계를 '힘의 우위'에 두는 강경 압박 정책으로 남북관계가 고조되고 있기 때문이다. 이는 북한의 위협을 억제하기 위해 한·미·일 안보협력을 강화하는 일시적인 기제가 될지 모르지만, 추가적인 남북관계 악화는 한반도 긴장이 더욱 고조시키게 되고 그에 따라 한국은 건전한 한미일 안보협력 위치에서 종속적인 위치로 전락하게 될 것이다. 예컨대, 지속적으로 증대되는 북한의 핵 무력과 첨단 재래식 능력은 한국의 생존을 위협하게 될 것이고, 생존을 담보할 수 있는 한미일 협력관계는 종속적인 관계로 전락할 수 있다는 것이다. 다시 말해서 적정수준의 남북관계가 뒷 받침되어야 한미일 안보협력 관계에서 동등한 관계를 유지할 수 있다는 점이다. 한편 지나친 한·미·일 안보협력의 강화는 중국과 러시아를 적으로 만드는 외교적 결과로 이어져 국가 경쟁력 추락을 추동한다는 점도 결코 간과 해서는 안 된다. 또한 북한 핵미사일 도발에 중국과 러시아의 레버러지로 하여 대북한 국제공조가 사실상 불가능해진 점도 상기할 필요가 있다. 따라서 편향된 한미일 중심의 외교는 주권 국가의 행위자로서 역할을 스스로 묶어버리는 전략적 손해를 자초하는 일임을 생각해 봐야 할 것이다.

4) 데이터로 본 동북아 안보

세계 군사비의 지출 순위를 보면 아래와 같이 동북아 지역 국가가 압도적으로 높은 상태이며, 동북아 5개국의 군사비 지출은 세계 10권이다.

핵무기88)는 핵분열이나 핵융합에서 발생하는 방대한 에너지를 이용하여 살상 또는 파괴하는 무기의 총칭이다. 핵분열의 경우 원자 무기(原子武器) 또는 원자 병기(原子兵器)라고도 한다. 가장 작은 핵무기도 재래식 폭탄에 비해 월등한 폭발력을 가지며, 가장 큰 것은 도시 하나를 통째로 사라지게 할 수도 있다. 핵무기가 실제로 전쟁에 사용된 것은 두 번뿐으로, 미국이 제2차 세계대전 말기인 1945년 8월 6일 일본 히로시마에 떨어뜨린 우라늄 폭탄인 리틀보이와 1945년 8월 9일에 나가사키에 떨어뜨린 플루토늄 폭탄인 팻맨이다. 미국, 소련, 영국, 프랑스, 중화인민공화국, 인도, 파키스탄은 수천 번의 핵 실험을 했다.

현재 핵 확산 금지 조약(NPT)에서 인정하는 핵무기 보유국은 미국, 영국, 러시아, 프랑스, 중화인민공화국 5개국이다. 그러나 인도와 파키스탄은 1974년과 1998년 각각 핵실험까지 하였고 이스라엘은 비록 핵 실험은 실시하지 않았으나 핵무기 보유국으로서 사실상 인식되고 있다. 남아프리카 공화국과 우크라이나, 카자흐스탄, 벨라루스는 한때 핵무기를 보유하고 있었지만 이후 폐기하였다. 2006년 4월 11일 이란이 자국을 핵 클럽 국가로 선언하였으며, 2006년 10월 9일 조선민주주의인민공화국은 핵무기 실험을 성공적으로 수행했다고 발표하였지만 국제 사회는 인정하지 않고 있다.

한반도를 중심으로 주변국가의 핵 전력을 살펴보면 아래 그림과 같이 세계 핵 강국

88) https://ko.wikipedia.org/wiki/%ED%95%B5%EB%AC%B4%EA%B8%B0(검색일, 2019. 1. 28)

에 둘러싸여 있다고 해도 과언이 아니다. 핵확산방지조약(NPT)하에서 공식적으로 핵무기를 보유하고 있는 나라 중 미국, 러시아, 중국 등 세계 핵 강국이 있다. 또한 6차 핵 실험 이후 화성 15호를 개발하여 수소폭탄 및 이를 운반할 수 있는 사거리 15000㎞의 ICBM을 보유한 북한 그리고 2~3개월 내 핵 보유가 가능한 일본이 있다.

남중국해는 화약고로서 미·중 해군의 창과 방패이다.[89] 탈냉전 이후 미국의 동북아전략의 기조는 일본에게 안보 우산을 제공하고 양자 간 경제 관계를 긴밀하게 맺음으로써 일본을 자신의 통제 아래 두는 전략을 우선으로 하고 있다. 다른 한편으로 중국은 글로벌 공장으로서 역할을 유지시키면서 동북아 지역에서 중국의 정치적 영향력을 봉쇄하는 것이다. 한마디로 미국은 동북아에서 미일 동맹 강화를 통한 억제력 확보하고, 역내의 영향력 유지에 결정적 변수로서 한미동맹을 중시하고 있으며, 장기적으로 '한미일 3자 동맹 네트워크'의 구축을 희망하면서 중국에 대해 협력과 견제를 병행하고 있다. 이에 대해 중국은 '중국 위협론' 타파를 위해 미국과 관계 개선, 점진적 군 현대화, 국제기구 등 다자안보포럼에 극 참여하면서, 군사적으로는 적극 방어라는 방어 전략으로 대응하고 있다. 이처럼 미중 간 군사적 힘의 대결이 표면화되고 있는 곳이 남중국해다.

남중국해 미·중 갈등의 뿌리는 인민해방군 류화칭(劉華淸) 제독이 제기한 도련선(島鍊線)전략이다. 섬을 잇는 선이라는 의미의 도련선은 태평양에 위치한 섬들을 잇는 가상의 선이다. 이 선을 일종의 울타리로 설정해 외부 해양세력의 접근을 차단하고 울타리 안의 해양을 지배한다는 것이 중국의 도련선 전략이다. 말라카해협-필리핀-대만-일본 규슈-쿠릴열도를 잇는 제1도련선, 파푸아뉴기니-사이판-괌-오가사와라 제도를 잇는 제2도련선, 알류샨 열도-하와이-뉴질랜드를 잇는 제3도련선이다.

89) 『중앙일보』, (2019. 1. 22), https://news.joins.com/article/23310198(검색일: 2019. 1. 25)

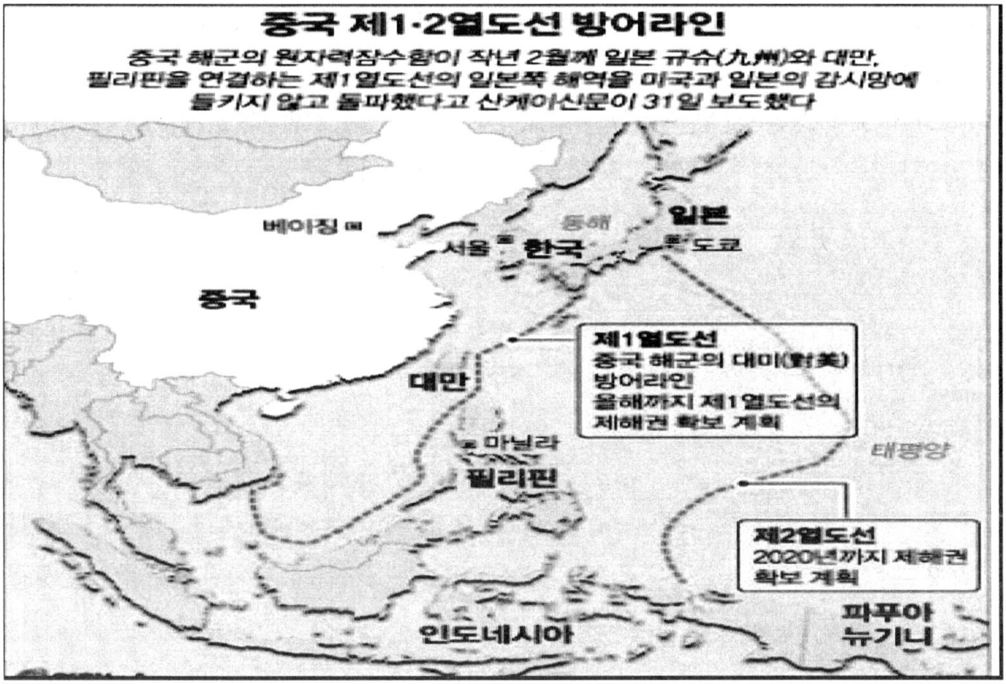

제1도련선 방어 전략의 핵심 무기는 중국이 '항모킬러'라 부르는 DF-21D(東風-21D) 대함탄도미사일(ASBM)과 잠수함 전력이다. 미 국방부는 이 ASBM이 최소 1500㎞ 이상의 사거리와 마하 10에 달하는 종말 속도를 가진 것으로 파악하고 있다. DF-21D의 탄두는 재래식 탄두이지만 핵탄두 탑재도 가능하다. 이것이 중국이 제1도련선 내에서 미 항모전단의 움직임을 차단할 수 있다고 자신하는 근거이다.

중국은 2종 9척의 공격용 원자력 잠수함과 4종 58척의 재래식 잠수함을 보유하고 있다. 공격용 원자력 잠수함은 신형인 093형이다. 093형 잠수함은 구소련의 빅터(Victor)-Ⅲ 기술을 응용해 개발했으며, 재래식 잠수함인 039 계열은 러시아 킬로급의 확대 개량형이다. 이들 잠수함은 미국과 일본 등의 신형 잠수함에 비하면 정숙성이나 센서 능력 등 전반적인 성능이 떨어지는 것으로 평가된다. 하지만 중국 근해나 제1도련선 내에서 매복·차단 임무를 수행한다면 상당한 위력을 발휘할 것으로 예상된다.

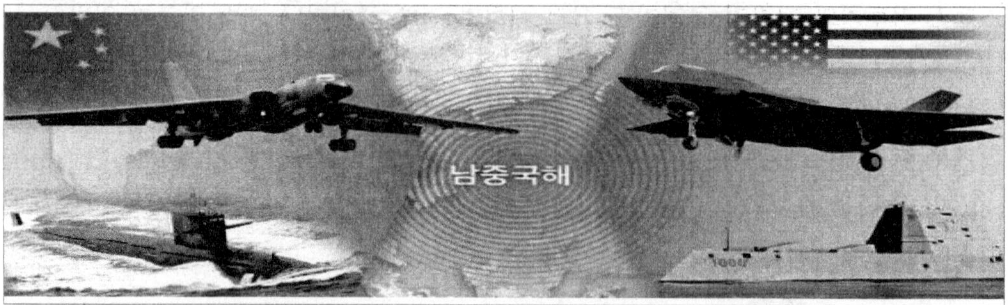

중국 전력	미국 전력
093형 잠수함 · 수중배수량: 7000t 이상 · 수중속도: 30노트 · 553mm 어뢰발사관, 잠대지 순항 미사일 수직발사관 등	**줌왈트급 구축함** · 1만4500t · 미사일 수직발사기: 80기(SM-2, SM-6, 토마호크 등) · 600개 표적 정밀 탐색 가능한 이지스 레이더 SPY-3 탑재
H-6K 폭격기 · 최대속도: 마하 0.9 · 작전반경: 1800km · 무장 탑재량: 9톤(장거리 공대함/공대지 미사일 6발 탑재 가능)	**F-35 스텔스 전투기** · 최대속도: 마하 1.6 · 전투행동반경: 1239km · 벙커버스터 등 정밀유도무기 운용
DF-21D 대함탄도미사일 · 사정거리: 1500km 이상 · 낙하속도: 마하 10 · 위성항법+레이더 유도방식	**CHAMP** · 사거리: 900~1800km · 고출력마이크로웨이브 방출기 탑재 · 적 전자장비 파괴

제2도련선 방어에는 항공기가 동원된다. 최근 중국은 기존의 H-6 폭격기를 대폭 개량한 H-6K 폭격기와 H-6N 폭격기를 동부 및 남부전구 예하 항공부대에 집중 배치하고 있다. H-6K 폭격기에는 사거리 400㎞, 순항속도 마하 4에 달하는 YJ-12(鷹擊-12) 초음속 대함 미사일 6발이 탑재된다. 일반적인 대함 미사일의 속도가 마하 0.9를 넘는 경우가 많지 않다는 점을 감안하면, 음속의 4배 속도로 날아오는 YJ-12는 대단히 위협적이다. 중국은 여기서 만족하지 않고 DF-21D ASBM을 공중 발사형으로 개조한 사거리 2000~3000㎞급 공중발사탄도미사일 탑재 H-6N 폭격기도 배치하고 있다.

제3도련선 방어의 핵심전력은 항모전단이다. 중국은 구소련 미완성 항모를 구입해 개조한 랴오닝호, 이를 확대 개량한 산둥호 등 2척의 항모를 보유하고 있다. 여기에 2030년까지 자체 개발한 대형 항공모함 2척을 더 확보하고, 30척 이상의 대형 구축함을 건조해 4개 이상의 항모전단을 보유할 예정이다. 이 항공모함 전단에 얹을 신형

스텔스 전투기와 전자전 공격기도 실전 배치가 진행 중이거나 개발 완료가 임박한 상태다.

미군은 중국의 도련선 전략을 반접근/지역거부(A2/AD) 전략으로 명명하고 대응 전략과 전력 마련에 박차를 가하고 있다. 당초 미국이 중국의 A2/AD에 대항해 입안했던 대응 개념은 공해진투(Air-Sea Battle)였다. 공해전투는 해·공군의 전력을 유기적으로 통합하여 시너지 효과를 극대화하고 이를 통해 중국의 A2/AD 수단들을 제압함으로써 작전지역 내에서 미군 전력의 원활한 세력 투사를 보장한다는 개념이다. 그러나 이 공해전투 개념은 중국의 군사력 수단 파괴에 너무 치중함으로써 자칫 중국이 의도하는 장기 소모전에 휘말릴 가능성이 크다는 우려에 따라 지난 2015년 JAM-GC 개념으로 사실상 대체되었다. JAM-GC는 '국제 공역에서의 접근과 기동을 위한 합동개념'으로 공해전투 개념과 달리 중국의 '의지'를 무력화하는데 더 무게를 두고 있다.

결과적으로 중국의 3개 도련선과 미국의 3단계 반(反)도련선 전략이 맞부딪치고 있다. 이 구도 속에선 무한대의 군비경쟁을 피할 수 없다. 둘 중 하나가 결정적인 우위를 점하기 전까지 이 각축은 멈추지 않을 것이다.

3 시사점

이처럼 지구적 차원에서의 안보환경 및 국가안보의 개념이 냉전 시대의 전통적인 안보의 영역을 넘어 비군사적(非軍事的), 초국가적(超國家的) 영역으로 확대되고 있다. 그럼에도 동북아 지역은 여전히 냉전 시기의 전통적 안보 중심의 대립 구도가 강화되는 모습이다. 가장 큰 이유는 부상하는 중국과 상대적으로 쇠퇴하는 미국 사이에 '힘의 전환(Power shift)'이라는 패권경쟁이 자리하고 있다. 과거 역사 속에서 배태된 동북아의 역사 갈등(과거사 문제에서 비롯되는 상호 불신과 배척)이 내재된 커다란 장애물이다. 예컨대, 중국과 일본 사이에서 발생하고 있는 영토분쟁은 언제라도 직접적인 무력충돌로 확대될 가능성도 배제할 수 없는 상황이다. 여기에 북한의 핵무력 강화는 동북아 안보 정세의 불확실성을 고조시키는 요인이다. 이러한 안보 상황에서 역내 국가 간의 안보 현안과 외교적 갈등을 중재할 수 있는 제도적 장치가 미흡한 현실도 동북아의 안보환경을 더욱 복잡하게 만들고 있다.

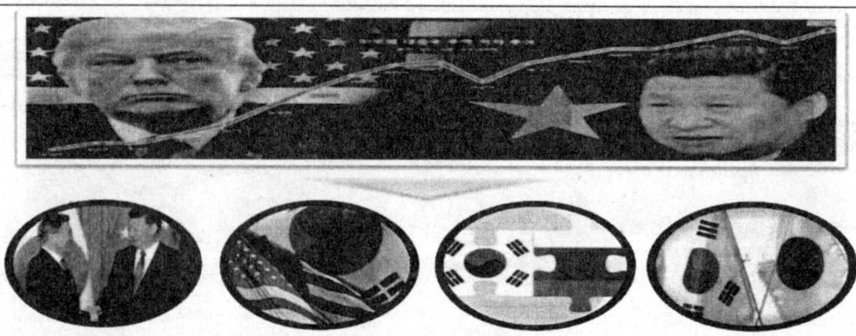

미 · 중 힘의 격차 ↓ 미 · 중 패권경쟁 ↑ 동북아 불안정성 ↑

Ⅱ. 사례

세계 및 동북아의 군사비 비교

세계 군사비의 지출 순위를 보면 아래와 같이 동북아 지역 국가가 압도적으로 높은 상태이며, 동북아 5개국의 군사비 지출은 모두 세계 10위권 수준이다.

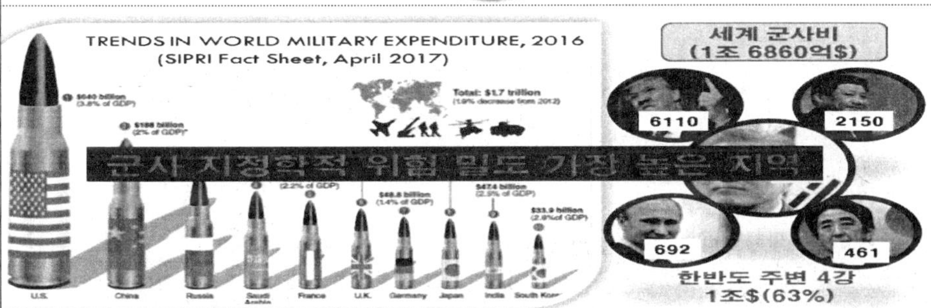

스웨덴 비영리 싱크탱크 스톡홀름국제평화연구소(SIPRI)의 '2018년 세계 군사비 지출 동향' 보고서에 의하면 2018년 전세계 군사비 지출액이 2017년 보다 2.6% 증가한 1조8220억 달러를 기록했다. 한국은 5.1% 증가해 10위를 유지했다.

전세계 군사비 지출의 점유율로 보면 미국 36%, 중국 14%, 사우디 아라비아 3.7%, 인도 3.7%, 프랑스 3.5%, 러시아 3.4%, 영국 2.7%, 독일 2.7%, 일본 2.6%, 한국 2.4%, 이탈리아 1.5%, 브라질 1.5%, 호주 1.5%, 캐나다 1.2%, 터키 1.0%, 기타 19%다.

난 티안 SIPRI 연구원은 "미국과 중국은 지난해 전세계 군사비 지출의 절반을 차지했다"며 "두 나라의 군사비 지출이 많이 증가하면서 전세계 군사비 지출도 증가했다"고 설명했다. 한편 동북아 5개국의 군사비는 전세계 군사비의 50.4%를 점유하고 있는 것으로 나타나고 있다. 이것은 동북아시아가 군사 지정학적 위험 밀도가 가장 높은 지역임이 입증되고 있다.

출처 : http://news.chosun.com/site/data/html_dir/2019/04/29/2019042901314.html

핵무기와 한반도 주변 핵무기 밀도[90]

핵무기(核武器)는 핵분열이나 핵융합에서 발생하는 방대한 에너지를 이용하여 살상 또는 파괴하는 무기의 총칭이다. 핵분열의 경우 원자 무기(原子武器) 또는 원자 병기(原子兵器)라고도 한다. 가장 작은 핵무기도 재래식 폭탄에 비해 월등한 폭발력을 가지며, 가장 큰 것은 도시 하나를 통째로 사라지게 할 수도 있다. 핵무기가 실제로 전쟁에 사용된 것은 두 번 뿐으로, 미국이 제2차 세계대전 말기인 1945년 8월 6일 일본 히로시마에 떨어뜨린 우라늄 폭탄인 리틀 보이와 1945년 8월 9일에 나가사키에 떨어뜨린 플루토늄 폭탄인 팻맨이다. 미국, 소련, 영국, 프랑스, 중화인민공화국, 인도, 파키스탄은 수천 번의 핵실험을 실시했다.
현재 핵 확산 금지 조약(NPT)에서 인정하는 핵무기 보유국은 미국, 영국, 러시아, 프랑스, 중화인민공화국 5개국이다. 그러나 인도와 파키스탄은 1974년과 1998년 각각 핵실험까지 하였고 이스라엘은 비록 핵실험은 실시하지 않았으나 핵무기 보유국으로서 사실상 인식되고 있다. 남아프리카 공화국과 우크라이나, 카자흐스탄, 벨라루스는 한때 핵무기를 보유하고 있었지만 이후 폐기하였다. 2006년 4월 11일 이란이 자국을 핵 클럽 국가로 선언하였으며, 2006년 10월 9일 조선민주주의인민공화국은 핵무기 실험을 성공적으로 수행했다고 발표하였지만 국제 사회는 인정하지 않고 있다.
한반도를 중심으로 주변국가의 핵 전력을 살펴보면 아래 그림과 같이 세계 핵강국에 둘러싸여 있다고 해도 과언이 아니다. 핵확산방지조약(NPT)하에서 공식적으로 핵무기를 보유하고 있는 나라 중 미국, 러시아, 중국 등 세계 핵 강국이 있다. 또한 6차 핵실험 이후 화성 15호를 개발하여 수소폭탄 및 이를 운반할 수 있는 사거리 15000㎞의 ICBM을 보유한 북한 그리고 2~3개월 내 핵보유가 가능한 일본이 있다.

90) https://ko.wikipedia.org/wiki/%ED%95%B5%EB%AC%B4%EA%B8%B0(검색일, 2019. 1. 28)

한 · 중 · 일의 역사갈등을 풀 실마리를 찾을 묘안은 없을까.[91)]

이만열 숙명여대 명예교수는 기조발표문에서 역사 갈등을 해결하기 위한 민간차원의 노력이 강화되고 있지만 진정한 화해를 위해서는 "과거사에 대한 진지한 속죄(贖罪)가 필요하다"며 "거론하고 싶지는 않지만 (과거사는) 넘지 않으면 안 될 산"이라고 주장한다.

이 교수는 고구려사를 중국에 편입하려는 동북공정, 한반도 남쪽을 200여 년간 정벌해 식민지 경영을 했다는 일본의 임나일본부(任那日本府)설 등을 역사갈등의 사례로 소개하면서, 중국은 '신중화주의', 일본은 '식민지주의사관'의 덫에서 헤어 나오지 못하고 있다고 지적한다.

다만 한국도 17~18세기에 일본을 집중 방문한 "조선통신사는 조선의 선진 문물을 수용하기 위한 일본 측의 요구에 의해서만 파견된 것이 아니라, 조선 측이 군사적 정보를 얻으려는 목적으로 파견했던 것"이라고 덧붙이며 "한국 역사교과서도 일부 재검토할 구석이 있다"고 분석한다.

이 교수는 "민족주의 문제로 야기된 역사 갈등 문제가 대단히 어렵겠지만, 보편적 가치관과 역지사지(易地思之)의 관용성에 따라 풀어갈 수 있다면 동아시아사는 물론 세계사의 장래는 한층 밝게 전개될 수 있을 것" 라고 전망한다.

와카미야 요시부미(若宮啓文) 아사히신문 전 논설주간은 발제문 '한국과 일본의 화해를 위하여'에서 "998년 김대중 대통령-오부치 게이조(小淵惠三) 총리가 공동서명한 '21세기의 새로운 한 · 일 파트너십 공동선언'을 되짚어 보고 양국이 그 정신으로 되돌아가야 한다." 주장한다.

그는 이 공동선언에는 " 본이 식민지 지배에 대한 반성을 표명했고, 한국은 (이 같은 일본의 노력을) 평가하고 화해에 기초한 관계 형성의 의지를 보였다", "이 이상 무슨 말이 더 필요하단 말인가?" 고 덧붙였다.

그는 "일본이 새로운 사죄를 해야 한다는 의견도 있지만 그러한 행위는 오히려 일본 우파의 반발을 부추겨 한국을 자극하는 업행을 초래할 우려가 크다. 그렇게 되면 오히려 역효과"라고 지적하면서 "1998년 공동선언을 재확인하는 것이 좋을 것"이라고 지적하고 있다.

---

91) 『연합뉴스』, (2009. 1. 28), https://www.yna.co.kr/view/AKR20090328042000005(검색일: 2019. 1. 25)

Ⅲ. 발표 및 토의

구분	토의 주제	비고
주제 1	'동북공정'은 2002년 2월부터 5년간 중국사회과학원 산하 중국변강사지연구중심과 동북 3성이 연합해서 추진한 중국의 국책 연구사업이다. 그 이유는 무엇보다도 중국은 향후 한반도에서 예상되는 정세변화가 중국 동북지역에 미칠 정치적·사회적 영향과 충격을 차단해서 동북지역을 안정화하고, 동북아 국제질서 변화에 적극 대처할 필요가 있다고 보고 있기 때문이다. 이러한 중국의 '동북공정'의 주요 내용과 추진 의도에 대해 발표하시오	조 발표
주제 2	제2차 아베 정권 출범 이후 일본에서 영토 왜곡 주장은 갈수록 기승을 부리고 있는 모습이다. 지난 2018. 1. 25일에는 일본 정부 차원에서는 처음으로 도쿄 한복판에 '독도가 일본 땅'이라고 주장하는 자료 등 영토 관련 선전을 하는 전시관을 개설했다. 이러한 일본의 역사 왜곡 사례를 중심으로 일본의 의도와 우리의 각오에 대해 발표하시오	조 발표

Chapter 11

한반도의 지정학

Ⅰ. 필요지식

1 개요

가. 지정학(地政學, geopolitics)이란?

지정학은 지리적인 환경이 국가에 미치는 정치적인, 군사적인, 경제적인 영향을 거시적인 관점에서 연구하는 학문이다. 한 국가 혹은 세력이 자리한 물리적 공간을 기초로 세계정세와 역학관계를 읽어내는 것이다. 지정학의 적실성은 냉전 이후 더욱 극심해진 지구촌의 갈등과 분쟁을 "16세기부터 계속된 서방 해양세력과 유라시아 대륙세력의 충돌"로 설명할 수 있기 때문이다.

나. 지정학 관점의 한반도

어느 민족이나 나라의 운명에 지리적인 요인만큼 중요한 것은 없다. 풍요로운 땅은 누구나 침을 흘린다. 해서 해당 지역 거주민들은 침략과 환란을 끼고 살아야 한다. 뒤돌아보면 한반도가 본격적으로 해양세력과 대륙세력의 각축장으로 전락한 지 어느덧 5세기 가까이 흘렀다. 일본의 전국시대를 통일한 도요토미 히데요시는 정명가도(征明假道)를 앞세워 조선을 침공했고, 순망치한(脣亡齒寒)의 위기를 느낀 명나라는 조선 파병을 단행했다. 이때부터 한반도의 지정학적 딜레마가 본격화되었다.

"동아시아 7년 전쟁"으로도 불리는 임진왜란부터 구한말의 청일전쟁과 러일전쟁, 일제 강점기 및 해방과 분단을 거쳐 한국전쟁과 66년째로 접어든 정전체제에 이르기까지 500년의 역사를 관통해온 지배적인 질서는 '지정학'이었다.

강성해진 해양세력은 한반도를 대륙 점령의 가교로 삼으려고 했고 수세에 몰린 대륙세력은 한반도를 완충지대로 삼으려 했다. 수 세기 동안 한반도가 동북아의 전쟁터로 전락한 것은 이러한 지정학의 반영이었다. 그리고 해양세력과 대륙세력의 힘이 팽팽해지기 시작한 20세기 중엽에 한반도는 분단되고 말았다.

2차 세계대전 후 냉전 시대의 사회주의 진영과 자본주의 진영의 '이데올로기적 대립구조'와 "러시아-중국-북한으로 연결되는 유라시아 대륙세력과 미국-일본-한국으로 연결되는 서방 해양세력의 충돌지점"이라는 완충지역(buffer zone)[92]으로서 '지정학적 분열구조' 속에 위치하고 있다. 미 · 중 패권경쟁이 심화되고 있는 21세기에도 한반도의 지정학적 분열구조의 위력은 지속되고 있다.

과거 역사에서 서방 해양세력과 유라시아 대륙세력이 총 세 차례에 걸쳐 크게 충돌하는 '그레이트 게임'이 있었다. '1차 그레이트 게임'은 15세기 말 대서양 연안의 서유럽 국가들이 아시아와 아메리카로 가는 신항로를 개척하면서 시작되었다. 섬나라 영국은 유럽대륙의 분쟁에서는 자유롭고 해양 진출에는 유리한 지리적 이점에 힘입어 이 세력의 대표주자로 우뚝 섰다. 당시 이에 맞서는 유라시아 대륙세력의 강자는 러시아였다. 즉 1883년 인도를 지배하던 영국과 중앙아시아를 지배하던 러시아 사이에 놓여 있던 아프가니스탄과 전쟁은 전투 측면에서는 영국과 아프가니스탄 간의 대립이지만 크게 보면 바다를 향해서 남하하는 러시아 제국과 전 세계의 제해권을 쥔 영국의 세력대결이었다.

'2차 그레이트 게임'은 통일 독일과 이를 견제하려는 주변국들의 연합이 충돌하며 벌어진 두 차례의 세계대전이 끝난 후, 쇠약해진 유럽 대신 서방 해양세력을 이끌게 된 미국과 이에 맞서는 소련의 대결이다.

'3차 그레이트 게임'은 2000년대 이후 일대일로 등의 대규모 프로젝트를 통해 유라시아 대륙 내부를 온전히 장악하고 주변국과 바다로도 진출하려는 중국과 여전히 서방 해양세력의 패권을 쥐고 있는 미국의 대립이다.

두 세력이 충돌할 때마다 한반도는 긴장과 불안, 고통의 아수라장이었다. 영국과 러시아가 벌인 1차 그레이트 게임의 마지막 대결은 한반도를 무대로 한 '러일전쟁'이었고, 일본은 영국을 비롯한 서방 해양세력을 대신해 러시아를 물리친 대가로 결국

92) 완충지역(국)은 지리적 측면에서 '경쟁하는 2개 이상의 강국들 사이에 위치'하고 있으며, 정치 위계적 측면에서 완충국은 '주변 강한 국가에 비해 현저하게 약한 국가'를 의미한다. 김연지 "지정학적 완충체계 이론과 한반도", 『국제문제연구』,제14권 제3호, (2014), p. 3.

한반도를 손에 넣었다.

소련과 중국의 급속한 팽창과 이를 저지하려는 미국이 충돌한 2차 그레이트 게임의 서막은 한국전쟁이었다. "분단된 한반도는 분단된 독일과 함께 유라시아 대륙 동쪽과 서쪽에서 그레이트 게임의 최전방 충돌지점이 됐다."

쇠퇴하는 미국과 부상하는 중국이 충돌하는 '3차 그레이트 게임'이 펼쳐지고 있는 과정에서 한반도는 어떤 상황인가?. 남한은 "미국이 유라시아 대륙 동쪽에서 군사력을 전개하려 할 때 이용할 수 있는 유일한 교두보이자 전략적 전초기지"이고, 북한은 "중국이 서방 해양세력의 공격에 맞서는 완충지대이자 황해를 중국의 안전한 내해로 만드는 기반"이다.

이를 종합해 보면 한반도는 "미국, 중국, 일본, 러시아 등 주변 열강이 서로 견제할 수 있는 완충지대로 기능할 때는 안보가 보장될 수 있었으나 세력균형이 깨져 우월한 열강의 교두보로 전락하게 되면 전쟁과 참화에 시달렸다."[93] 는 온고이지신(溫故而知新)의 지혜를 되새길 필요가 있다.

2 한반도의 지정학적 가치

가. 중국 지도부의 한반도 전략적 평가

중국은 국가이익 중심의 실용주의 외교 노선을 바탕으로 국가 목표인 경제발전을 위해 주변 지역의 안정과 평화, 그리고 자신의 영향력 확대를 추구하고 있다. 특히 중국 지도부는 한반도의 특수한 지정학적, 지경학적, 지전략적 가치를 고려하여 가장 핵심적인 지역의 하나로 인식하고 있다. 즉, 중국은 한반도가 중국의 정치 · 경제 · 군사영역에 영향력을 제고시킬 수 있는 기반이며, 자국의 부상과 연계하여 국제 신질서 유지를 위해 채택한 '전방위 외교'(全方位外交)의 가장 중요한 대상으로 여기고 있다. 따라서 한반도 정세는 중국의 국가이익에 직결된다고 인식하고 있다.[94]

지정학적 측면에서 중국 지도부는 한반도를 '대륙세력(중국, 러시아, 소련)과 해양

93) http://www.hani.co.kr/arti/culture/book/835279.html(검색일: 2018. 8. 13)
94) 리단 · 전형권, "중국의 대 남북한정책의 지속과 동학," 『정치 · 정보연구』, 제13권 제1호 (2010), p. 98.

세력(미국, 일본)의 양 세력의 교량(bridge) 혹은 완충 지대(buffer zone)으로 인식' 하고 있다. 한반도는 주변 강대국이 자국의 이익에 기반하여 경합을 벌이는 지역으로 불안정한 상황은 중국의 안보에도 심대한 영향을 미치기 때문이다. 이러한 인식은 과거 역사적 사례에서 실증이 되고 있다. 예컨대, 명나라 대장군 쉐판(薛帆)은 "요동(遼東)은 북경의 팔이며 조선은 곧 요동의 울타리"라고 언급하였으며, 명나라 관리였던 자오총산(趙崇山)은 "조선의 보호는 중국의 방어에 있어 관건"이라고 보았다.[95] 쇠퇴해 가던 명나라는 16세기 말 일본의 침략에 대해 대군을 파견하여 조선을 보호하였으며, 한국전쟁 당시 중화인민공화국은 건국 8개월 만에 내전과 극심한 인플레이션 속에서도 엄청난 피해를 감수하면서 100만 명 이상의 대군을 참전시켰다. 한반도가 전략적으로 얼마나 중요한지를 다시 한번 증명해 보인 사례였다. 마오쩌둥은 350년 전(임진왜란) 조선을 보호하기 위해 대군을 파견한 명(明)나라가 청(淸)나라로 대체되는 원인이 되었음을 알고 있으면서 핵무기를 보유한 초강대국 미국과 UN을 대상으로 참전했다.[96] 중국의 안보에 핵심인 북한 방어를 위해 자국의 이익인 대만통일과 경제발전을 희생시켰던 것이다.[97]

지경학적 관점에서 한반도는 중국에 있어서 대단히 중요하다. 한반도는 한반도의 불안정한 상황은 자연스럽게 중국의 최대 수출대상국인 미국, 일본, 한국과의 관계악화로 이어져 경제발전에 치명적인 결과를 초래할 수 있다. 중국 정부가 핵심적으로 추진하고 있는 '동북지역 개발 프로젝트'가 상당한 타격을 받을 수밖에 없다.[98] 이러한 경제적 타격에 의한 중국 경제의 불안정성은 중국 공산당 정권 유지의 정당성을 상실하는 결과로 이어질 수 있다.

지전략적 측면에서 한반도는 냉전기 이후 사회주의 체제와 자본주의 체제가 대립되는 이데올로기적 충돌구조이면서, 최근 중국의 부상으로 인해 미・중간의 세력전이 상황이 작동되는 지역이다. 동북아의 지역뿐만 아니라 세계체제로서 전략적 영향력이

---

95) 최소자, 『明淸時代中韓關係硏究』(서울: 이화여자대학교 출판부, 1997), pp.26-27에서 재인용

96) 한국전쟁에서 한국정부의 중공군 피해 추정치는 총 972,600명(사망 148,600명, 부상 798,400명, 실종 3,900명, 포로 21,700명), 국방군사연구소,『한국전쟁 피해 통계집』, (국방군사연구소, 1996), p. 145.

97) 정재호, 『중국의 부상과 한반도의 미래』, p. 16. 재인용, 원자료는 青史, "金日成阻止毛澤東進功臺灣計劃,"『明報月刊』(1994년 7월). pp. 84-90.

98) 이상숙, "김정일-후진타오 시대의 북중 관계: 불안정한 북한과 부강한 중국의 비대칭협력 강화," 『한국과 국제정치』, 제26권 제4호(2010), pp. 132-133.

강화되는 지역으로 중국 입장은 한반도의 전략적 중요성이 점차 제고되는 지역으로 인식하고 있다.[99] 왜냐하면, 미국 입장은 부상하는 중국을 견제하기 위한 전초기지이며, 중국 입장은 미국의 견제를 차단하고 중국 중심의 동아시아 질서를 확립하고 유지하기 위한 핵심지역이기 때문이다.

예컨대, 「중국의 한반도 정책과 지정학적 이슈(Péninsule et incertitudes coréennes: quels enjeux géopolitiques pour la Chine?)」라는 논문에서 꼴랭(Sébastian Colin)은 중국을 남북한 모두와 지극히 밀접한 관계를 유지하는 유일한 나라라는 점을 지적하고 있다. 중국의 대한반도 정책은 세 개의 목표를 갖는다고 본다. 첫째, 북한 핵 문제로 야기되는 긴장을 완화하는 것, 둘째, 북한과 맺고 있는 전통적 우호 관계를 유지하는 것, 셋째, 한국과의 경제 관계를 지속적으로 발전시키는 것이다. 따라서 역사적으로 중국의 '지정학적 빗장(verrou géopolitique)'이라고 여겨온 한반도에 새로운 분쟁이 일어나지 않도록 예방하고 안정을 유지하는 것이 중국의 대한반도 정책의 일관된 목표라는 것이다.

결과적으로 중국 입장의 한반도는 '순망치한'(脣亡齒寒) 또한 '순치상의'(脣齒相依)라는 상호성 개념의 지정학적, 지속적인 중국의 경제발전과 동북지역의 경제개발을 위한 지경학적, 중국의 부상을 뒷 받침 할 수 있는 지전략적 핵심지역으로 인식하고 있다.

나. 미국의 한반도 전략적 평가

중국의 경제적 부상과 미국의 상대적 약화가 동아시아 전략 구도에 근본적인 변화를 불러오면서 미국의 기존 동맹국인 한국과 일본의 지정학적 중요성은 급상승하고 있다. 특히 한국은 대외 경제 관계 및 북핵 문제에서 차지하는 중국의 중요성 등을 고려하여 대중 견제(봉쇄)망에 본격적으로 참가하지는 않았지만, 중국을 의식하는 미국의 동아시아 정책을 예의 주시할 수밖에 없다. 장차 있을 수도 있는 미중 간의 본격 경쟁을 둘러싸고 한국은 미국의 중요한 지정학적 자산이며, 만약 한반도가 중국의 영향권에 편입될 경우 미국은 상당한 손실을 감수할 수밖에 없다.

북핵 문제의 악화 역시 한국의 중요성을 더욱 높이는 계기가 된다. 미국은 한편으

99) 하상식, "중국의 대한반도 전략적 이해관계," p. 102; 정재호, 『중국의 부상과 한반도의 미래』, p. 16.

로 북한의 핵, 미사일 확산을 극히 경계하면서 북한을 지원하는 중국을 견제하는 정책을 취해왔다. 이 과정에서 미국은 한미동맹을 강화하여 북핵 능력 강화를 막는 한편, 핵과 미사일 확산을 막고 중국의 대북 지원을 견제하는 노력을 기울이고 있다.

이러한 전략적 가치는 미국 수뇌부의 외교적 발언에서 입증이 되고 있다. 미국 백악관이 2013년 5월 7일 한미 정상회담 개최 사실을 발표하면서 한미동맹을 '린치핀'(linchpin, 핵심 축)[100]으로 거듭 비유했다. 백악관은 4월 15일(현지 시간) 성명에서 "박근혜 대통령의 방미는 한반도를 비롯한 아시아태평양 지역의 평화와 안보의 린치핀으로서, 오바마 대통령의 아시아태평양 재균형 정책의 중심적 역할로서 한미동맹의 중요성을 확인하는 것"이라고 밝혔다. 2017. 4월 17일 아시아를 순방 중인 마이크 펜스 미국 부통령이 한미동맹을 린치핀에, 미일동맹은 '코너스톤'(cornerstone, 주춧돌)에 비유했다. 전임 버락 오바마 대통령이 한미·미일 관계를 각각 지칭할 때 쓴 표현을 그대로 사용한 것이다.

이러한 미국의 전략적 관점은 중국이 급격히 부상하고 패권국의 야심을 드러내면서 미국의 중국에 대한 전략은 '견제'에 초점이 맞추어져 있다. 앞으로 한반도가 중국의 영향권에 들어가면 장기적으로 일본과 대만도 중국의 영향권에 포함될 가능성이 높은 것으로 보았다. 그렇게 되면 서태평양에서 미국은 후퇴할 수도 있다. 이런 상황에서 주한미군의 존재는 대중국 견제 또는 봉쇄를 위한 핵심적인 수단이 될 것이다.

3 한반도 지정학의 과거 · 현재 · 미래

근대사 이후, 동북아 국제질서의 변화는 모두 전쟁으로 추동되었다. '동아시아 7년 전쟁'으로도 불리는 임진왜란부터 구한말의 청일전쟁과 러일전쟁, 일제 강점기 및 해방과 분단을 거쳐 한국전쟁과 65년째로 접어든 정전체제, 21세기 미중 간 세력전이와 한반도의 국제관계에 이르기까지 500년의 역사를 관통해온 지배적인 질서는 '지정학'이었다. 한반도는 역사적으로 교량 혹은 완충 지역으로 21세기 현재에도 대륙세력(중국, 러시아, 북한)과 해양세력(한국, 미국, 일본)의 충돌하는 지역으로 인식되고 있다.

100) 린치핀은 마차나 수레, 자동차의 바퀴가 빠지지 않도록 축에 꽂는 핀으로, 핵심이나 구심점, 요체라는 뜻을 담고 있다. 외교적으로는 꼭 필요한 동반자라는 함의를 갖고 있다.

가. 임진왜란과 19세기 구한말

한반도가 본격적으로 해양세력과 대륙세력의 각축장으로 전락한 지 어느덧 5세기 가까이 흘렀다. 일본의 전국시대를 통일한 도요토미 히데요시는 정명가도(征明假道)를 앞세워 조선을 침공했고, 순망치한(脣亡齒寒)의 위기를 느낀 명나라는 조선 파병을 단행했다. 이때부터 한반도 지정학적 딜레마가 본격화되었다.

강성해진 해양세력은 한반도를 대륙 점령의 가교로 삼으려고 했고 수세에 몰린 대륙세력은 한반도를 완충지대로 삼으려 했다. 수 세기 동안 한반도가 동북아의 전쟁터로 전락한 것은 이러한 지정학의 반영이었다.

중국의 근대사는 1840년에 발생한 아편 전쟁(阿片戰爭)[101]으로 시작되었으며, 아편 전쟁 이후 서구열강의 반식민지로 전락하게 되었다. 한편 일본은 17세기 초반 에도 막부 성립에서 19세기 중반 메이지유신 이전까지 에도시대 260여 년 동안 권위와 시장 간의 긴장 완화, 경제의 분화와 전문화, 인적 또는 물적 이동성 확대 등의 사회 전반의 개혁에 이어 1868년 메이지유신을 단행함으로써 명치유신 이후 40여 년 만에 세계 질서를 주도하는 열강의 대열에 오르는 기염을 토했다.

이와 같은 중국의 쇠퇴와 일본의 부상은 동아시아 질서를 변화시켰다. 1894년 청

---

101) 1840년에 일어난 아편 전쟁은 중국의 아편 단속을 원인으로 하여 영국이 일으킨 전쟁이다. 전쟁 발발 당시 영국에 대한 중국의 최대수출품은 차(茶)였고, 영국의 주요수출품은 모직물과 인도산 면화였다. 양국의 무역수지는 중국의 수출초과 상태가 지속되었기 때문에, 영국으로서는 차 수입을 결제할 은(銀)이 부족했다. 이에 따라 영국은 중국에 아편을 수출해 무역적자를 해소하려 하였다. 아편전쟁에서 청나라가 완패함으로써 중화사상은 뿌리째 흔들리게 되었고, 본격적으로 서세동점(西勢東漸)의 시대가 개막 되었다.
https://ko.wikipedia.org/wiki/%EC%95%84%ED%8E%B8_%EC%A0 %84%EC%9F%81
(검색일: 2018. 8. 13)

일전쟁과 1905년 러일전쟁은 중국 중심의 동아시아 질서가 막을 내리고 일본이 동아시아의 강대국으로 부상하였으며, 이것은 일본이 한반도에서 우월적인 지배권의 확립함과 동시에 조선은 1910년 이후 1945년까지 치욕의 망국의 길을 걸었다.

나. 한반도 분할점령 및 남북분단

2차 세계대전 후 한반도는 또다시 지정학의 희생양이 되었다. 2차 세계대전 전후 처리를 위해 형성된 얄타체제는 냉전체제를 탄생시켰다. 그 냉전체제는 미소에 의한 한반도 분할점령과 한국전쟁 및 남북분단의 고착화를 야기했다.

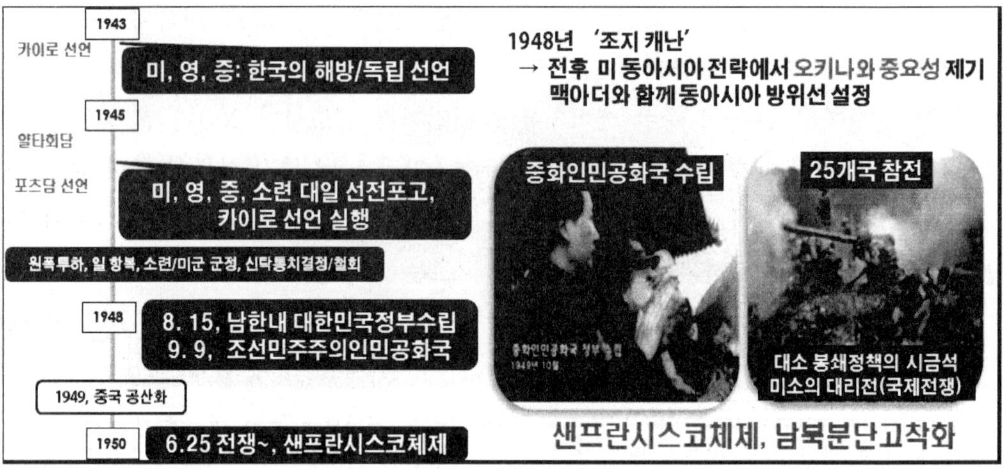

한반도는 1945. 8. 15. 일본 제국의 식민지에서 벗어나 독립, 광복을 맞이하였으나, 38선을 기점으로 하여 일본군 무장해제를 명분으로 진주한 소련군과 미국군에 의해 남과 북으로 갈라져, 북쪽에 공산주의 국가인 소련의 군정, 남쪽에 자본주의 국

가인 미국의 군정이 시작되었다. 이처럼 소비에트 연방과 미국이 한반도를 분할 점령하여 이념대결을 벌임으로써 한반도에서 전쟁은 발생하였으며, 같은 민족 간의 전쟁이라는 관점에서 내전의 성격을 가지고 있는 한편 냉전 체제하에서 강대국의 대리전쟁인 국제전 성격을 가지고 있다고 평가할 수 있다. 즉, 한국전쟁은 두 분단국가를 하나로 합치려는 내전의 성격이 있음을 부인할 수 없다. 그러나 이 전쟁이 내전의 측면을 갖는다는 것이 곧 이 전쟁의 성격이 내전이라는 의미는 전혀 아니다. 한국전쟁의 원인과 전개에 비추어 볼 때 한국전쟁은 내전이 아니었다. 그것은 자본주의 진영과 사회주의 진영으로 나뉜 인류는 인류역사상 최초로 모든 대륙과 중심국가들이 연루된 세계이념전쟁이었다.[102]

다. 21세기 미 · 중 패권경쟁시대와 한반도

한반도의 지정학적 딜레마는 과거의 일만이 아니다. 동 · 서 냉전체제가 종식 되었지만 한반도는 21세기 동북아의 신 냉전체제의 핵심적 요인으로 작동되고 있다. 그 근본 원인은 중국의 부상과 상대적 미국의 쇠퇴라는 힘의 대전환이다. 과거 한반도를 최악의 소용돌이에 휘말리게 했던 역사적 동학에 비추어 볼 때 미 · 중 간 패권경쟁은 예사롭지 않다.

102) http://www.hani.co.kr/arti/politics/defense/593120.html#csidxf295fe3cf5ed2b9ad3caee226a84714(검색일: 2019. 1. 31)

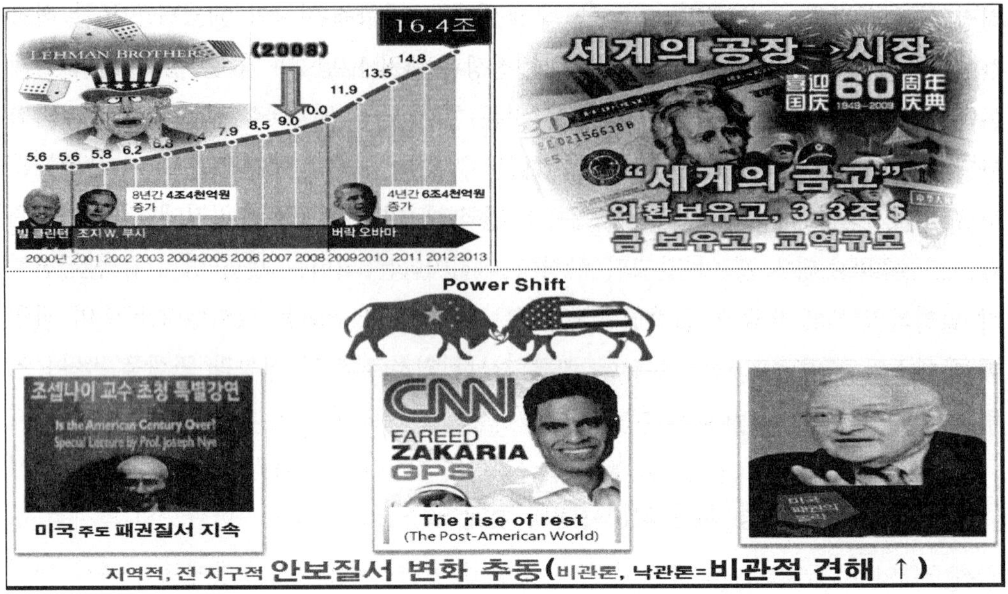

국제정치가 무정부 체계하의 국가 간 '힘 중심'의 논리가 지배적이라면 세력전이 이론(Organski, 1968), 패권안정이론(Gilpin, 1981), 공세적 현실주의 이론(Mearsheime, 2001) 등 구조적 현실주의가 주장하고 있듯이 기존의 쇠퇴하는 패권국과 새롭게 부상하는 강대국과 충돌을 피할 수 없다는 것이다. 강대국 간 힘의 전환은 기존 패권국과 새롭게 부상한 도전국 간의 충돌이 불가피한 것으로 보고 있다. 21세기 미중 관계도 쇠퇴하는 기존의 패권국인 미국과 부상하는 신흥강대국인 중국과의 국력의 격차가 축소되는 동태적인 과정에서 발생하는 충돌의 하나로 간주할 수 있다.

미국의 대전략은 세계 어느 곳에서도 패권 국가가 출현하는 것을 방지하고자 한다. 이는 미국 중심의 국제질서를 유지하면서 자국의 이익을 극대화하기 위함이다. 미국은 경찰국가로서 또는 균형자로서 세계 곳곳의 문제에 개입하였다. 여기에는 수많은 경제적 비용이 수반되었다. 그 결과 미국은 월남전 이후 경제적 쇠퇴를 초래하였으며, 경제적 영향력 감소는 국제 사회에서의 미국의 리더십을 약화시켰다.

한편 중국은 1979년 개혁개방 이후 연평균 10%라는 경이적인 경제성장을 이루면서 2008년 '리먼브라더스 사태'로 촉발된 세계금융 위기 이후 세계 경제의 해결사로 자리매김하였다. 중국을 포함한 브라질, 인도, 러시아, 남아프리카공화국 등 소위 브릭스(BRICS: Brazil, Russia, India, China, South Africa)를 중심으로 하는 신흥

시장국은 성장을 지속했고 이들의 국제정치적 영향력은 확대되었다.[103] 실례로 2008년 이후 급격히 악화되는 미국의 재정상태는(2012년 말 기준 재정적자의 누계는 16. 2조 달러로 GDP 대비 103% 수준) 미국의 패권적 리더십 상실로 이어졌다.[104] 세계금융 위기를 극복하기 위한 기존 선진국 중심의 'G-7' 구도는 한계를 드러냈으며, 이를 해결하기 위해 'G-20'을 등장시켰다. 세계금융 위기에 대처하기 위해 'G-20'이 소집된 것은 기존의 선진국과 신흥시장국 간의 세력균형에 일정한 변화가 발생하였으며, 미국과 유럽연합 중심의 국제역량의 변화를 의미했다.[105] 이 과정에서 중국은 'G-2(Group of Two)'[106] 격상되면서 국제적 영향력 확대를 바탕으로 중국은 2009년 이후 새로운 미중 관계의 정립을 시도하였다.

이러한 힘의 변화는 동아시아에서 미국과 중국의 전략적 패권경쟁체제를 촉발시켰으며, 미국과 중국의 전략적 이해가 한반도에서 충돌하고 있다. 한반도의 역사적 경험과 현실주의 이론의 적실성 모두가 아시아의 맹주로 자리매김하려는 중국과 이를 견제하면서 미국중심의 국제질서를 유지하려는 '21세기 미 · 중간 패권경쟁은 동북아 차원의 새로운 질서의 변화를 예고하고 있음을 보여주고 있다. 특히 한국은 미국과 중국의 패권경쟁이 가속화될 경우 안보 차원의 한미동맹과 경제적 파트너의 한중관계 사이에서 선택을 강요당하는 딜레마가 심화되고 있다.

이를 실증이라도 하듯이 2차 세계대전 이후 샌프란시스코 체제에 의해 형성된 동북아 안보 질서가 중국의 부상으로 인해 휴화산처럼 잠재되었던 샌프란시스코의 논쟁적 유산(영토분쟁, 일본의 재무장 등)이 재점화되고 있다.[107] 한반도는 북핵 문제 외에도 미국 주도의 '고고도 미사일방어체제' (THAAD: Terminal High Altitude Area Defense missile)와 북핵 문제 해결을 둘러싼 논쟁이 가열되면서 미 · 중 사이에 주권국가로서 전략적 선택의 딜레마가 심화 되고 있다.

---

103) 조영남, "시진핑 시대의 중국 외교 전망," 『한국과 국제정치』, 제29권 제2호(2013), p. 207.
104) "미, 재정적자 해결 어려울수록 균열 속도도 빨라져,"『오마이뉴스』, 2013. 2. 1.
105) Zhu, Liqun. "China's Foreign Policy Debates," Chaillot Papers, No. 121(September 2010), pp31-32.
106) 'G2'라는 개념에 대해서는 Fred Bergsten, "A Partnership of Equals: How Washington Should Respond to China's Economic Challenge," Foreign Affairs (July-August 2008), p. 64; 이남주, "G2시대와 한반도," 『황해문화』, 제71호(2011), p. 125. 참조
107) 샌프란시스코 체제의 변화 가능성 증대와 동북아 소용돌이 조짐에 관해서는 이수형, "한반도 평화통일 환경조성전략을 위한 주요 전제 조건 검토",(2014)를 참조 바람.

4 한반도 지정학의 시사점

한반도의 역사적 경험과 현실주의 이론의 적실성 모두가 아시아의 맹주로 자리매김하려는 중국과 이를 견제하면서 미국 중심의 국제질서를 유지하려는 '21세기 미·중간 패권경쟁은 동북아 차원의 새로운 질서의 변화를 예고하고 있음을 보여주고 있다. 특히 한국은 미국과 중국의 패권경쟁이 가속화될 경우 안보 차원의 한미동맹과 경제적 파트너의 한중관계 사이에서 선택을 강요당하는 딜레마가 심화되고 있는 가운데 안보환경의 불안정성은 증대될 것이다.

경제적으로 쇠퇴하고 있는 미국 입장은 중국의 부상을 제어하거나 견제하기 위해 미일동맹을 핵심으로 하지만 동맹 네트워크 전략의 '린치핀'이자 주한미군이 주둔하고 있는 전초기지로서 지정학적, 동북아의 역동적인 경제력의 부상과 중견 국가인 한국의 경제적 역동성을 감안한 지경학적 그리고 중국의 아시아 패권을 제어할 수 있는 지전략적 핵심지역으로 판단하고 있다.

부상하고 있는 중국 입장은 한반도가 '순망치한'(脣亡齒寒) 또한 '순치상의'(脣齒相

依)라는 상호성 개념의 지정학적, 지속적인 중국의 경제발전과 동북지역의 경제개발을 위한 지경학적, 중국의 부상을 뒷 받침 할 수 있는 지전략적 핵심지역으로 인식되고 있다.

고려대학교 정치외교학과 명예교수인 강성학 교수에 의하면 "예정된 테이블 배치에 따라 앉는 공식 저녁 식사의 경우 각 손님은 선호와 관계없이 정해져 있는 다른 손님이 옆자리에 앉는 것을 받아들여야 하는데 국제관계에서 자리가 바로 이와 같다"면서 "식사할 때 대부분 옆자리에 앉은 이들과 대화를 주로 할 수밖에 없는 상황처럼 지리적으로 근접한 역내 국가들은 상호작용을 할 수밖에 없다"고 했다. 또한 "이웃한 강대국에 의해 괴롭힘을 당하는 일반 국가에게 도망이라는 선택권은 사실상 없다"고 덧붙였다.[108)]

흔히 대한민국을 지정학적으로 매우 불리한 위치에 있는 나라라고 말한다. 절반만 맞는 말이다. 지리적 위치는 변하지 않지만 환경은 항상 변한다. 지리적으로 불리한 위치에 있는 나라가 세계 10위권의 경제력을 가진다는 것은 논리적으로 말이 안 된다. 결국 지정학이 필연적으로 야기하는 소용돌이에 휘말리지 않으려면 결국 이를 이겨낼 수 있는 힘을 가져야 한다는 것이다. 그것이 역사 속 진리이다.

108) 『매일경제』, (2018. 5. 4), http://news.mk.co.kr/newsRead.php?year=2018&no=284817(검색일: 2019. 1. 31)

Ⅱ. 사례

마오쩌둥이 6.25전쟁에 참전한 이유[109)]

중국 공산당의 각종 기록들은 김일성의 한반도 통일 기도 전쟁에 중국군이 개입하는 데 대해 당의 고위 지도자 대부분이 "건국 후 불과 1년도 안 된 시점에 전쟁에 개입하는 것은 무리"라는 이유를 들어 반대했으나, 마오의 주장에 따라 개입했음을 적시하고 있다.

중국 사람들이 "마오는 평생 세 차례의 큰 싸움을 벌여 승리했다"고 말하는 싸움 가운데 하나인 한국전쟁에서 마오는 과연 승리를 거둔 것일까. 바이두는 마오가 한국전쟁에 '인민지원군'이라는 이름으로 투입한 병력 숫자에 대해 투입했다가 교체하는 방식의 이른바 '윤전(輪戰)' 방식으로 연인원 240만 명이 동원됐으며 비전투 요원 50만 명까지 모두 290만 명이 투입됐다고 밝히고 있다. 또한 1953년 7월27일 정전협정 체결로 전쟁이 끝날 때까지 중국군의 인명손실은 사망, 부상 합해서 모두 30만7541명이었다고 1958년 9월20일 발표된 인민지원군 사무처 통계가 공개했음을 바이두는 전하고 있다.

마오는 왜 수립한 지 9개월밖에 안 되는 신생 중화인민공화국이 한국전쟁을 벌이게 하고 또 엄청난 수의 병력을 보내 개입하는 결정을 내렸을까. 1894년 일본과의 전쟁에 패한 청나라가 2000여 년 만에 처음으로 한반도에 대한 영향력을 상실한 것을 회복하기 위해서였을까. 마오의 결정이 중국의 위상에는 어떤 영향을 미쳤을까. 이와 관련해 현재 중국 정부의 입장을 대변하는 바이두는 "이 전쟁으로 인해 중국이 입은 희생이 컸으나 미국과 대등한 작전을 수행함으로써 국제사회에서의 지위를 확보했다"고 긍정 평가하고 있다.

하지만 바이두는 마오의 한국전쟁 참전이 중국 경제에는 부정적인 영향을 남겼음을 부인하지 않고 있다. 중국 정부의 재정지출 가운데 국방비가 차지하는 비중이 1950년에 41.1%였다가 전쟁에 본격적으로 개입한 1952년 한 해 동안 전체 재정의 43.0%라는 전무후무한 수준에 달했다고 지적했다. 정전 이후 중국 정부는 대체로 국방비 지출을 30% 선으로 줄이고 70%를 경제 건설에 투입한 것으로 추산되고 있는 사실에 비추어보면 신생 중국 정부의 경제에 부정적인 결과를 남겼음을 적시한 것이다.

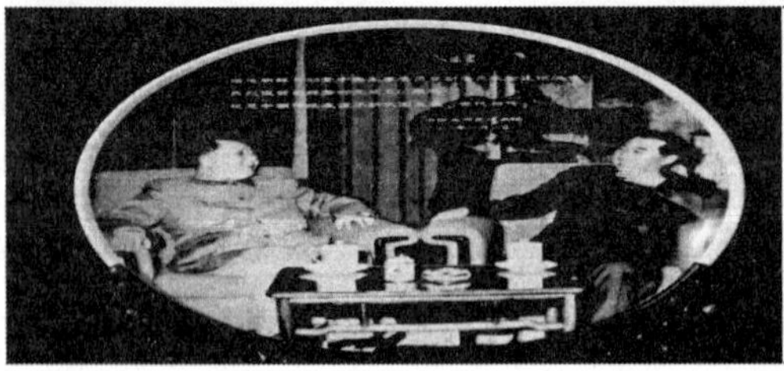

109) "처절한 실패로 귀결된 마오쩌둥의 한국전쟁 참전 결정", 「시사저널」, 2020. 2. 15.

다른 중국 공산당 지도자들의 반대를 뿌리치고 독단적으로 내린 마오의 한국전쟁 개입으로 "항미원조 전쟁의 승리에 따라 아시아와 세계의 평화를 지키고 신생 인민 정권을 공고히 만들었으며 미국 제국주의의 전승 불패의 신화를 깨면서 미국의 침략확장 기세를 멈추게 했다"는 평가를 얻기는 했지만, 인명손실과 경제적 희생이 너무 컸다는 것이 바이두의 평가인 것이다.

마오는 1953년 7월 한국전쟁 정전협정으로 전쟁이 일단 중단되자 곧바로 제1차 경제개발 5개년 계획에 착수해 1958년까지 소련으로부터 공업 기반 도입과 농업생산 증대를 위해 많은노력을 기울였다. 하지만 거의 재앙 수준의 참담한 결과로 이어졌다. 부진한 제1차 경제개발 5개년 계획의 결과를 만회하기 위해 마오는 1958년부터 1961년까지 '대약진운동'이라는 엄청난 무리를 하는 바람에 1인당 GDP 세계 최하위 수준의 빈곤 국가로 추락했다. 불과 5년 정도의 대약진운동 기간에 2000만~4000만 명의 아사자를 낸 것으로도 추산되고 있다.

실패로 돌아간 마오의 경제정책들, 마오는 제대로 된 강철 공장 하나 건설하지 않았으면서도 20세기 말까지 세계 최강의 경제력과 군사력을 보유하고 있던 영국의 철강 생산량을 "3년 이내에 넘겠다."는 비현실적인 목표를 설정하는 선택도 했다. 무리한 목표 달성을 위해 마오는 전국의 시골 마을에까지 이른바 '토로(土爐)'라는 간이 용광로를 만들게 했다. 그 결과 철강 생산은 이루어지지 않는 가운데, 토로에 땔감으로 쓰기 위해 나무를 잘라 목탄을 만드느라 중국 삼림의 15%를 훼손하는 결과를 낳았다.

대약진운동에 실패해 정치적으로 궁지에 몰린 마오는 또다시 '문화대혁명'이라는 정치투쟁에 불을 붙이는 회복하기 힘든 실패의 선택을 한다. 자신의 경제 실정을 계기로 정치적 공격을 하려는 세력들에게 '홍위병(紅衛兵)'이라는 이름의 중·고생들을 수백만 명 동원해 폭력과 살인의 유혈이 난무하는 정치투쟁을 벌여 중국을 10년간 경제 활동과 교육이 전혀 이뤄지지 않는 국가로 만든다. 1966년 시작해 1976년 마오가 사망함으로써 종결된 문화대혁명은 이상주의자 마오가 산업 생산력이 낮은 농업국가 중국을 최고 수준의 사회주의 국가로 건설하려던 꿈을 철저히 무너뜨리는 결과를 낳게 된다. 결국 중화인민공화국을 건설한 지 1년도 채 안 돼 한국전쟁에 개입한 마오의 결정은 철저한 실패로 결론지어진 것으로 평가할 수 있다.

출처 : 시사저널(http://www.sisajournal.com)

샌프란시스코 강화조약에 독도가 빠진 이유는(독도 바르게 알기)110)

샌프란스시코 강화조약이란? 1951년 9월 8일, 연합국과 일본이 미국 샌프란시스코에서 제2차 세계대전 전후 처리를 위해 체약한 조약이다. 이 조약에는 미국, 소련, 영국을 비롯해 48개국이 참가하고 서명했으며, 1952년 4월 28일에 공표됐다. 이후 지금까지 효력을 발휘하고 있다.

샌프란시스코 강화조약에는 태생적인 한계가 있었다. 식민국가였던 대한민국이 조약 참가국에서 제외되었다. 당시 한국은 강화조약의 일원으로 참가하고자 했지만 과도한 배상을 우려해 한국을 배제했다. 나름의 논리도 있었다. 그들은 (항일투쟁을 전개한) 대한민국 임시정부가 국제적으로 승인을 받지 못한 단체였고, 대한민국 정부는 1948년에 출범했기 때문에 한국에 교전국의 지위를 부여할 수 없다고 했다. 현실적으로도 한국은 전쟁 중이어서 참가가 힘들었다. 한국이 참가했더라면 지금 우리가 겪고 있는 독도 문제는 일어나지도 않았을 것이다.

일본이 독도를 자국의 땅이라고 주장하는 가장 강력한 근거는 초안 작성에 영향을 미친 두 미국인의 '의견'이다. 미국 정부의 일본 정치고문관인 윌리엄 제이 시볼트(William J. Sebald)와 극동담당 국무차관보 러스크(D. Rusk)가 그 주인공이다. 시볼트는 두 번에 걸쳐 "독도는 한국 땅이라는 근거가 없다"는 요지의 편지를 미국무성에 보냈고, 국무성은 이를 적극 반영해 초안에 "독도는 일본 땅"이라고 명기했다. 러스크(D. Rusk)는 1951년 8월 양유찬 주미 대사에게 독도가 한국의 영토라는 사실을 부인하는 편지를 보냈다고 한다.

이와 함께 〈샌프란시스코 강화조약〉에서 '한국의 독립을 인정하고 한국에 대한 일본의 모든 권리를 포기한다.'는 내용이 담긴 조약 2장 2조 a항에 포기해야 할 영토에 독도가 명시되어 있지 않다.

『일본은 한국의 독립을 인정하고, 제주도, 거문도 및 울릉도를 비롯한 한국에 대한 모든 권리와, 소유권 및 청구권을 포기한다.』 - 〈샌프란시스코 강화조약〉 제2조 a항

그러나 조약에 독도가 처음부터 빠졌던 것은 아니다. 미국 측 제1~5차 초안과 제7차, 영국 측 제2, 제3차 초안에서는 독도를 한국 영토로 명시했다.

일본은 샌프란시스코 평화조약에 일본이 포기해야 할 영토 중에 독도가 빠진 것이 독도가 일본 땅으로 남은 증거라고 내세우고 있다.

110) "샌프란시스코 강화조약에 독도가 빠진 이유는, 독도 바르게 알기 - 샌프란시스코 조약", 「오피니언」, 2015. 3. 14.
http://www.dghankooki.com/news/articleView.html?idxno=812(검색일: 2020.2.21.)

한국은 일본의 주장에 대해 독도가 명시되지 않았다고 해서 그것이 곧 일본 땅이라는 증거는 아니라는 논리를 펼치고 있다. 제주도, 거문도, 울릉도 외에도 수많은 섬들이 있기 때문에 굳이 언급하지 않았을 뿐이라는 것이다.

당시 미국은 러시아로 대표되는 공산권과의 대결에 돌입한 상황이었다. 판을 새로 짜야 하는 정세가 되면서 '일본'은 단순한 패전국이 아니라 러시아를 막는데 반드시 필요한 협조자가 되었다. 일본의 사정에 귀를 기울일 수밖에 없었다.

당시 일본의 총리 겸 외상이었던 요시다 시게루는 이런 상황을 적극적으로 활용했다. 그는 1951년 중소동맹이 성립돼 일본이 이들의 가상 적국이 되자 미국과 강화조약을 맺고자 했다.

미국은 중국과 소련이 손을 잡은 상황에 위협을 느끼고 있던 차에 일본의 제의가 솔깃하게 다가올 수밖에 없었다. 그들은 일본을 병참기지화 하고 일본의 경제를 복구시켜 공산 세력의 팽창을 막고자 했다. 이런 제반의 상황은 샌프란시스코 조약과 관련해 일본의 상황을 유리하게 만들었다.

비록 조약 체결 과정에 직접 개입할 수는 없었지만 이승만 정부는 손 놓고 있지 않았다. 조약의 초안 수정 과정에서 독도가 빠졌다는 소식을 접하고 미국에 항의 문서를 보내는 등의 노력을 했다. 그러나 '자유 진영의 최전선'으로 자리 잡았던 일본의 로비를 막기에는 역부족이었다.

Tip〉 샌프란시스코 강화조약 이전 "독도는 한국 땅"

▶ 1945년 연합국 최고사령부가 발표한 '연합국최고사령관 각서'인 제3항에는 일본의 영토에서 울릉도, 독도, 제주도를 제외시킨다고 썼다. 이듬해인 1946년 6월 22일 공표한 에서도 일본 어부들이 독도와 주변 12해리에 들어오는 것을 엄금했다.

▶ 1950년 6.25 전쟁이 발발하자 유엔군과 미국 태평양 공군 사령관은 '한국방공식별구역(KADIZ: Korea Air Defense Identification Zone)'을 설정했는데, 이 범위 안에 독도가 포함되어 있다. 해당 라인은 지금도 국제사회에서 인정되고 있다.

▶ 1950년 연합국들이 〈샌프란시스코 강화조약〉에 앞서 '연합국의 구일본 영토 처리에 관한 합의서'를 작성했다. 여기에는 제주도, 거문도, 울릉도와 함께 독도를 '리앙쿠르 록'이라는 서양 호칭으로 명시해 한국 영토로 반환 처리한다고 밝혔다. 연합국이 독도를 한국 영토로 판정한 사례다.

Ⅲ. 발표 및 토의

구분	토의 주제	비고
주제 1	2차 세계대전 후 해방을 맞은 한반도의 분단원인과 한국전쟁의 성격 그리고 그 시사점을 발표하시오	조 발표

Chapter

12 한반도 안보의 변화 및 지속요인

Ⅰ. 필요지식

1 21세기 국제 및 동북아 질서 개편

가. 국제질서

21세기 국제질서의 핵심 변인은 얄타체제 이후 미·소 협조체제에서 탈냉전 이후 미·중 협조체제로 대체되었다. 이것은 '중국의 부상과 미국의 상대적 쇠퇴'를 의미하는 힘의 전환(power shift)은 전 지구적, 지역적 미국 중심의 질서에 대한 현상 유지 대 현상 타파의 대립 구도 아래 불안정성이 증대되고 있다. 실례로 미중 간 '무역전쟁'에 이은 '칩 동맹'으로 지칭되는 패권경쟁이다.

국제관계가 무정부체계 속에서 힘의 논리에 의해 좌우된다면 이러한 국제 체제의 불안정성은 패권안정이론 측면에서 패권국이었던 미국의 쇠퇴와 세력전이 이론 관점에서 도전국인 중국의 부상으로부터 기인 된 것이다. 여기에 국가 간 갈등의 기저에는 불신이 내재 되어있으며, 국가 간의 관계는 윤리와 도덕이 배제된 자국 이익 중심의 추구라는 본능적 요소가 자리하고 있다.

독립변수이자 상수인 미·중 패권경쟁 구도 속에서 상대적 약소국인 개별 국가는 생존을 위한 안보 불안 문제를 해결하기 위해 현상 유지 또는 현상 타파를 위해 '세력균형(balance of power)' 차원의 자구책 마련에 민감하게 반응하고 있다.

나. 동아시아와 한반도

21세기 동북아 질서는 유럽과 비교할 때 경제적 상호 의존성이 심화되고 있다. 그럼에도 불구하고 '세력균형'111)이라는 관성이 강하게 자리하고 있다. 그것은 과거에 경험했던 미소에 의한 얄타체제와 1990년대부터 현재까지 진행형인 미중 협조체제의 결과이다.

1945년 얄타체제(미 · 소 협조체제)가 등장하면서 냉전이라는 진영논리 아래 한반도는 분단체제의 형성 및 고착화 되었고, 그 과정에서 '대륙세력 VS 해양세력', '공산주의 VS 자유민주주의', '한 · 미 · 일 VS 북 · 중 · 러'로 지칭되는 미 · 소의 세력균형의 수요자였다.

탈냉전 이후 구소련의 붕괴와 함께 중국의 부상으로 형성된 미 · 중 협조체제가 등장하였다. 공세적 현실주의자인 미국의 존 미어세이머는 2001년 『강대국 국제정치의 비극』이라는 저서를 통해 2010년 이후의 동아시아 질서를 예단했다. 만약 중국의 경제발전이 빠른 속도로 진행된다면 중국은 잠재적 패권국이 될 것이며, 과거 미국이 했던 것처럼 중국은 아시아를 지배하려 할 것이다. 한편 미국은 "중국이 아시아의 패권국이 되는 것을 방지하면서 중국의 도전을 차단하기 위해 아시아로 돌아올 것"112) 이라는 것이다.

111) Balance of Power, BOP. 문자적으로 풀이하면 '힘의 균형이 이루어지는 상태'이지만, 실제로는 '다수의 국가군 간에 세력 균형 관계를 유지함으로써 관계국가들의 국가적 이익 추구를 용이 하게 하려는 국제정치상의 원리 또는 정책'으로 쓰인다. https://namu.wiki/w/%EC%84%B8% EB% A0%A5%EA%B7%A0%ED%98%95(검색일: 2019. 1. 31)

112) John Mearsheimer, 역 이춘근, 『강대국 정치의 비극』, (서울: 나남, 2004). p. 730.

미어세이머의 예단은 적중했다. 실제로 2011년 오바마 행정부는 "아시아로 귀환(pivot to asia)"을 선언하고 아시아 재균형 전략을 추진하여 부상하는 중국을 견제하면서 미국 중심의 동아시아 질서를 유지하고자 했다. 트럼프 행정부는 '무역전쟁'을 바이든 행정부는 '칩 동맹'을 통해 부상하는 중국을 제어하기 위한 구체적인 행보를 이어가고 있다.

향후 미 · 중 간의 힘의 격차 축소는 세력전이 관점에서 점차 불확실성이 증대되는 미중관계로 전이될 것이라는 전망을 가능하게 한다. 미중의 전략적 갈등 관계는 세력균형의 관점에서 전통적 안보, 가치와 체제, 무역과 기술 분야에서 다양하게 구체화될 것이다. 실례로 미국은 전통적 동맹 및 우방국과 네트워크를 강화하는 가운데, 북대서양조약기구(NATO)와 같은 다자안보협력체가 존재하지 않는 인도-태평양 지역에 '쿼드'(Quadrilateral Security Dialogue, QUAD), 미국-영국-호주 간 3각 동맹 '오커스'(AUKUS) 등 소다자안보협력체를 통해 핵심 동맹국들의 연계를 추진하고 있으며, 한미일 군사협력을 강화하고 있다. 특히, '칩4(Chip4)' 등을 통해 동맹이나 우방국 중 특정 분야에서의 공급망 재편을 위한 연대는 강화하는 추세에 있다. 이는 미래 성장동력을 주도할 핵심 분야에서 중국 및 러시아 등의 추월을 허용하지 않겠다는 것이고, 나아가 군사 분야에서 질적 우위를 바탕으로 미국의 주도력을 유지하기 위한 조치이다.

한편 중국은 미국 주도 반중 연대의 균열을 시도하는 한편, 미국 리더십 문제와 경제협력 필요성을 제기하며 '글로벌 사우스(Global South)'와 협력관계를 확대하고 있다. 중국은 미국의 우방 및 동맹 네트워크 강화에 대해 경제력을 활용한 세력 확대에 주력했는데, 2020년 말 출범한 역내포괄적경제동반자협정(RCEP)은 그 대표적 사례이다. 또한 미국이 주도하는 'Chip 4'나 IPEF에의 가입을 견제하면서 '일대일로' 회의를 통해 자신들이 경제 이니셔티브를 가지고 있는 개발협력 네트워크를 구축함으로써 인도-태평양 지역 및 중동 그리고 동유럽 국가들에 대한 장악력 강화를 추진하고 있다.

이러한 미중의 전략적 갈등관계의 손익계산서는 상대적 약소국에게 전가된다는 점이다. 자국의 이익을 담보하기 위해 상대적 약소국에게 전략적 선택을 강요하는 것이다. 미국의 주도로 진행중인 'Chip 4 동맹'이 대표적인 사례이다. 결과적으로 한국 외교 안보의 전략적 선택의 딜레마는 북핵 문제, 남중국해 분쟁, 칩 동맹, 한 · 일간 역사문제에서 세력균형의 수단으로 이용될 것이라는 전망이 가능하며, 이러한 전략적 선택의 결과가 한반도 위기로 이어질 수 있다는 것이다.

NI(The National Interest) 평론가 로버트 팔리는 전쟁의 가능성이 가장 높은 곳으로 한반도를 선택했다. 그 이유는 북한이 핵미사일 잠재력을 확대와 북한 핵무기 문제를 예방 공격으로 끝내겠다는 미국 대통령의 해결법이 군사충돌로 이어질 수 있다.[113]고 보았다.

마이크 폼페이오 전 미국 국무장관, 리언 패네타 전 미 국방장관 등 과거 미국의 대(對)북한 정책에 깊게 관여했던 인사들은 입을 모아 "최근 핵무력 강화와 관련된 북한의 잇단 도발이 한반도 위기 상황으로 이어질 가능성을 경고"하고 있다.[114]

이러한 동북아의 질서 재편과 관련 좀 더 구체적인 접근으로 한국의 생존과 미래번영을 위한 시사점을 도출하기 위한 방법론으로서 현실주의 관점의 한반도 안보환경의 변화 요인과 지속 요인에 대해 분석해 보자

3 21세기 외교안보환경 변화 요인

가. 안보개념의 변화

탈냉전 이후 국제정치의 무게중심이 군사·안보적 영역으로부터 경제·통상의 영역으로 전환되었으며, 1980년대 접어들면서 국가 간 협력과 갈등에 관한 전통적 안보영역 외에 국가와 전 지구적 또는 지역적 문제를 분석대상으로 하는 비전통 안보의 개념이 보다 중요한 영역으로 자리 잡고 있다. 전체 개별 국가의 이익을 침해할 수 있는 글로벌 이슈의 대두 및 국제 사회의 집단적 대응이 요구된다. 이러한 글로벌 이슈는 테러문제, 대량살상무기 확산, 기후변화, 난민, 전염병, 내전 등으로 나타나고 있다.(포괄적 안보개념: Buzan 1983) 이는 상대적으로 전통적 안보영역의 축소를 의미하며, 그 결과 탈냉전 이후 국가 간의 전쟁의 감소로 나타나고 있다.

113) ttps://kr.sputniknews.com/politics/201612181958467-NI-2017%EB%85%84-%EA%B5%B0% EC%82%AC%EC%B6%A9%EB%8F%8C-%ED%95%9C%EB%B0%98%EB%8F%84/ 검색일: 2017. 3. 4)

114) 「동아일보 」, "폼페이오 '美, 亞서 억지력 상실 직전'… 한반도 안보위기 경고", 2024. 02. 01.

나. 안보패러다임의 변화

21세기에 접어들면서 세계화 추세와 더불어 국가를 중심으로 한 전통적 안보 패러다임을 넘어 인간 개개인을 중심으로 안보 문제를 접근하는 인간안보(human security) 패러다임이 확장되고 있다. 세계화와 더불어 정치의 목적이 국가의 생존 또는 안전이라는 개념에 대한 근원적인 의문이 제기 되었다. 즉 국가의 목적은 통치자나 통치자 집단이 아니라 공동체를 구성하고 있는 주권자(개별시민)의 안전과 복지의 증진이라는 인식의 전환이 요구되고 있다.

이러한 인간안보 개념의 근거로는 유엔 헌장, 세계인권선언, 제네바 협약 등이며, 그 정의는 '공포로부터의 자유(freedom from fear)'와 궁핍으로부터의 자유(freedom from want)'로 표현된다.[115] 철학적 관점에서 본다면 국가로부터 인민의 안전과 평화를 보장받는 대신 개인의 자연법적 권리를 양도한다는 '국가주의 국가론'으로부터 개인의 안전과 평화가 확장된 '자유주의 국가론적' 안보개념으로 설명될 수 있다.(유시민, 2011) 이러한 인간안보는 주권 국가의 외교안보 정책의 결정에 있어 국가의 생존과 국가이익 이전에 국민의 기본적 자유와 권리를 보장할 수 있는지에 대한 고려가 전제되어야 함을 의미한다.

다. 북한 핵전략의 변화

21세기 북한의 핵무력 강화는 한반도 평화의 최대 위협이다. 그런데 2018년부터 북한의 핵에 대한 전략적 인식 변화가 감지되고 있다는 것이다. 물론 윤석열 정부의 강경일변도의 대북정책으로 남북관계가 악화일로 있지만 창조적인 발상으로 대북정책의 전환이 가능하다면 남북관계 개선의 가능성이 열리고 있다고 평가할 수 있다. 북한의 변화된 핵전략은 남북관계의 변화 - 남북간 교류협력 - 북미관계 개선 한반도 비핵화, 종전선언 및 평화협정 체결 - 한반도 평화체제 정착 등으로 한반도 평화정착을 위한 선순환 기제로 작동될 수 있음을 의미한다.

1) 북한 핵 개발 동기

북한 핵 개발 동기는 안보모델, 경제 및 협상모델, 정치모델, 상징모델에 의해 적실

115) http://www.humanrights-korea.or.kr/public/column.php?page=view&id=106&&tb=publiclist(검색일: 2017. 3.11)

성 있는 설명이 가능하다.

먼저, 생존을 위해 외부의 안보위협에 대응하기 위해 핵을 개발하는 안보모델이다. 현실주의 관점에서 핵은 생존을 보장받기 위하거나 군사력으로서 힘의 균형을 유지하기 위한 수단의 역할을 한다는 것이다.

북한은 동유럽의 공산국가와 구소련이 붕괴되었던 탈냉전기 국제관계에 있어 외교적으로 '구석에 몰린 개'와 같은 상황에 직면하게 된다. 1989년 노태우 정부는 소위 '북방 정책'을 추진하면서 북한의 혈맹이자 후원 국가였던 소련 및 중국과 국교 정상화(1991~992)를 성사시킨 반면 북한은 북·미, 북·일 관계 정상화를 추진했으나 미국과 일본의 반대로 실패하게 되었다. 그 결과 북한의 국제적인 외교적 입지는 매우 어려운 상황으로 몰리게 되었다. 게다가 우위를 점유하던 남·북 간 체제경쟁 마저도 열세로 전락하면서 북한은 생존전략으로서 핵 개발을 추진하게 되었다.

두 번째는 국내정치 모델이다. 이는 핵 개발은 권력 집단이 정권 및 체제 유지를 위한 수단의 역할은 한다는 것이다. 당시 북한은 3대 세습을 위해 군부의 충성심을 결집할 필요가 있었으며, 1994~ 1999년 사이 김일성 사망과 자연재해로 발생한 경제난으로 주민 약 400만 수준의 기아자가 발생하는 경제적 사회적 위기에 직면했다. 이러한 위기를 극복하기 위해 북한의 대응태세가 바로 '고난의 행군'이었으며, 그 수단이 핵 개발이었다.

세 번째는 경제 · 협상모델이다. 이는 핵 개발이 핵무기 또는 원자력 등 선진 기술의 달성과 함께 무기 시장에서 경쟁력 확보를 통해 국내경제를 부흥시키는 수단이자 정치 · 경제 · 안보적 실익을 확보하려는 협상 수단의 역할을 한다는 것이다. 북한은 핵 무력을 강화하면서 협상(제네바 합의, 6자회담, 1~2차 북미정상회담 등)을 통해 핵 개발 관련 국제제재를 해소하면서 경제적 지원을 받고자 했다.

네 번째 상징모델이다. 핵 개발이 국가의 근성과 정체성을 형성 및 반영하는 상징적 역할을 한다는 것이다. 이와 관련 북한의 김정일은 '선군정치'를 김정은 '경제 · 핵무력 병진노선'이라는 이념과 가치를 상징적으로 채택하여 북한 체제를 유지해 왔는데 그 수단이 바로 핵 개발이었다.

북한은 1972년《조선민주주의인민공화국 사회주의 헌법에서 주체사상을 공식 이념으로 선포했다. 그 후 1991년 소련이 해체되자 조선민주주의인민공화국을 포함한 여러 사회주의국가는 붕괴 위험에 직면하게 되면서, 김일성 사후 김정일이 등장하면서 사회주의 혁명의 세계사적 퇴행을 극복하기 위해 내건 이념이 선군정치(군대를 주체 사회주의 혁명의 원동력으로 규정하고, 군대를 통해 사회주의 사회에 닥친 문제를 하겠다는 이념)이다.

김정일 사후 등장한 김정은 2013년 3월 31일 북한은 당 중앙위원회 전원회의에서 경제건설과 핵 무력 건설을 동시에 발전시키는 새로운 전략적 노선인 '경제 · 핵무력 병진노선'을 채택했다. '경제 · 핵무력 병진노선'은 '자위적 핵무력'을 강화 · 발전시키면서 다른 한편으로는 경제건설을 통해 '사회주의 강성국가' 건설을 이루어내겠다는 구상이다.116)

116) 권숙도, "김정은 시대 북한의 경제·핵무력 병진노선의 의미와 평가", 「국가안보와 전략」, 2015, vol.15, no.3, 통권 59호 pp. 41~67.

2) 북한 핵 능력[117]

북한은 2017년 두 차례에 걸친 핵 실험뿐 아니라 미국에 직접 위협이 되는 화성-12, 화성-14, 화성-15형을 시험 발사했다. 특히 화성-15형은 초대형 중량급 핵탄두를 장착하여 미 본토 전역을 타격할 수 있는 사거리 15.000㎞의 대륙간탄도미사일(ICBM)급 미사일이다.

2016년과 2017년은 북한의 핵과 장거리 미사일 개발에 있어 마지막 문턱이라 할 수 있는 중요한 해로 평가된다. 2016년은 핵을 탑재하여 ICBM 개발에 필요한 요소기술을 대부분 마무리했고, 2017년은 이러한 기술적 성숙을 바탕으로 ICBM을 포함한 다양한 미사일의 고도화 또는 전력화 직전의 비행 시험을 평가한 것으로 볼 수 있다.

먼저 핵 소형화에 대한 평가는 북한이 ICBM에 탑재 가능한 초기 수준의 능력을 갖추고 있다고 본다. 북한이 핵탄두 기폭장치를 전격 공개한 2016년 초까지만 해도 핵 소형화 능력은 노동미사일에 탑재 가능한 수준이라는 것이 일반적이었으나, 현재는 상당히 수준의 능력을 보유한 것으로 보인다. 제프리 루이스 미 비확산센터(CNS) 소장은 "북한이 핵탄두를 직경 60㎝, 무게 200~300㎏ 정도로 소형화했을 가능성이 있다"고 평가했다. 기존 핵 개발 국가들의 핵 소형화는 최초 핵 실험 이후 2~7년 이내에 이루어졌다. 북한은 1차 핵 실험(2006년) 이후 11년이 지났다.

117) https://news.joins.com/article/22305137(검색일: 2018.8. 13)

다음으로 장사정화(長射程化) 기술은 美 전역을 타격할 수 있는 화성-15형 시험 발사 성공을 통해 알 수 있듯이 성숙한 단계로 볼 수 있다. 실제 북한은 지난해 5월 사거리 4500㎞급의 중거리탄도미사일(IRBM) 화성-12형 발사를 포함하여 6번 연속 장거리미사일 시험 발사에 성공했다. 북한의 장사정화 기술은 위성발사체를 빌미로 발사했던 장거리 로켓 시험을 포함하면 20년 이상의 개발 경험을 갖고 있다. 이미 2012년 말 은하 3호 장거리 로켓 발사를 통해 사거리 1만㎞ 능력을 입증했다.

이제 북한에 남은 과제는 대기권 재진입체 기술이다. 재진입체 기술은 북한이 화성-12형 시험 발사를 포함해 연속적으로 6번에 걸쳐 장거리 미사일 비행 시험에 성공했지만, 아직 완전히 성공하지 못한 것으로 판단된다. 실제로 지난해 7월 화성-14형 미사일 발사에서는 하강하던 재진입체가 해면 고도 3~4㎞ 부근에서 희미해지다가 갑자기 사라지는 영상이 찍히기도 했다.

북한의 재진입체 기술 획득 노력은 오래전부터 시작됐다. 1990년대 초 소련과 동유럽의 전문가들은 재진입체 관련 방열 소재 기술 지원을 위해 극비리에 북한을 방문했다. 이러한 기술 커넥션을 통해 북한은 재진입 시 연소 방지를 위한 세라믹 차폐와 열 차단 능력이 우수한 탄소복합재료 관련 기술을 일부 확보한 것으로 보인다. 김정은이 지난 8월 북한 국방과학원 화학재료연구소를 방문해 공개한 3D 탄소복합재료도 장거리 미사일의 재진입체에 사용되는 첨단 소재이다. 그런데도 마하 20 이상의 극초음속으로 대기권에 진입해 대류권을 통과하면서 발생하는 6000°C 이상의 고열과 충격이 예상되는 ICBM 운용 환경에서의 재진입체 기술도 어느정도 확보한 것으로 판단된다.

종합적으로 볼 때 북한의 핵 능력은 "북한이 현재 약 50개의 핵무기 또는 이에 상당하는 무기용 핵분열물질을 보유했고, 매년 핵무기 5개 이상을 만들 수 있는 핵물질을 생산하는 것으로 평가하고 있다. 2021년 8월 국제원자력기구(IAEA)가 발표한 '북한 안전조치 적용' 보고서도 지금도 북한이 무기용 핵물질을 계속 생산하고 있다는 사실을 확인했다. 최근 한 연구보고서는 북한이 이미 약 100기 핵무기를 보유했고, 2027년까지 최대 242기를 보유할 것으로 추산하기도 했다. 핵무기 약 6,000기를 보유한 핵 초강대국 미국과 러시아를 제외한 다른 핵무장국은 100~300기를 보유하고 있다는 사실은 북한의 핵역량이 얼마나 위험한 단계인지 잘 보여준다. 북한 핵 역량의 위험성은 최근 각종 중장거리 및 첨단 미사일 역량을 갖추면서 더욱 커졌다."[118]

3) 북한 핵 전략의 변화

북한 핵 전략은 2017년 9~12월을 기점으로 변화된 것으로 보인다. 그것은 2017. 9월 6차 핵실험(수소폭탄)과 2017. 12월 화성 15호(ICBM)의 발사 시험을 통해 핵무력이 어느 정도 완성된 것으로 판단했을 것으로 추정된다. 따라서 북한의 핵 전략은 2017년 9월 이전까지는 'How to make it'이었으며, 이후는 'How to use it'으로 변화된 것으로 평가된다..

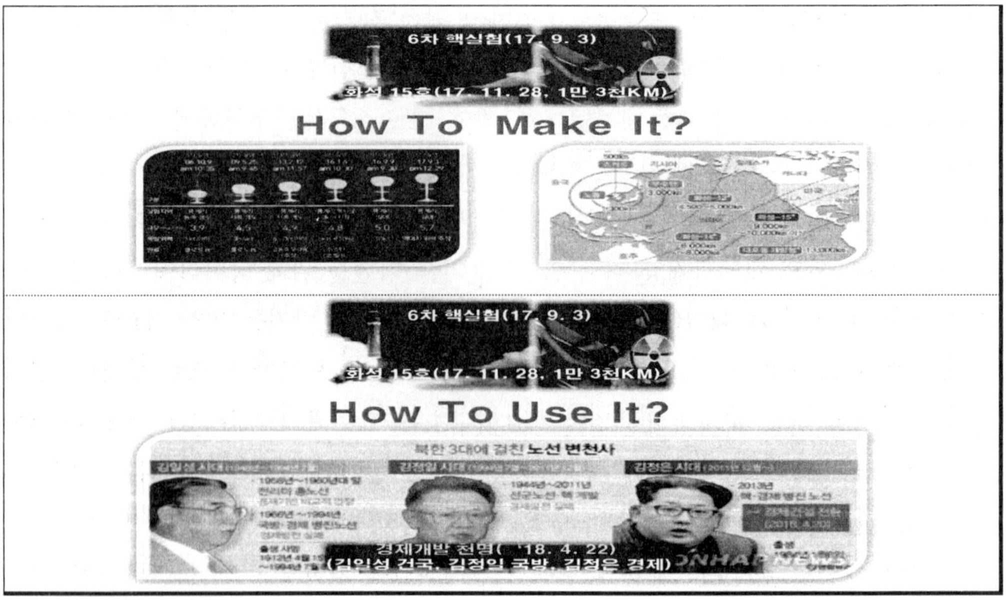

118) 전봉근, "북한 핵 문제의 엄중성", 「외교안보연구소」, https://www.ifans.go.kr/knda/hmpg/mob/pblct/PblctView.do?pblctDtaSn=13999&clCode=P07&menuCl=P07&pageIndex=1 (검색일: 2024. 2. 5.)

이와 같은 북한의 핵 전략의 변화는 완성단계에 이른 북한 핵무력에 기인된 것이지만 보다 본질적인 것은 장마당을 중심으로 사실상 시장경제 체제로 전환된 북한의 내부 상황과 국제 사회의 대북제제(2371호, 2375호, 2397호)에 의한 압박이 크게 영향을 미친 것으로 분석된다.

4) 북한 핵 협상의 전망

북한이 핵 무력을 끊임없이 강화하는 의도를 하나로 특정 짓기는 어렵지만, 외교적, 군사적, 내부적 차원에서 계산된 합리적 선택이다. 외교적으로는 미국으로부터 제재 해제나 양보를 얻어 내기 위한 협상 수단으로 활용하려는 강압 외교로 볼 수도 있다. 그러나 2019년 북미 간 하노이 결렬과 윤석렬 정부의 '힘의 논리'에 의한 일방적 대북정책은 북한으로 하여금 더이상 북미대화나 미국의 양보에 기대를 하지 못하도록 하고 있는 점도 일정부분 인정된다.

하지만 북한은 다시 진영화 된 신냉전 구노 속에서 미중 패권경쟁의 심화와 우크라이나 사대를 활용해 중국과 러시아에 더 경사된 모습을 보이면서도 자주외교를 위한 대외 전략적 자율성을 확장하는 한편 한국정부 대북정책 변화시 대북제제 해소와 경제적 지원을 위한 협상에 핵 무력을 적극적으로 활용해 나갈 것으로 보인다.

그 실례가 지난 2018년 평창 동계올림픽을 계기로 형성된 남북 대화의 물꼬가 튼 1~2차 미·북 정상회담이다. 이러한 외교적 성과가 결실을 맺기 위해서는 지난한 협상의 가시밭길을 걸어가야만 할 것이다. 그럼에도 불구하고 북한 핵 전략의 변화와 함께 북한 내부 상황의 변화, 국제사회의 압박, 그리고 한국 정부의 외교적 노력 등을 고려할 때 북한 핵의 비핵화 문제는 불가역적인 상황으로 평가된다. 다만 비핵화에 대한 정의가 다양하듯이 비핵화 수준이 어느 정도일 것인가에 대한 평가는 불확실하다.

4 21세기 외교안보환경 지속 요인

가. 전통적 안보 딜레마 심화

비전통적 안보영역의 대두 및 확대, 안보 패러다임의 변화 등에도 불구하고 국가의 생존과 이익을 추구하는 전통적 안보문제는 여전히 핵심 아젠다로 작동되고 있다. 전통적 안보개념은 '전쟁과 평화' 또는 '갈등과 협력'이라는 국제관계 속에서 외부의 군사적 위협으로부터 국가를 보호하는 국가안보를 의미한다. 탈냉전 이후 자유주의 및 자본주의 체제의 확산, 정보화 및 세계화 추세, 치명적인 무기체계 등으로 전통적인 안보위협인 전쟁의 가능성은 축소되었다.119)

그럼에도 불구하고 무정부체계 속에서 힘의 논리가 작동되는 국제관계에서 개별 국가의 생존과 자국의 이익은 핵심적인 가치이다. 패권국은 현상 유지를 강대국은 현상 타파를 추구하며, 약소국은 현상 유지 또는 회피전략 등 자구책(self-help)을 강구 한다. 이를 위해 각국은 세력균형의 논리에 의거 타국과의 세력 관계에 민감하게 반응하고 있다. 특히 동북아의 경우 유럽지역과는 달리 경제적 상호의존성이 심화 되고 있음에도 불구하고 전통적 안보가 주된 외교 안보영역으로 자리하고 있다.

나. 강대국 정치의 카르텔적 속성 강화

제2차 세계대전 후 얄타체제(미·소협조체제)는 탈 냉전 이후 미·중 협조체제로 대체되었으며, 이러한 강대국 정치의 카르텔적 속성은 21세기 국제질서 및 동아시아

119) 21세기 강대국 간 전쟁을 제어하는 삼중 장치는 전쟁을 제어하는 요인은 핵무기에 의한 공포의 군사균형이 유지되고 있는 가운데 시장경제라는 하나의 경제체제로 통합되어 상호의존성과 취약성이 결합되어 있으며, 수초 이네 전 세계적으로 정보교류가 가능한 정보화 시대라는 점이다.

질서에 더욱 강화되고 있는 추세이다.

협조체제(concert system)는 국제정치학의 공식적인 용어이며, 강대국간 카르텔적 속성을 의미한다. 즉 기업들이 상호 출혈경쟁 보다는 가격 담합이 매력적이듯이 강대국들은 상호 충돌로 인한 공멸을 방지하는 가운데 자국의 이익을 극대화 한다. 만약 자국의 이익에 개입된 약소국이 강대국간 카르텔을 훼손하고자 한다면 이를 제재한다. 대표적인 강대국 협조체제는 유럽 협조체제(1815), 워싱턴체제(1921), 얄타체제(1945), 21세기 미·중 협조체제를 들 수 있다.

먼저 미·소협조체제다. 제2차 세계대전 전후 관리를 위해 형성된 얄타체제는 미·소협조체제를 의미하며, 냉전체제하에서 미·소간 상호 충돌을 방지하면서 소위 동서 진영으로서 공산진영과 자유진영으로 세계를 분할하여 관리하는 카르텔이었다. 이를 한반도 문제와 결부시켜보면 얄타회담(1945. 2) 결과는 2차 세계대전 이후 한반도가 미소협조체제의 주요 관리 대상이자 수요자였음을 의미한다.

예컨대 미·소 협조체제의 대표적인 부산물이 한반도는 분단체제이다. 에컨내 얄타회담을 통한 미·소간 카르텔은 한반도 분단체제의 형성, 6.25 전쟁, 분단체제 고착화로 이어지는 악순환을 초래했으며, 남북한은 진영논리에 의한 전초기지 역할을 수행하였다. 일본 항복 선언 이후 미소 간 38선 분할점령 및 모스크바 3상회의(1945. 12)를 통한 신탁통치안 의결은 남북분단체제의 형성으로 이어졌다.

또한 한국 전쟁을 통해 미·소 중심의 자유 진영과 공산 진영의 결속을 강화하였으며, 한국전쟁 이후 미소 간 충돌의 가능성을 방지함과 동시에 한반도에 대한 전략적 이익을 확보하면서 진영논리에 의한 전진기지로 활용하였다. 한편 노태우 정부시기에 북방정책으로 한·소 수교(1990. 9)와 한·중 수교(1992. 8)가 가능했던 것은 견고한 미·소간의 카르텔이 약화된 결과였음을 의미한다. 결과적으로 무정부적 국제제체하에서 한반도는 미국과 소련이 공급하는 '안보재'를 소비하면서 냉전이라는 진영논리에 갇힌 외교안보정책을 추진했다.

두 번째는 21세기 국제구조의 변화와 등장한 미·중 협조체제이다. 세력전이 관점에서 힘의 선환(power shift) 또는 힘의 변화는 국제 및 지역안보질서의 변화를 추동하는 핵심 요인이다. 탈냉전이후 구소련의 붕괴 및 중국의 부상으로 기존의 미소협조체제를 대체한 미중협조체제가 등장하였다.

소련 붕괴 후 중국의 지정학적 가치가 하락한 반면 1978년 개혁·개방이후 현실화된 중국의 부상은 미국 패권의 도전으로 인식되어 중국 위협론을 제기하였다. 한편으로 구소련의 붕괴(1991)이후 국제질서를 관리하면서 미국의 패권을 유지하기 위한 파트너로 중국을 인식하기 시작하면서 대중국 포용정책(engagement)을 추진했다. 미국은 월남전 패착으로 야기된 경제적 패권의 약화를 극복하기 위해 국제문제에 개입을 최소화하여 패권 유지비용의 축소가 필요했다.

예컨대 대량살상무기, 기후변화, 테러 등에 소요되는 미국의 패권유지비용을 중국과 함께 해결하겠다는 전략이다. 중국은 대만해협 위기시(94-95) 공세적인 대응이 중국위협론을 확산시키는 결과로 나타나면서 미국과의 갈등보다는 협조를 통해 경제적 부상을 극대화 하는 것이 바람직하다는 합리적 판단을 하게 된다. 이러한 맥락에서 미국은 초강대국이지만 혼자서 국제문제를 해결할 수 없는 '포스트 아메리카(Post-Americanism)' 시대로 전환하였다.

2008년 세계금융위기 이후 본격화된 중국의 부상과 미국의 상대적 쇠퇴는 미중 간 갈등이 격화되고 있는 반면 강대국의 협조체제는 오히려 견고해 지고 있다. 예컨대, 'G-2', '차이메리카'는 미중 협조체제의 상징적 의미이자 국제체제의 핵심변수임을 객관화시킨 용어이다. 힘의 격차 축소로 인해 발생된 미중 간 전략적 갈등 관계는 재균형 전략 vs 중국몽, 동맹 네트워크 전략 vs 친·성·혜·용(親·誠·惠·容), TPP vs RECP, WB·ADB vs AIIB 등으로 표출되고 있다.

미중 간 상호 충돌을 피하면서 자국의 이익을 극대화하자는 소위 '구동존이(求同存異)로서 강대국 협조체제의 전형은 '전략적 동반자 관계'(클린턴 vs 장쩌민), '이익 상관자'(stakeholder)(부시, 오바마 vs 후진타오), '신형대국'(新型大國)관계(오바마 vs 시진핑) 등에서 알 수 있다. 미중 협조체제가 추구하는 한반도에서의 공통의 이익은 한반도에서의 분쟁 방지이다. 왜냐하면 남북한과 동맹 관계를 맺고 있는 가운데 한반도 분쟁은 미중 간 군사적 충돌로 연루될 가능성을 안고 있기 때문이다. 따라서 미중은 한반도 안정을 추구하면서 자국의 전략적 이익을 달성하기 위해 상대적 약소국인 한국정부에 세력균형의 논리에 의거 외교안보 현안에서의 전략적 선택을 강요하고 있다.

실례로 2010년 천안함 피격에 이은 연평도 포격 도발로 인해 남북관계가 전쟁 직전으로 악화되는 상황에서 미중이 적극적으로 개입하여 남북관계 악화를 방지했다. 한편으로 미국과 중국은 한반도를 중심으로 세력균형의 전략적 접근을 강화해 가고 있다. 미국은 한미동맹을 강화하여 대중국 견제를 위한 재균형 전략을 실현하고자 하며, 중국은 한국과의 관계를 강화하거나 필요시 북한과의 혈맹관계를 통해 미국의 견제를 약화시키고 중국몽을 실현하고자 함. 이러한 맥락에서 고고도 미사일 문제는 강대국 협조체제의 전형이 될 수 있다.

미 · 중 협조체제가 배반의 가능성을 배제할 수는 없지만 한반도 문제와 관련하며 표면적으로 표출되고 있는 미 · 중 갈등의 문제는 일종의 레토릭이 될 수 있으며, '미국 우선주의'와 '중국몽(中國夢)'을 위해 자국 이익에 우선하여 담합의 개연성을 배제할 수 없다.

5 시사점

외교의 본질은 국가이익에 있으며, 한편으로 국제관계의 행위자로서 의사결정의 자율성을 보장하는데 있다. 그래서 외교안보 정책은 변화 요인과 지속 요인을 바탕으로 최소한의 자율성을 보장 받는 방향으로 수행되어야 한다. 편향된 이념적 외교 안보정책으로는 국가이익을 담보할 수 없으며, 주권 국가로서 국격을 관리할 수 없다. 이를 위해 외교안보정책은 변화요인 측면에서 보편적인 국제적인 공조가 가능해야 하며, 인간안보 관점이 반영이 되어 궁극적으로 국민의 안전과 평화를 본질적으로 구현할 수 있어야 한다. 지속요인 측면에서는 주권국가로서 분단체제 이후 지속되고 있는 한반도의 전통적 안보의 속성을 최소화하면서 강대국 정치의 수요자로부터 최소한의 독립적 지위를 확보할 수 있는 정책적 대응이 필요하다.

특히 북핵 문제의 해결은 남북관계의 개선을 바탕으로 평화적으로 해결되어야 하며, 이는 대한민국이라는 국가로서 국민의 자유와 안전 그리고 행복을 보장하는 임무를 수행하는 최선의 길이자 가치이다. 그리고 북핵 문제는 북미간의 문제가 아니라 당사자인 우리의 문제이다. 따라서 '한반도 문제의 한반도화'를 추구하는 길이 한국의 국가이익을 담보하면서 외교 안보의 자율성을 확보하는 길이라 할 것이다.

Ⅱ. 사례

서울에 北核 떨어지면 300만 명 사상[120)]

북한이 최근 단행한 핵실험 규모의 폭탄이 서울에 떨어질 경우 300만 명 이상의 사상자가 발생할 것이라는 주장이 나왔다.
브루넷 베넷 랜드연구소(RAND Corporation) 선임연구원은 동아일보와 인터뷰를 통해서 "북한이 2017년 9월 실시한 6차 핵 실험의 위력은 230kt(1kt=TNT 1000t, 히로시마 원폭의 11배 위력) 정도로 보인다."고 말했다.
이어 "이를 폭탄으로 만들어 서울에 떨어뜨리면 318만 명이 즉사하거나 중상을 입을 것"이라면서 "이 같은 결과는 핵폭발 시뮬레이션 프로그램 '누크맵(NUKEMAP)'을 통해 확인됐다."고 밝혔다.
누크맵은 핵폭탄의 위력과 폭파지점 등을 입력하면 피해 정도를 분석할 수 있는 프로그램으로, 2012년 미국 민간연구기관 '스티븐스 인스티튜트 테크놀로지'가 개발했다. 지난해까지 이 프로그램을 통해 9000만 건이 넘는 시뮬레이션이 이뤄진 것으로 알려졌다.
베넷 연구원은 15일 아산정책연구원에서 가진 특별강연에서 "김정은 국무위원장이 비핵화 의지를 밝힌 지난해 3월 이후 오히려 핵무기 전력을 50% 이상 증강했다"고 주장했다. 그는 북미 비핵화 협상과 관련해 "북한이 각종 미사일 개발에 박차를 가할 것이고, 머지않은 시기에 또 미사일 도발을 감행할 것"이라고 예상했다. 또 한국의 핵 능력에 대해선 "한국은 우라늄과 플루토늄을 농축할 수 있는 시설이 없다"면서 "핵물질을 추출하는 데만 최소 6개월에서 1년이 걸리고, 무기 개발은 그보다 더 걸린다."고 말했다.
베넷 연구원이 속한 랜드연구소는 주로 미 국방부 연구과제를 수행하는 싱크 탱크다. 1971년 베트남전쟁 관련 국방부 기밀문서 작성에 참여하기도 했다.
한편 베넷 연구원은 지난해 말 '한반도 통일의 대안적 길'이라는 제목의 보고서를 내고 "어떤 상황에서든 전쟁으로 인한 통일은 천문학적 피해를 피할 수 없다"면서 김정은 정권 붕괴에 의한 통일 가능성을 제시해 눈길을 끈 바 있다.

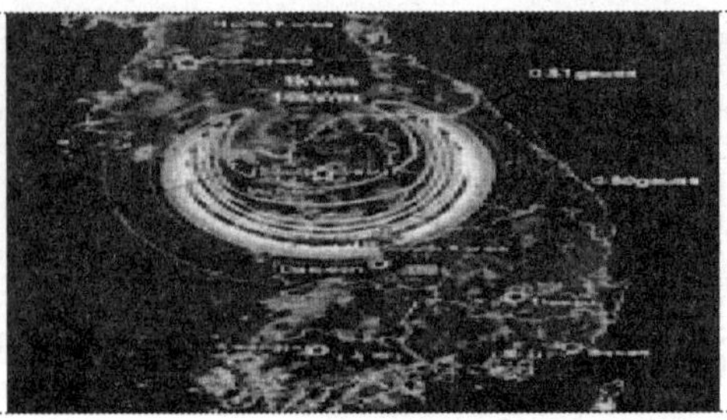

120) New Daily」, "서울에 北核 떨어지면 300만 명 사상"… RAND硏 시뮬레이션, 2019. 10. 16.

가쓰라-테프트 밀약[121)]

가쓰라-데프트 밀약은 1905년 미국 육군장관 태프트(William Howard Taft, 1857∼1930)와 일본 수상 가쓰라(桂太郞, 1848~1913)가 미국과 일본이 각각 필리핀과 대한제국에 대해 지배권을 갖는다는 것에 합의한 비밀 협약이다.

1904년 2월 시작된 러일 전쟁을 조속히 종결짓기 위해 미국의 루스벨트 대통령은 러시아와 일본의 강화를 중재했다. 그 결과 1905년 8월부터 미국의 포츠머스에서 러시아와 일본이 강화를 위한 회담을 시작했다. 그런데 강화 회담이 본격적으로 시작되기 직전인 1905년 7월 25일, 미국의 육군장관 윌리엄 태프트는 필리핀으로 가는 도중 일본 요코하마(橫濱)에 입항했고, 이틀 뒤인 27일 오전 가쓰라 다로 일본 수상을 방문하여 비밀 협약을 체결했다.

비밀 협약의 주요 내용은 다음과 같다. 첫째, 일본은 필리핀에 관해 어떠한 공격적 의도도 가지고 있지 않으며, 필리핀 문제에 대해 전적으로 미국에 맡긴다. 둘째, 극동의 전반적인 평화를 유지하기 위하여 영국, 미국, 일본 등 3국 정부의 상호 양해를 형성한다. 셋째, 미국은 러일 전쟁의 귀결로 일본이 한국의 외교권을 제한할 수 있는 권한을 갖는 것에 동의한다. 이와 같은 내용의 가쓰라-태프트 밀약은 일제가 한국을 식민지 보호국화 하는 것에 대한 미국의 긍정적인 입장을 확인해 주었다.

일제는 미국과 협약을 맺은 직후인 1905년 8월에 다시 영국과 제2차 영일 동맹을 체결했다. 일제는 미국, 영국과 각기 체결한 이 두 협약을 통해 대한제국을 일제가 강제로 속국화 하는 것에 대한 동의를 획득한 것으로 간주하고, 1905년 11월 16일 을사늑약을 강제하여 한국을 식민지 보호국으로 만들었다.

이 기록의 내용은 미·일 양국이 모두 극비에 부쳤기 때문에 1924년까지 세상에 알려지지 않았다. 이 기록에는 서명된 조약이나 협정 같은 것은 없었고, 일본-미국 관계를 다룬 대화에 대한 각서(memorandum)만이 있었다.

각서에 따르면 일본 제국은 필리핀에 대한 미국의 식민지 통치를 인정하며, 미국은 일본 제국이 대한제국을 침략하고 한반도를 '보호령"으로 삼아 통치하는 것을 용인하고 있다.

121) "가쓰라-태프트 밀약", 「국사편찬위원회」, http://contents.history.go.kr/(검색일: 2020. 2. 22)

Ⅲ. 발표 및 토의

구분	토의 주제	비고
주제 1	2017년 9월 북한은 6차 핵 실험을 실시하였으며, 이어 11월에는 화성 15호인 ICBM을 발사하였다. 상기 내용을 기초로 핵능력 및 위협을 평가하고 북한 핵이 한국안보에 미치는 영향과 그 시사점을 발표하시오	조 발표
주제 2	북한의 제6차 핵 실험은 수소폭탄으로서 핵 실험 결과 차이가 있지만 150 ~ 250kt의 위력을 보이는 것으로 평가되고 있다. 이를 시뮬레이션 결과 서울 상공에 터질 경우 약 1000만 명 정도가 피해를 받을 것으로 평가된다. 이러한 북한의 핵 개발이 대한민국 안보에 미치는 영향이 무엇인지? 그리고 직업군인을 지향하는 국민의 한 사람으로서 북한의 핵 개발에 어떻게 대응하는 것이 바람직하다고 생각하는지에 대해 발표하시오	개별 발표
주제 3	북한은 1950년대 후반부터 핵을 개발하기 위한 준비과정을 거쳐 1993년 1차 북핵 위기 이후 현재까지 26년째 지속적으로 핵 무력을 키워왔다. 그 결과 북한의 핵 능력은 미국의 전역을 공격할 능력을 갖춘 것으로 평가되고 있다. 이에 미국과 북한은 '비핵화' 협상을 해 오고 있다. 이러한 상황에서 대한민국 내에는 두 가지 관점이 존재한다. 북한의 완벽한 비핵화를 전제로 남북관계를 개선해야 한다는 입장과 남북관계 개선을 통해 북한의 비핵화를 견인해야 한다는 입장이다. 이에 대한 자신의 입장과 그 논거를 발표하시오	개별 발표

Chapter 13

해양 안보와 한반도

Ⅰ. 필요지식

1 개요

유엔해양법협약에 따라 영해, 배타적 경제수역, 대륙붕 질서가 새롭게 규정된 이후 동아시아 각국은 모두 배타적 경제수역 내의 해양자원 개발과 원거리 도서에 대한 영유권 주장을 강화하고 있다. 이와 동시에 미국, 중국, 일본, 러시아, 그리고 동남아 국가들은 경쟁적으로 적극적 해양전략을 표방하고 이 같은 전략에 따라 해군력을 증강하고 있다. 이러한 과정에서 중 · 일 간에는 센카쿠 영토분쟁, 그리고 동중국해와 남중국해에서는 이해 당사국 간의 해양 분쟁이 빈발하고 있다.

동아시아 해양질서상의 혼돈은 우리의 국가이익에 중요한 불안요인을 던져준다. 한국 경제가 지탱하는 해양수송로의 안전에 차질이 생기고, 미 · 일 · 중 · 러 등 주변국의 해양갈등 심화는 한반도의 안정에도 부정적 영향을 주기 때문이다. 따라서 우리는 국가안보전략의 차원에서 동아시아 해양질서의 안정, 해양 관련 국가이익의 확보, 이를 수호하기 위해 국가안보 차원에서 적정 해군력의 확보 등을 내용으로 하는 해양정책을 수립하고 일관되게 추진해야 한다.

2 동아시아 해양과 해양 안보의 개념

가. 동아시아 해양의 범위

동아시아 해양의 범위는 동아시아 대륙을 에워싼 오호츠크해, 동해, 서해, 동중국해, 남중국해, 그리고 그 외곽을 에워싸고 있는 서태평양[122] 등의 해역 등을 포함하고 있다.

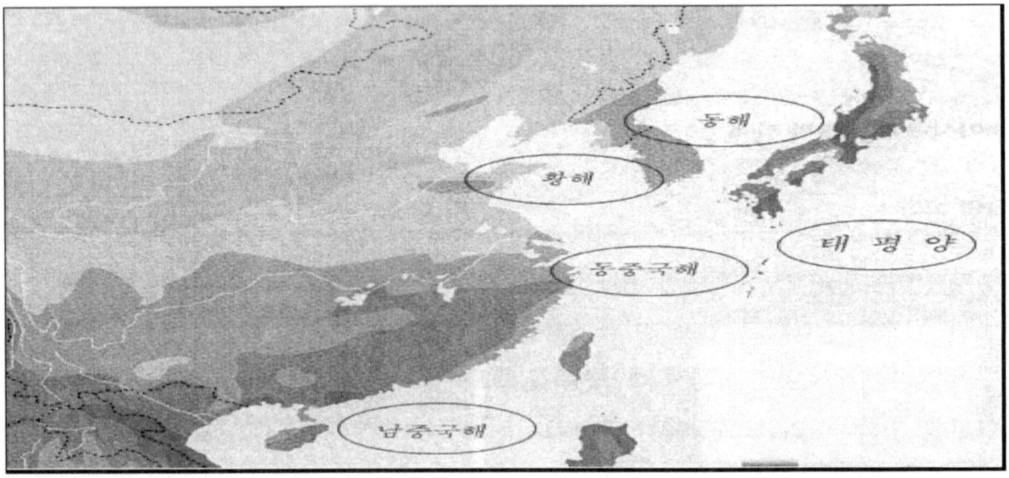

나. 해양 분쟁의 정의[123]

해양 분쟁은 해양도서의 영유권을 둘러싼 국 가간 갈등으로서 영해・배타적 경제수역・대륙붕 등의 경계를 둘러싼 국가 간 갈등과 이 해역들에서의 자원개발을 둘러싼 국가 간 갈등 그리고 관련국들의 해군력 증강과 해군력 시위로 해양수송로(sea lane)의 안전과 자유항행이 위협 받는 사태 등을 의미한다.

---

122) 서태평양은 북으로는 일본열도 북단의 쿠릴제도부터 동해, 서해를 거쳐 제주도 남쪽의 동중국해, 대만해협, 필리핀 앞바다, 남쪽으로 베트남, 말레이시아, 인도네시아에 이르는 넓은 바다를 의미한다.
http://www.chogabje.com/board/column/view.asp?C_IDX=55346&C_CC=BC(검색일 2019. 2. 2)

123) http://www.google.co.kr/url?sa=t&rct=j&q=&esrc=s&source=web&cd=7&ved=2ahUKEwi379-JgpzgAhVFFYgKHbsRBFcQFjAGegQICBAC&url=http%3A%2F%2Fwww.jpi.or.kr%2Fskyboard%2Fdownload.sky%3Ffid%3D4988%26gid%3D5632%26code%3Dassay&usg=AOvVaw0vTixM7oS6_v448zOSRN0c(검색일: 2019. 2. 1)

다. 해양 안보의 정의[124)]

과거의 안보는 국가와 국민의 평화를 의미하는 소극적 개념이었다면 오늘날에는 해양 안보(Maritime Security), 식량 안보(Food Security), 에너지 안보(Energy Security), 핵 안보(Nuclear Security) 등 다양하게 확대되고 있다.

해양 안보란 상기 나 항에서 제기된 분쟁 및 갈등요인들로부터 도서 영유권 등 국가 주권을 확보하고, 해양이익에 대한 침해를 최소화하기 위한 노력 혹은 상태를 의미한다. 즉, 국가의 해양활동에 위협을 주는 요소를 억제 또는 방지하고 유사시 적절히 대응함으로써 국민의 생명과 재산, 나아가 국가이익을 보호하고 증진하는 활동을 말한다. 자원 빈국인 우리나라는 전체 수·출입 물동량 중 98% 이상이 해상을 통해

124) 「이사아 뉴스 통신」, "우리 모두가 주인이 되는 해양안보", (2017. 9. 5)

이동한다. 이를 고려한다면 식량 안보, 에너지 안보 등을 지키기 위해 해양 안보가 우선 확보되어야 하는 것은 당연하다.

라. 해양갈등 배경.

20세기 후반부터 발생 되었던 동아시아 해양갈등은 21세기에 들어서면서 본격화 되는 양상을 보이고 있다. 특히 그 형태는 도서 지역에 대한 영유권이나 해저 자원을 둘러싼 각국 간 갈등으로 나타나고 있다. 그 원인 또는 배경은 다음과 같다.

첫 번째, 유엔해양법협약 (UNCLOS)의 발효(1994.11)이다. 이 협약은 국제 해양 질서뿐만 아니라, 각국의 해양안보전략의 변화를 가져온 중요한 계기가 되었다. 영해와 공해로 이분화 되었던 해양은 12해리 영해와 200해리 배타적 경제수역, 350해리 이내대륙붕이라는 개념이 대두되었다. 연안국의 관할권이 확대되면서 동북아 각국은 영유권과 해양관할권 등 해양 공간을 창출하고 확보하는 중요성에 대하여 인식하기 시작하였으며, 각국이 주장하는 배타적 경제수역이나 대륙붕의 관할구역 중첩되거나 경계 책정 과정에서 갈등이 발생되어 도서 지역에 대한 영유권 분쟁 격화되고 있다.

두 번째, 냉전체제하에서 이념을 달리하는 체제 간 대립이 오히려 국가 상호 간 영유권 분쟁의 격화를 방지하는 역할을 하였다. 그러나 냉전체제 해체 이후 이념 대립이 아닌 각국 간 경제이익, 국가이익 대립이 첨예하게 전개되었다. 따라서 해양이익과 해양주권의 관심이 고조되는 결과 초래했다. 예컨대 중국을 포함한 동아시아 각국이 경제성장의 결과를 바탕으로 해군력 경쟁적으로 증강하였으며, 해군력의 증강은 적극적 해양전략 추구의 배경이 되었다. 이는 결과적으로 국가 간 해양전략의 충돌과 해양 분쟁을 증대시키고 있는 것이다.

예컨대 세계 G2로 성장한 중국의 팽창이 동아시아 해양질서 변화와 국제적 패권에 대한 직접적 변수로 작용하기 시작하면서, 동북아 해양 분쟁은 영유권, 해양관할권, 해양자원, 군사 활동 등을 중심으로 충돌하기 시작하였다. 더욱이 동북아에서 미국의 영향력 감소에 따라 중국과 일본의 경쟁적 세력 극대화 작업이 시작되었고, 현재 동중국해와 남중국해를 근거로 발생하는 세력 간 힘의 충돌은 모두 이러한 일련의 동아시아 해양의 패권경쟁과 밀접한 관계 속에서 추진되고 있다.[125)]

125) 양희철, “동북아 해양분재에서 해양안보의 중요성과 국제동향”, P.12.
https://www.google.co.kr/search?biw= 1536&bih=672&ei=OQJVXPfuNsWqoAS7o

3 해양 안보 중요성

해양 안보를 연구하는 학자들은 이미 10여 년 전부터 "만약 아시아에서 전쟁이 발생한다면 최초의 포성은 바다에서 들려올 것이 분명하다."고 예고하고 있다. 아시아의 바다, 특히 서태평양이야말로 전쟁으로 비화할 수 있는 요소들이 도처에서 발견되는 곳이다. 서태평양은 북으로는 일본열도 북단의 쿠릴제도로부터 동해, 서해를 거쳐 제주도 남쪽의 동중국해, 대만해협, 필리핀 앞바다, 남쪽으로 베트남, 말레이시아, 인도네시아에 이르는 넓은 바다를 의미한다.

서태평양 바다 위에는 말래카 및 싱가포르 해협으로부터 대만해협, 대한해협에 이르는, 동아시아 모든 나라가 마치 생명선처럼 중요하게 생각하는 해로가 지나고 있으며 남지나해 스프라틀리 군도, 파라셀 군도, 필리핀 앞바다에 있는 스카보로섬, 대만 북단 센카쿠 열도, 이어도, 쿠릴제도에 이르기까지 국가들이 분쟁을 벌이고 있는 섬들이 널려 있다.

주요 분쟁지역	말라카 해협
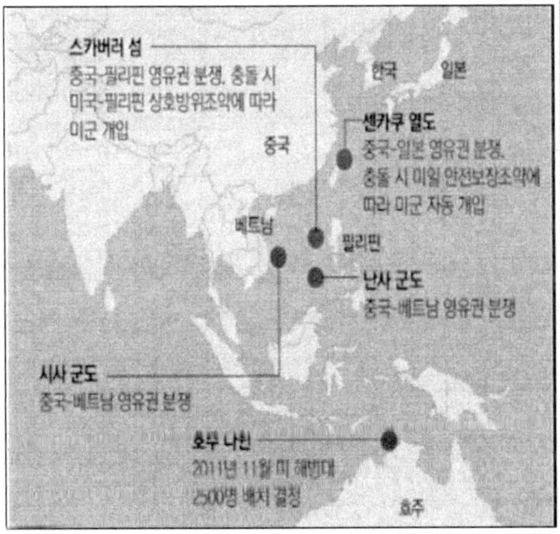	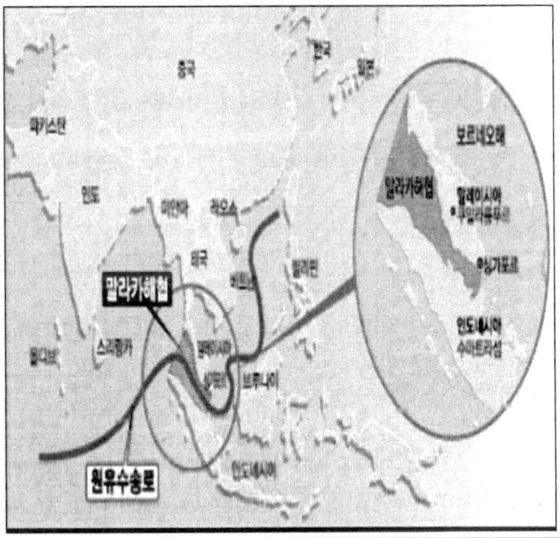

서태평양을 해로(海路)의 생명선이라 부르는 이유는 동아시아 모든 나라들이 서태

5C4BQ&q=%ED%95%B4%EC%96%91%EC%95%88%ED%B3%B4&oq=%ED%95%B4%EC%96%91%EC%95%88%EB%B3%B4&gs_l=psy-ab.3..35i39j0l2j0i30j0i5i30l2j0i5i10i30j0i5i30l3.109106.112318..113956...3.0..4.136.1685.0j14......0....1..gws-wiz.....6..0i131j0i20i263j0i67.uD6BAsxr9iw(검색일. 2019. 2. 2)

평양 상의 해로에 국가의 사활을 걸고 있기 때문이다. 이 해로가 끊기는 경우 대한민국, 일본은 물론 중국, 대만 등의 경제는 길어도 수개월 이내에 모두 최악의 상황에 직면하게 될 것이다. 중동으로부터 한국, 중국, 일본을 향해 오는 석유 수송로가 차단되어 몇 달 동안 석유공급이 중단 된다면 그때 경제적인 산업활동은 거의 중단되는 상황으로 전락될 것이라는 것은 명확하다.

석유는 현대문명의 피와 같고 해로는 바로 피를 공급하는 생명선인 것이다. 석유뿐만이 아니라 대한민국과 일본은 국민이 먹고사는 식량 대부분도 바다를 통해 수입해오고 있다. 그래서 동아시아 모든가 자기 나라의 생명선을 지키기 위해 노력하지 않을 수 없는 상황에 직면해 있다.

해로를 지키는 가장 좋은 방법은 좋은 해군기지와 양호한 해군력을 확보하는 일이다. 해로를 지키기 위해 가장 좋은 곳은 역시 중요한 해로가 지나는 곳에 위치한 섬들을 장악하는 것이라 말할 수 있고, 서태평양에 있는 그렇게 많은 섬이 국가 간 영유권 분쟁에 휩싸여 있는 가장 중요한 원인도 그 섬들이 가지는 전략적 가치 때문이다. 게다가 이 섬들 부근에서 천연가스와 석유가 매장되어 있다는 사실들이 밝혀지면서 서태평양의 영토분쟁은 더욱 격화되고 있는 양상이다.

키신저 박사는 지난 2014년 2월1일 독일 뮌헨에서 열린 세계안보회의 석상에서 “현재 아시아의 상황은 20세기 유럽의 상황과 비슷하다. 군사적 충돌 가능성도 배제할 수 없다. 중국과 일본 사이의 긴장 국면이 고조되면서 “전쟁이라는 유령이 아시아를 배회하고 있다.”고 말했다.

우리나라는 이미 바다를 통해 삶을 영위하는 무역 국가, 산업 국가가 된 지 오래다. 그래서 우리의 미래는 대륙보다는 해양에 더 많은 영향을 받을 수 있다. 그 해양에 격랑이 일고 있는 요즈음 우리는 이 무서운 파도들을 헤쳐나갈 준비를 해야 한다. 큰 파도를 이기기 위해 우리는 보다 막강한 해양력을 확보해야 하며, 바다를 잘 활용하고 관리할 수 있는 능력도 확보해야 한다.

4 동아시아의 주변국의 해양 전략 및 전력 증강

국가정책에서 해양 분쟁은 가장 중요한 이슈이자, 한반도의 지정학적 환경을 이해하는 데 필수적인 요소이다. 그 저변에는 분쟁의 핵심이 '군사적' 혹은 '국방 안보적 영역'의 이익과 밀접하게 관련되어 나타난다. 예컨대, 동북아 해역에서 상시적 갈등요소였던 영유권 분쟁은 해양공간의 확보와 자원확보, 군사 활동 거점을 위한 성격으로 전환, 주로 군사적 갈등구조가 '영유권 혹은 주권' 문제보다 선행 가치로 대립 구도가 형성된 것을 알 수 있다.

동북아에서 해양공간을 둘러싼 미 · 중, 중 · 일의 대립 구도는 향후 한반도 주변수역이 양국 주도의 해양갈등과 질서 형성의 기본 축으로 형성될 가능성이 있다는 점에서 중요하다. 특히, 남북한의 특수한 환경과 미 · 중, 중 · 일 해양강국의 대립 관계에서 지속적 긴장이 유지될 경우, 한반도 주변수역에 대한 우리나라의 역할은 '주도'가 아닌 사실상 '완충지대'로서 상황에 직면하게 될 것으로 예상된다.

실제 동북아 지역은 전 세계 GDP의 약 20%를 차지하며 전 세계 총생산의 1/4을 차지하는 고도의 경제성장 지역이면서도 도서 영유권, 군사충돌, ADIZ(Air Defense Identification Zone), 해양관할권(해양 경계 획정), 해상교통로 확보 등 상시적 분쟁 환경으로부터 자유롭지 못 하다. 문제는 이러한 동북아의 지정학적 환경과 한반도가 직면한 특수성이 향후 우리나라의 해양현안을 결정하는데 직간접적 영향요소로 작용할 것이다.

이는 한반도 주변수역에서의 해양문제에 대한 대응 방향 역시 해양을 매개로 하는 분쟁과 함께, 주변국과의 정치적 이해를 반영한 해양 안보가 중요한 근거로 작용하여야 한다는 것을 시사한다.

가. 미국의 해양 전략 및 해군력 증강

미국이 세계 초강대국으로 등장한 배경에는 해군력이 바탕이 된 것은 주지의 사실이다. 미국이 해양에 적극 관심을 기울인 것은 19세기 해군 제독 알프레드 마한이 "강력한 해군을 보유한 국가가 세계를 지배한다"고 천명한 이후부터다. 지정학자 니콜러스 스파이먼은 "미국이 강대국이 된 것도 미국의 사상 때문이 아니라 대서양 및 태평양으로 직접적 접근이 가능한 세계에서 가장 혜택받는 곳에 위치해 있기 때문"이라고 분석했다.

태평양전쟁 승전 이후 미국의 해양 전략은 '태평양의 내해화'에 두고 있다. 제1차 세계대전 이후 태평양 지역 해군력 철수에 대한 반성이자, 중국의 부상에 따른 군사력 증강 및 해양에서의 영향권 확대 움직임에 대비한 전략적 접근이다. 미국은 중국의 '열도선 전략'을 미국에 대한 반 접근 지역 거부(anti access/area denial, A2AD) 전략으로 파악하고 이에 대한 대응 전략 차원에서 '공해전투(Air-Sea Battle)'126) 개념을 발전시켜나가고 있다. 아시아태평양 지역에 신형 무기 배치, 항공모함에서 발진되는 무인 항공기 개발 추진과 오키나와 미 해병 기지에 신형 수직 이착륙 전투기 오스프리 배치를 시행하고 있다. 특히 아시아태평양 지역 국가들과 다각적 연합군사훈련을 강화해 나가고 있다.

미국	미국과 중국의 해군력 비교	중국
11척	항공모함	1척
1백90척	전투함	42척
72척	잠수함	61척
11척	수륙양용 공격함	0
24척	수륙양용 상륙함	1척

나. 중국의 해양 전략 및 해군력 증강

최근 동아시아 해양질서의 변화는 중국의 급속한 국력성장과 이에 따른 적극적 해양전략, 해양전력 증강이 주요인이 되고 있다. 마오쩌둥 시대의 중국 해양전략은 지상군의 활동을 지원하기 위한 보조적 역할에 국한되어 연안해군의 성격을 벗어나지 못하였다. 그러나 1980년대 중반 개혁·개방정책의 성과에 힘입어 중국 국력이 신장됨 에 따라 중국 해양전략 및 해군력 증강의 양상에 변화 발생하였다.

---

126) '공해전투'의 개념은 2009년 9월, 로버트 게이츠 국방장관의 주도로 게리 러프헤드 미 해군참모총장과 노튼 슈워츠 미 공군참모총장 등이 회합을 갖고 개발한 합동작전의 개념으로서 미국의 행동의 자유를 위협하는 적대 요인을 격퇴하고, 주요 지역에 대한 세력 투사를 달성하고자 서로 다른 공간에 배치되는 군사력, 특히 해양 및 항공의 전투력을 유기적·통합적으로 운용하는 것을 의미한다.

1980년대 중반 이후 중국 해양전략 및 해군전략에 대해 적극적인 변화를 추진하였다. 예컨대 1986년 당시 유화청(劉華淸) 해군 제독의 제1도련선, 제2 도련선 개념을 제시하였다. 이는 종전에 표방해온 연안 방어전략에서 탈피하여 도련선 해역 내에서의 국가이익을 확보하기 위한 근해방어(Near Sea Defense 또는 Offshore Defense)전략으로 전환하였다.

근해방어전략 표명 이후 90년대 중반에 루하이(旅海)급 구축함 개발 및 소브레메니급 구축함 신규 도입, 잠수함 전력의 보강 등 대폭적인 해양 전력의 증강이 이루어졌다. 2000년대 중반 이후 근해방어전략을 넘어선 원해방어(Far Sea Defense) 전략론이 대두되었다. 후진타오 국가주석은 2007년 제17차 중국 공산당 전국대표대회에서의 연설을 통해 "근해(近海)종합작전능력을 향상시킴과 동시에, 서서히 원해(遠海)방위형으로 전환하여 원해기동작전능력을 향상시킬 것"을 지시하였다. 2011년에 발간된 중국의 『국방백서 2010』은 해군의 근해방어전략 임무를 재강조하면서도, 동시에 원해에서의 작전능력을 개선할 필요성을 지적하는 한편 중국 해군전략가들은 현재 중국 해군력 수순이 선진국가에 비해 낙후되었으며, 전력증강 및 작전반경 확대를 적극 추잔해야 한다고 주장했다. 또한 이를 뒷받침하기 위해 해군력 증강에 박차를 가하고 있다. 섬 남쪽 남중국해 해상에서 건국 이래 최대의 해상 열병식을 가진 사실이 이를 잘 엿보여 준다. 이 행사에는 해군 함정 48척과 76대의 군용기 등이 동원됐다. 영구 집권의 2018년 4월 12일 중국 하이난 발판을 마련한 시진핑 중국 국가주석은 이날 군복을 입고 사열에 나섰다. 시 주석은 이 자리에서 "신시대 강군 사상 등을 바탕으로 흔들림 없이 해군 현대화를 이뤄야 한다."고 말했다. 남중국해에서 베트남·필리핀 등 아세안 국가들과 벌이고 있는 해양 분쟁, 동부 아프리카 지부티 해군 최초 해외 기지 건설, 파카스탄 과다르 항구 40년 운영권 확보 등도 이 같은 노력의 일환이다. 사실 중국의 해양 패권 도전은 세계 패권경쟁에서 아주 의미심장하다. 미국이 세계 강대국으로 변모하게 된 세기, 그 모델을 답습하려 한다는 분석이 있기 때문이다.

다. 일본의 해양 전략 및 해군력 증강

일본은 국가정책수단으로서 교전권을 부인하고 있는 '평화헌법'하에서 일본 자위대는 '전수방위 원칙', '공격용 무기 비보유 원칙' 등을 표방해 왔다. 즉, 공격용 무기 비보유 원칙에 따라 해상자위대는 해병대와 항모를 보유하고 있지 않다. 그럼에도 불구하고 해상자위대가 보유한 전력은 세계 정상급 전력으로 평가된다. 주요 수상함정 숫자와 총 배수량 측면에서 세계 3위권이고, 함대 방공능력은 미국에 이어 세계 2위권이며, 전체적으로는 해상자위대는 미국에 이어 영국과 어깨를 나란히 하는 수준으로 평가되고 있다.

최근 일본은 평화헌법 개정을 추진하면서 지속적으로 중요한 군사 규범, 안보 규범을 변화시키고 있는 가운데 종전의 최소한으로 필요한 방위력을 갖겠다는 '기반적 방위력(Basic Defense Force)' 개념을 폐기하고, 새롭게 '동적방위력' 개념 표방하면서 해상전력을 증강하고 있다.

라. 러시아의 해양 전략 및 해군력 증강

냉전시대의 소련 해군은 고르쉬코프 제독의 비전에 따라 대양해군으로 성장하여 미국 해군에 필적하는 능력을 보유하였다. 그러나 탈냉전기 이후 경제난 속에 러시아 해군은 전성기 구소련 해군의 1/4 수준으로 전력이 감소 되었다.

그러나 21세기 들어서면서 경제성장 바탕으로 적극적 해군정책으로 전환했다. 푸틴과 메드베데프 대통령을 거치면서 러시아 경제 회복을 바탕으로 강국 부활의 비전을 제시하면서 자국의 경제성장 촉진을 위해 세계 해양을 적극적으로 이용할 것을 천명했으며, 이를 위해 해군전력을 증강시키고 있다.

2008년 메드베데프 대통령은 태평양과 북해 지역의 해상작전을 위해 항공모함 5~6척의 건조 계획 발표하였으며, 신형 잠수함이나 구축함 획득에도 적극적이다. 최근 푸틴 대통령은 2020년까지 러시아 해군이 전함 51척, 핵잠수함 24척 체제가 될 것이라고 공언하고 있다.

5 우리의 대응방안 및 자세

『한국의 지정학과 링컨의 리더십』이란 책을 출간한 강성학 고려대 명예교수는 "중국은 새로운 세계질서 관점에서 미국과 동등한 강대국으로 목소리를 내기 원한다."면서 "장쩌민 전 국가주석 시절부터 전략적 관점에서 바다를 보고 미래 전쟁을 대비해 해군력 현대화를 가속화 했다."고 말했다. 이런 맥락에서 중국은 3면이 바다인 한반도에 대한 영향력을 포기할 순 없다는 것을 어렵지 않게 짐작할 수 있다. 2018년 북한의 비핵화와 관련 미국과 북한의 정상회담 소식에 화들짝 놀란 중국이 북한을 다시 껴안은 이유이기도 하다.

미국 입장도 마찬가지다. 한반도에 대한 영향력을 뺏긴다면 중국의 해양 진출에 더 날개를 달아주는 셈이 된다. 미국은 일본과 한반도를 연계해 중국의 동북아 해상 세력 확장을 막아 왔는데, 한반도 주도권을 상실한다면 주요 전선 하나가 무너지는 것이다.

특히 주목해야 하는 것은 남중국해 및 동중국해에서 영토분쟁과 '자유의 항행'으로 지칭되는 미 · 중 간의 해양패권 경쟁이다. 중국이 주변국과의 마찰에도 불구하고 남중국해에 목을 매는 것은 풍부한 지하자원이 이곳에 매장돼 있다는 이유 외에, 이 지역이 중요한 국제 해상길이기 때문이다. 원유 대부분을 남중국해 바닷길을 통해 자국으로 수입하고 있는데, 한 가지 위협요소가 있다. 원유를 실은 배가 남중국해 진입 전 동남아의 지정학 요충지인 말라카해협을 관통해야 한다는 점이다. 이 말라카해협은 사실상 미국의 영향력 아래에 있는 곳으로, 만일 미국이 이곳을 봉쇄하면 중국으로서는 자국의 에너지 안보에 심각한 위협을 받을 수 있는 상황에 놓이게 된다. 그래서 중국은 해상에서 팽창정책을 펴며, 미국에게 오판을 하지 말라는 신호를 보내고 있다.

이런 중국의 행보에 미국도 가만히 있지는 않다. 오바마 행정부가 'pivot to Asia' 정책을 추진한 것이 그 예다. 이는 아시아로 다시 회귀한다는 정책 방향으로 중국의 대아시아 영향력 확대를 막기 위한 전략의 일환이었다. 특히 당시 미국은 동남아시아에 큰 공을 들였는데, 양측의 충돌지점이 남중국해이다. 실제 양측은 최근에도 남중국해서 군사적 충돌 직전에 이르는 모습이 나타나고 있다. 남중국해 인근의 국가들도 미국과 중국 편으로 나뉘는 현상도 생겼다.

푸틴 대통령 아래서 부활한 러시아의 행보도 해양과 직결돼 있다. 7년간 진행되고 있는 시리아 내전에 러시아가 깊숙이 관여하고 있는 것도 사실 바닷길과 무관치 않다.

러시아가 접해 있는 바닷길은 겨울에 언다. 이는 러시아의 지리적 취약점이다. 이러한 이유로 얼지 않는 '부동항'에 대한 러시아의 욕망은 역사 이래로 계속됐다. 러시아가 북한에 대한 영향력을 행사하려는 것도 이와 같은 맥락에서 크게 벗어나지 않는다. 이 지점에서 미국의 전략정보분석 민간기관 스트랫포를 만든 조지 프리드먼의 주장이 눈길을 끈다. 구소련 붕괴 이후 쇠락했던 러시아가 부활한 것은 지정학적 관점으로 세계에 접근한 블라디미르 푸틴 대통령 때문이라는 것이다

우리나라는 이미 바다를 통해 삶을 영위하는 무역 국가, 산업국가가 된 지 오래다. 그래서 우리의 미래는 대륙보다는 해양에 더 많은 영향을 받을 수 있다. 그 해양에 격랑이 일고 있는 요즈음 우리는 이 무서운 파도들을 헤쳐나갈 준비를 해야한다. 큰 파도를 이기기 위해 우리는 보다 막강한 해양력을 확보해야 하며, 바다를 잘 활용하고 관리할 수 있는 능력도 키워야 한다.

가장 확실한 해양의 안보, 해양 신뢰 구축의 방법으로는 우리 스스로가 평화적인 해양강국이 되는 길이다. '방어적 충분성 개념'에 입각한 해군력을 키우고,[127] 이러한 해군력을 바탕으로 동아시아 각국에 대해 해양항행의 자유, 평화로운 도서 영유권 분쟁의 해결, 평화로운 배타적 경제수역 경계를 둘러싼 갈등의 해결을 수행해 나가는 것이 필요하다.

127) 해군력을 키우기 위해서는 주변국 대비 부족한 해군 관련 적정 예산의 확보가 필요하며, 이를 기반으로 이지스급 구축함, 잠수함, 다목적 고속정 등 다양한 임무 수행 가능 한 해군전력 증강시키며, 국토의 원거리 도서에 해군기지 건설, 함정 배치 등 해양이익을 지키려 하는 주변국 동향에 비추어 우리도 상응하는 노력 을 경주할 필요가 있다.

Ⅱ. 사례

독도만큼 '이어도 지키기'도 시급하다[128]

현재 동아시아에는 10개 이상의 장소에서 영토 갈등이 은밀하게, 폭발적으로 일어나고 있다. 그 가운데 8개가 해양영토 분쟁이다. 일본과 러시아 간에는 홋카이도 북동쪽의 소위 '북방 4개 도서(남쿠릴 4개 섬)' 분쟁이, 일본과 중국 간에는 동중국해의 센카쿠열도(중국명 조어도) 분쟁이 벌어지고 있다. 그리고 125만㎢에 달하는 소위 남중국해(동남아시아 지중해)의 섬들과 해역을 놓고 중국과 대만, 베트남, 필리핀, 말레이시아를 비롯한 동남아시아 국가 간에 벌어지는 분쟁이 있다. 한국도 예외가 아니다. 한국은 중국과는 간도 문제가, 러시아와는 녹둔도 문제가 있고, 해양에서는 독도 문제와 함께 바로 이어도 문제가 있다.

동국대 윤명철 교수는 "독도 문제보다도 더 시급하고 절실한 것이 이어도 문제이다. 물론 독도 문제도 안심할 수는 없지만, 우리의 영토였다는 역사가 분명하고, 현재도 실소유하고 있기 때문에 특별한 변수가 안 생긴다면 문제는 커지지 않는다. 반면에 이어도는 상대가 중국이다. 강대국을 향한 집념을 거칠게 폭발시키고 추진방식도 서툴 뿐만 아니라 주변국가들이 '속방'이었다는 역사의식을 버리지 않은 독특한 체제를 유지하는 국가이기 때문에 사실 이어도 문제는 독도 문제보다 더 악질이다."라고 언급했다.

이어도는 제주도의 서남쪽에 있는 마라도에서 남서쪽으로 152㎞, 중국의 퉁타오에서 245㎞, 서산다오에서 287㎞ 떨어져 있고, 일본의 나가사키현 도리시마(鳥島)에서 276㎞ 떨어져 있다. 정확하게는 해수면의 4~6m 아래에 있는 수중암초이다.

정부는 1952년에 '대한민국 인접해양의 주권선언'(일명 평화선)을 선포하면서 우리나라의 관할수역으로 포함시켰다. 그리고 2003년에는 이어도 위에다 한국해양과학기술원(KIOST)이 한국종합과학기지를 설치하였다. 지금도 이곳에서 7명 정도의 연구원들이 생활하면서 연구를 하는 중이다. 그런데 일본은 이미 센카쿠열도를 자기 영토로 편입했을 때부터 이어도가 중요하다는 사실을 간파하였던 것 같다. 왜냐하면 벌써 1938년에 이어도에 인공구조물을 설치할 계획을 세웠기 때문이다. 참으로 놀라운 사실이고 탄복할 만하다. 반면에 중국은 1963년에야 비로소 이 해역을 측량하고 조사했다. 이후 일방적으로 중국의 영토라고 선포하였다.

한·중어업협정이 2001년 6월 30일부터 발효됐는데, 그에 따르면 이어도 해역은 한 중이 공동으로 어업을 할 수 있게 되어있다. 중국은 이후 이어도에 한국이 해양과학기지를 설치한 것은 문제가 있다고 항의하면서 2006년부터는 이어도 근해 해역에서 감시비행을 실시하면서 방공식별구역을 침범하기 시작했다. 드디어 2012년 3월에는 중국 정부가 국가해양국장을 통해서 이렇게 발언하였다. "이어도는 중국 관할해역에 있고, 감시선과 항공기를 통한 정기순찰 범위에 포함돼 있다." 그 직후 중국 외교부의 류웨이민(劉爲民) 대변인은 "쑤옌자오(蘇巖礁·이어도의 중국명)는 중국과 한국의 배타적 경제수역(EEZ)에 위치 해 있다."고 발언하였다.

128) "靑 호르무즈 해협 해양안보 기여 검토…단계적 파병 가능성 제기", 「한국일보」, 2019. 12. 13.

뒤이어 2013년 11월 23일에 중국의 ‘동중국해 방공식별구역(CADIZ)’을 우리 정부와 사전에 협의도 안 한 채 일방적으로 선포하였다. 동중국해 방공식별구역은 한국 방공식별구역과 일부 중첩될 뿐 아니라 이어도 수역과 센카쿠열도 상공이 여기에 포함된다.

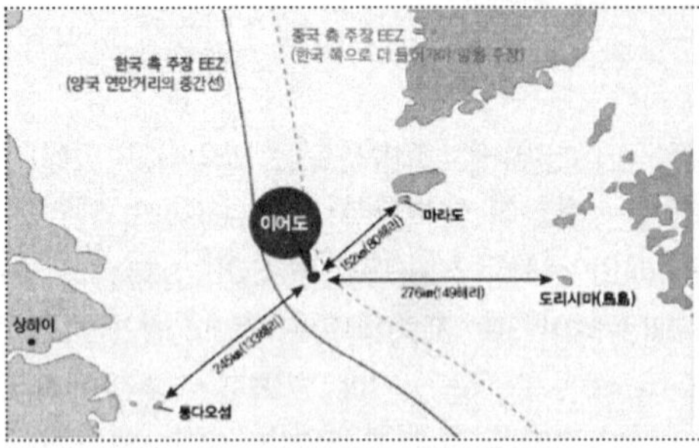

이러한 중국의 도발에 맞서 그동안 한국 정부는 “이어도는 영토분쟁 대상이 아니다”라며 중국이 제기하는 관할권 논란을 일축하였다. 그 후 쌍방이 협의를 거치면서, 일단 공개적인 논의는 안 하기로 했다. 하지만 바로 얼마 전에 일어났던 상황처럼 방공식별구역 침범이라는 형태로 중국의 도발이 지금껏 지속되는 중이다.

하지만 이어도에 관해서는 현재까지도 중국이 영유권을 주장할 만한 학문적인 근거를 별로 찾지 못한 듯하다. 기원전 3세기 이전의 사서로 알려진 ‘산해경’에 기록된 ‘東海之外… 大荒之中 有山名日 蘇天蘇山’이라는 내용 가운데 ‘의천소산(蘇天蘇山)’이 이어도라고 주장하는 정도이다. 군색하기 이를 데 없지만, 중국의 정부와 영토 문제를 다루는 학계의 관례로 보아 안심할 수는 없다.

그런데 왜 동아시아의 해양에서 이렇듯 무력을 동반한 영토분쟁들이 심각해지고 있을까. 먼저 동아시아 질서에서 헤게모니를 미국으로부터 되찾아오겠다는 중국의 절박함이 있다. 미국도 ‘pivot to Asia’의 일환으로 ‘자유롭게 열린 인도-태평양 전략(Indo-Pacific stratergy)’을 발표하면서 남중국해에서 중국을 견제하고 있다. 결국은 힘 중심의 무정부체계하에서 자국 이익 확보에 사활을 걸고 있는 것이다.

우리는 자원이 부족한 전형적인 수출입국가지만 북으로는 통로가 막혀 있다. 현재까지는 해양을 이용한 물동량이 전체의 99% 이상이다. 이어도 해역은 해양교통로의 전략적인 중간에 있으며, 상호충돌의 가능성이 높은 중국 및 일본과도 일부를 공유하고 있다. 만약 동아시아에서 해양영토 갈등이 더욱 심각해져 중국이 이어도에 대한 영토적인 권리를 막무가내로 행사하려 한다면 우리의 생존은 어떻게 될까?

靑 "호르무즈 해협 해양안보 기여 검토"…[129)]

청와대가 2019년 12월 12일 미국이 요청해 온 '호르무즈 파병' 문제와 관련해 우리 군 참모 장교 1명을 미국이 주도하는 국제해양안보구상(IMSC) 지휘통제부에 우선 파견하는 방안을 검토한 것으로 알려졌다.

청와대는 이날 정의용 청와대 국가안보실장 주재로 국가안전보장회의(NSC) 상임위원회 회의를 열고 "호르무즈 해협 인근에서 우리 국민과 선박을 보호하고 해양 안보를 위한 국제적 노력에 기여하는 방안을 검토했다"고 밝혔다.

NSC가 호르무즈 해협 문제와 관련해 '기여 방안 검토'를 언급하자 정부가 파병 논의에 속도를 내는 것 아니냐는 관측이 제기됐다. 일부에서는 전투병력 파병은 뒤로 미루더라도 우선 장교 1명을 미국이 주도하는 호르무즈 호위 연합 지휘통제부로 파견하는 '단계적 참여' 방안을 고려한다는 구체적 전망도 나왔다.

앞서 미국은 이란의 도발을 막기 위해 한국을 비롯한 각국에 호르무즈 해협 공동호위 동참을 요청하고 있다. 우리 정부도 미 측의 요청에 어떤 방식으로 기여할지를 검토해 왔다. 구체적으로 현재 아덴만에 있는 청해부대의 작전반경을 넓히는 방식으로 파병하는 방안 등을 고려할 수 있다는 입장인 것으로 알려졌다.

청와대는 다양한 가능성을 검토해보는 것일 뿐 결론은 내려지지 않았다는 입장이다. 당장 NSC 상임위 논의 결과에서는 '해양안보에 참여한다'는 표현이 아닌 '해양안보에 기여한다.'는 표현을 쓴 것 역시 지금 단계에서는 파병 여부가 결정되지 않았기 때문이라는 분석이 나온다.

이번 호르무즈 해협 언급을 일종의 '대미(對美) 메시지'로 해석하는 시각도 있다. 한·미 방위비 분담금 협상이 난항을 겪는 것과 무관치 않다는 것이다. 최근 북미 간 비핵화 협상이 어려움을 겪는 가운데 한국 정부로서는 튼튼한 한미동맹을 거듭 강조할 필요성을 느꼈을 것이라는 해석도 있다. 실제 청와대는 이날 NSC 회의에서 한미 방위비분담협상 제4차 회의 결과를 보고받고 향후 대책에 대해 논의했다고 밝히기도 했다. 아울러 북미 간 비핵화 협상이 조기에 재개돼 한반도 평화 프로세스에 실질적 진전이 이루어질 수 있도록 주변국들과의 협력을 계속 강화해 나가기로 했다.

129) "靑 호르무즈 해협 해양안보 기여 검토…단계적 파병 가능성 제기", 「한국일보」, 2019. 12. 13.

Ⅲ. 발표 및 토의

구분	토의 주제	비고
주제 1	귀하는 해군 부사관 시험에 응시하여 2차 면접 중에 있다. 면접관으로부터 '해양 안보의 개념과 그 중요성'에 대해 간략하게 설명해 보라는 요구를 받았다. 상기 내용을 염두에 두고 3분이내의 자료를 작성하여 발표하시오	개별 발표

Chapter

14 국가위기관리 개념과 실체

Ⅰ. 필요지식

1 개요

현대는 위기관리의 시대이다. 오늘날 모든 국가와 민족들이 위기 속에 존재하고 있고, 또한 모든 조직이 위기 안에서 생존을 위한 투쟁을 벌이고 있으며, 개인이 위기의 생활 속에서 탈출을 위한 끊임없는 노력을 하고 있기 때문이다.

특히 전쟁과 평화의 갈림길에서 항상 위기를 의식하며 생존하여온 국가와 민족은 위기를 슬기롭게 넘기기 위해 위기관리 전략을 연구하고 또한 성과를 얻기 위하여 노력하고 있다. 따라서 현대국가에서 국가위기관리를 연구하는 목적은 다음과 같다.

첫째는 국제정치의 현실이 갈등과 분쟁 그리고 위기의 단계로 발전하는 과정에서 관계 국가 간의 정치 목적을 달성하기 위한 각종 사례를 객관적으로 분석하여 얻어진 평가와 교훈을 자국에서 일어날 수 있는 위기관리의 정책과 전략에 이용할 수 있도록 하는 데 있다.

둘째는 국가와 국가, 조직과 조직 그리고 개인과 개인 간에 일어날 수 있는 위기 현상을 여러 가지 조건과 방법 등을 통하여 평화적인 방법으로 극복할 수 있는 전략이 어떤 것들인가에 대해서 살펴보는 것이다. 예를 들면 각종 관료기구, 파벌 혹은 개인 간의 의견이나 이해의 조정 내지 타협, 또는 다툼과 항쟁의 결과로 정책 결정이 행해지는 경우이거나 혹은 관료기구에 내재하는 타성이나 위기에 있어서 영향이 정책결정자에게 주는 것은 무엇이 되며 또한 합리적인 정책 결정 과정에 어떤 제약이 있는가를 연구한 것이다.

더욱이 국가의 최고 권력자가 이성보다 직감이나 신념에 의지하여 행동하는 성향을 가지고 있다든가 지성보다 정서에 좌우되기 쉬운 성격이 있다든지 터무니없는 환상을 추구하는 경우에는 합리적인 정책 결정 및 전략을 발전시키는 과정이 무시 또는 경시하게 된다.

그러나 현실의 정책 결정 과정에 합리적 측면이 존재하는 것도 사실이며, 특히 제2차 세계대전 이후의 핵과 관련하여 국가의 생존에 관계되는 정책 결정 시 필연적으로 합리적 과정을 거쳐야 하는 필요성이 압도적으로 커지고 있다.

정책 결정에서 합리적 과정이 필요한 이유는 위기에 대한 원칙과 전략이 그 지점의 상황에 적합한 동일 사건이 존재하지 않고, 어떠한 사태 혹은 상황에 직면해서 정책 결정자는 전략 목적을 달성하기에 유효한 결정을 도출할 수 있어야 한다. 그것은 정책 결정과 관련된 국가와 민족, 인간의 조직, 개인은 더 나은 세상을 만들어야 할 의무와 책무를 가지고 있기 때문이다. 따라서 합리적인 의사 결정 능력을 갖추기 위해서는 위기관리 전략의 원칙을 습득하고 제반 위기 상황에 대한 올바른 식견과 객관적인 관점을 가져야 한다.

이러한 관점에서 객관적 위기 상황에서 새로운 안목과 식견을 가지고 과거에 어떤 전략이 사용되어 어떤 효과를 거두었는가에 대한 위기관리의 분석 및 검토를 통해서 필요한 교훈을 얻어 내고자 한다.

2 국가위기관리의 필요성

오늘날의 조직 환경은 과거에 비해 위기관리에 더 높은 비중을 두고 있다. 다양한 환경 변화로 인해 조직은 위기에 쉽게 노출되고 있으며 위기에 대한 미숙한 대응이 초래하는 손실은 갈수록 늘고 있으므로 위기관리의 중요성은 더욱 강조되고 있다. 특히 포괄안보시대에 있어서 국가의 본질적 임무와 기능을 수행하기 위해서는 국가위기관리의 필요성이 더욱 중요하다. 국가위기관리 필요성에 관한 사례는 '연평도 포격도발'과 '쿠바 미사일 위기' 가 대표적이다.

가. 연평도 포격도발

1) 북한군 도발 개요

연평도 포격(延坪島 砲擊)은 2010년 11월 23일 오후 2시 30분 경, 조선민주주의인민공화국이 대한민국 인천광역시 옹진군 연평면의 대연평도를 향해 포격을 가한 사건이다. 이에 대한민국 해병대는 피격 직후 대응 사격을 가하였으며 대한민국 국군은 시해 5도에 진돗개 하나를 발령한 뒤, 곧 전군으로 진돗개 하나를 확대 발령했다. 이 사건으로 인해 대한민국의 해병대원 전사자 2명, 군인 중경상 16명, 민간인 사망자 2명, 민간인 중경상 3명의 인명 피해와 각종 시설 및 가옥 파괴로 재산피해가 발생 했다.

한국전쟁 휴전 협정 이후 조선인민군이 대한민국의 영토를 직접 타격하여 민간인이 사망한 최초의 사건으로 국제 사회의 큰 관심을 끌었다. 당시 국제 사회는 조선민주주의인민공화국을 규탄했으나, 조선민주주의인민공화국은 한국군의 전쟁연습(한국군 포병사격훈련)에 대한 정당한 군사적 대응이었으며 전적인 책임은 대한민국에 있다고 주장했다.

2) 주요 상황 조치 문제점

3) 후속 조치 및 분석

미국 국방장관을 지낸 로버트 게이츠는 2014년 1월 14일 출간한 회고록 〈임무(DUTY)〉에서, 포격 당시 대한민국 정부는 공중 공격과 포격이 포함된 과도하게 공격적인 수준의 보복 공격을 계획하였다고 밝혔다. 이에 미국 정부는 확전을 우려해 버락 오바마 대통령과 힐러리 클린턴 국무장관, 마이크 멀린 합참의장과 자신까지 며칠에 걸쳐 이명박 대통령을 설득했다고 밝혔다. 아울러 한국 정부는 한·미가 핵 항모 조지 워싱턴호가 참가하는 서해 연합훈련을 하는 것을 조건으로 보복계획이 철회됐음을 시사했다.

2010년 11월 25일 국회는 본회의를 열어 북한의 연평도 무력도발 사건에 대한 규탄 결의문을 채택했다. 재석 271명 가운데 찬성 261명 반대 1명 기권 9명으로 가결됐다. 결의안에 따르면, 대한민국 국회는 북한의 무력도발이 결코 용인될 수 없는 명백한 범죄행위로 인식하고, 확고한 군사대비 태세를 통해 북한의 추가 도발 행위에 대해서 단호한 대응을 촉구한다고 명시했다.

연평도 포격 도발에 대한 후속 조치로 정부 차원에서 '번개 사업'[130]을 추진했다. 포격을 당한 대연평도에서 포격 즉시 자주포 사격을 하였는데, 당황한 한국 해병대는 대략 북쪽을 향해 쏘았다고 하며, 포격을 당하지 않은 아군 지역에서 도발 원점을 차분하게 공습하는 것이 필요했다. 그러나 도발 원점에서 대연평도가 아닌 한국군 지역은 자주포 사거리를 넘는다. 반면에 고가의 현무-1 미사일을 사용하기에는 매우 소규모 국지전이어서, 마땅한 무기가 없었다. F-15K 전투기를 사용해 정밀타격하는 것이 매우 유효했는데, 미국과 김태영 국방장관이 대통령의 공습 지시를 막았다고 알려졌다. 미국은 남북한의 전투기 사용을 전면전 개시의 신호로 해석하기 때문이다. 결국, 보복 공격할 적당한 무기가 없었다. 이러한 문제점을 해결하기 위해 한국군은 번개 사업을 추진하였다. 북한의 장사정포 킬러 역할을 할 수 있도록 사거리 120km의 정밀타격 전술유도무기를 개발한 것이다. 이는 포격을 받은 지역이 아닌 다른 지역에서 대연평도를 대신해 차분하게 보복 공격이 가능하며, 대포처럼 소규모 국지전에 여러 발을 쏘아도 되는 무기이다.

대한민국 국군의 대응이 단호하지 못한 것에 대해서도 지적이 이어졌다. 유승민 의원은 "적의 무력도발에 2~3배로 응징한다는 교전규칙을 감안할 때(조선민주주의인민공화국의 공격이 170여 발인 것에 비해) K-9 자주포 80발로 대응한 것은 부족하다."며 강력히 대응하지 못 한 것에 대해 지적했다. 민주당 서종표 의원은 "동굴 안에 있는 해안포는 포병사격으로 제압이 안 되는 만큼 공군기를 동원해서라도 공격해야 했는데 그러지 않아서 북한이 1시간가량 계속 공격을 한 것 아니냐"며 한국군의 대응을 지적했다.

이러한 논란의 핵심은 전시작전권에 관한 것이다. 당시 이명박 대통령은 청와대 지하벙커에서 주한미군에의 사전 통보 없이 대구 공군기지의 F-15K 4대를 출격시켰다. F-15K는 이륙하기 전 반드시 미군에 사전 통보가 의무로 규정되어 있는데, 사상 최초의 위반이다. 그리고 그 전투기로 보복공습을 지시하였다. 그러나 김태영 국방장

130) '번개 사업'은 북한이 170발의 장사정포 공격을 한 2010년 연평도 포격에 대한 한국의 신형 지대지 미사일 개발사업이다. 대통령 특명사업으로 추진되었으며, 비밀 개발에 성공하여 공개사업으로 전환되었다. 차기 전술유도무기라고 부른다. 별명은 장사정포 킬러이다. 개발비는 4,456억 원이 투입되었다.
https://ko.wikipedia.org/wiki/%EB%B2%88%EA%B0%9C%EC%82%AC%EC%97%85

관이 대통령에게 전투기 공습명령권이 없다며 반대했다. 1994년 김영삼 정부 당시 평시 작전권을 반환받으면서, 전투기 공습은 미군이 평시 작전권을 갖기로 합의했다.

나. 쿠바 미사일 위기(미치광이 게임)

1) 개요

쿠바 미사일 위기는 1962년 10월 14일, 미국 측의 첩보기 록히드 u-2에 의해 쿠바에서 건설 중이던 소련 미사일 기지의 사진과 건설현장으로 부품을 운반하던 선박의 사진이 촬영되면서 시작된 미국과 구소련 사이에 발생한 핵전쟁 위기를 말한다.

미국 정부는 구 소비에트 연방의 쿠바에서의 미사일 기지 건설을 무력시위라고 주장하여, 미사일 기지의 완공을 강행한다면 이를 선전포고로 받아들일 것이며, 제3차 세계대전도 불사하겠다는 공식성명을 발표했다. 전 세계는 케네디 대통령의 과격한 발언으로 또다시 전 세계적 규모의 전쟁이 일어날지 모른다는 불안감에 떨었고, 학교와 가정에서 대피훈련과 방공호를 파는 작업이 진행되는 등 일촉즉발의 상황까지 가기에 이르렀다. 미국과 소련의 필사적인 외교에 의하여 소련 측의 미사일 기지 건설이 중지되고, 그에 대한 대가로 터키에 있던 미국 측의 ICBM(대륙간 탄도탄) 기지를 철수시킨다는 조건을 전제로 사태가 종결됨으로써, 세계는 전면 핵전쟁의 위기에서 벗어날 수 있었다.

2) 미치광이 게임이란?

1972년 4월 19일 오후. 리처드 닉슨 미국 대통령은 백악관 대통령 집무실에서 헨리 키신저 백악관 국가안보보좌관에게 말했다. “헨리, 우린 이번 기회를 놓쳐선 안 된다네. 난 그 망할 국가(북베트남)를 파괴할 거라네. 필요하다면 파괴할 거라는 의미

지. 그리고 필요하다면 핵무기까지 사용할 걸세. 그러나 내가 의미하는 것은 내가 어느 정도까지 갈 의지가 있는지를 보여주는 것이라네." 키신저가 월남전과 핵 군축 문제 등을 논의하는 비밀회동에 참석하기 위해 모스크바로 출발하기 몇 시간 전이었다. 키신저는 닉슨 대통령의 말에 동의하며 "우리가 더 무모하게 보일수록 더 좋습니다. 왜냐면 결국 우리가 그들에게 확신시키려 하는 것은 우리가 갈 데까지 갈 거란 거죠"라고 답했다.

닉슨은 나중에 백악관 비서실장 H R 홀드먼에게 "종전을 위해 어떤 일도 할 수 있다고 믿도록 하겠다."며 이를 '미치광이 이론'이라고 불렀다. 상대에게 미치광이처럼 보임으로써 공포를 유발해 협상을 유리하게 이끈다는 것이다. 닉슨은 월남전 기간에 의도적으로 자신을 미치광이로 포장했다. 소련과 북베트남을 겨냥해 공산당에 강박증이 있고, 화를 주체 못 하며, 핵 단추를 언제든 누를 수 있다는 소문을 퍼뜨리기도 했다. 충동적이고 비이성적 인물이기 때문에 언제든지 핵전쟁을 일으킬 수 있다고 인식시킴으로써 소련 등이 감히 덤비지 못하게 하려 했다.

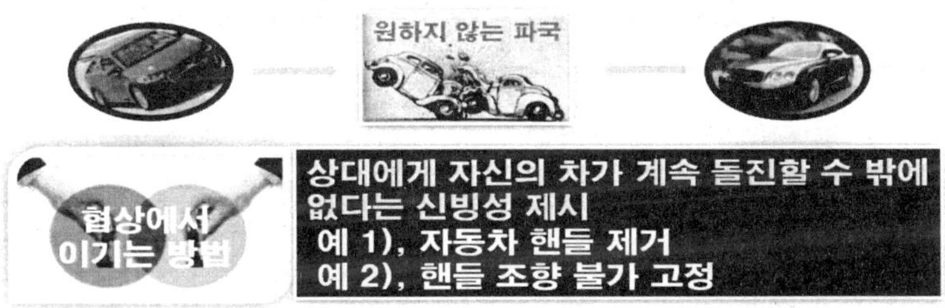

【한반도에서 적용된 사례-연평도 포격도발 이후 후속조치】

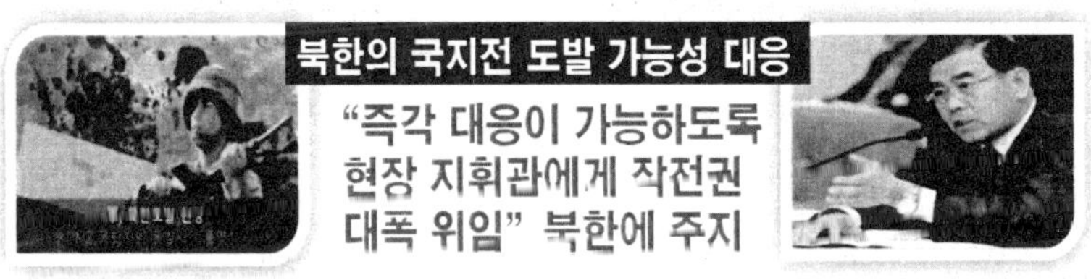

치킨 게임에서 이기기 위한 수단이 중요한가?
(국가안보 또는 국가위기관리 차원에서 국기의 임무?)

3) 쿠바 미사일 위기 발생 당시 국제관계

미국의 루즈벨트 대통령은 핵 개발 계획인 1939년 '맨허턴 프로젝트[131]'를 추진했다. 1945. 7월 미국이 원자폭탄을 개발하였으며, 8.6일과 8.9일 일본의 히로시마와 나가사키에 이를 투하함으로써 일본의 항복과 함께 2차 세계대전은 종지부를 찍게 된다. 당시 미국 중심의 자유 진영과 소련 중심의 공산 진영이라는 동서 냉전체제하에서 소련은 미국의 원폭개발에 위기를 느끼고 핵 개발에 박차를 가함으로서 1949년 원자폭탄을 개발하였다. 이에 미국은 1952년 수소폭탄을 개발 등 본격적인 핵 경쟁 체제에 돌입하게 되었다.

당시 미군이 보유한 소련에 투발 가능한 핵전력은 미 본토에서만 탄도탄 170여 기

131) 맨해튼 프로젝트란 제2차 세계대전 당시 미국 정부에서 주도하고, 영국, 캐나다가 함께한 비밀 프로젝트로, 이 프로젝트를 통해 미국은 인류 최초의 핵무기를 만들어 냈다. 1939년 레오 실라드가 주장하고, 아인슈타인이 쓴 편지에 의해서 프로젝트가 시작되었다. 처음엔 자그마한 연구 프로젝트에서 시작한 맨해튼 프로젝트는 13만 명 규모까지 성장했고, 프로젝트에 쏟아부은 비용은 당시 돈으로 20억 달러, 2017년 기준으로 따지면 255억 2천만 달러(대한민국 원으로 따지자면 약 29조 3,480억 원, 2010년경 한국 국방예산과 맞먹는다.)가 들어간 프로젝트다.
https ://namu.wiki/w/ %EB%A7%A8%ED%95%B4%ED%8A%BC%20%EA%B3%84%ED%9A%8D(검색일: 2018. 8.14.)

에 B-52 전략폭격기 555대였다. 투발 가능한 전략 핵탄두만 총 1,830기. 여기에 서유럽에는 중거리 핵전력까지 배치되며 소련 영토를 사거리에 두고 있었다. 반면에 소련이 가진 건 고작 66기의 ICBM과 SLBM 뿐. TU-95 전략폭격기를 동원해도 차이가 커도 너무 커서 선제 핵 공격을 통해 미국을 제압한다는 것은 불가능했고, 실제 핵전쟁이 발발한다면 소련은 얼마 안 되는 핵무기를 다 사용하고 나서는 미국이 때리면 때리는 대로 그냥 맞아줄 수밖에 없었다. 소련 붕괴 후 밝혀진 당시의 핵전력 비율은 17:1로 절대적인 열세였다.

게다가 미국은 터키와 이탈리아에도 주피터 중거리 탄도 미사일을 배치하고 있었다. 특히 터키에서는 모스크바를 사거리 안에 두고 있었다. 반면 소련으로선 중/단거리 탄도미사일로 미국 본토 타격이 불가능한 상태였다. 소련 정부와 니키타 후르시초프 서기장은 위기감을 느끼지 않을 수가 없었다. 여기서 니키타 후르시초프 이하 소련 지도부는, 이러한 전략적 불균형 상황에서는 소련에게 무조건 항복과 저항 말고 그 어떠한 중간 선택지도 없다고 여겼고, 미국에 대한 매우 도발적이고 공세적인 외교 전략으로 나가게 되었다. 마침 새로 당선된 케네디를 애송이 부잣집 도련님 정도로 여겼던 후르시초프는 그와의 첫 회담에서 그를 매우 고압적인 자세로 위협했고, 소련의 미사일과 핵 공격력이 갖춰지지도 않은 상태에서 미국과 마치 한 판 붙을 것과 같은 자세를 취했다. 이는 후르시초프가 아이젠하워와의 회담을 통해 미국 역시 핵전쟁을 두려워하므로 이를 빌미로 협박하면 물러날 것이라고 확신했기 때문이었다.

한편 쿠바 혁명 정부의 카스트로는 1959년 쿠바 혁명 성공 이후 유나이티드 후르쇼프로 대표되던 여러 서방계 자본을 추방하고 토지를 국유화하는 등, 미국이 중남미에 다져놓은 정책적 기반을 흔들었다. 그 결과 미국 정부는 CIA를 통해 피델 카스트로 쿠바 국가평의회 의장의 제거를 시도했고, '피그만 침공'[132)]을 진행하는 등 쿠바에 대한 미국 정부의 물리적 경제적 압박이 이어졌다. 쿠바 정부는 피그만 침공을 성공적으로 막아내며 미국에 제대로 한 방을 먹이긴 했으나, 세계 최강국 미국의 앞마당에 있는 현실상 미국을 혼자서 이기는 것은 불가능하다는 것을 안 카스트로는 미국

132) 1961년 4월 15일. 피델 카스트로의 쿠바 공산정권을 붕괴시키기 위해 미국 지원으로 반공 게릴라가 벌인 쿠바 상륙작전이자 미국의 흑역사. 쿠바 망명자들을 훈련시켜 쿠바에 상륙, 게릴라전으로 카스트로 정권을 전복시킨다는, 그야말로 수년 전 쿠바 혁명군이 벌였던 쿠바 혁명의 재탕을 노린, 나름 야심 찬 계획이었다. 그러나 결국 피그만에 상륙했던 2506 여단은 100여 명이 사망하고 나머지는 모두 포로로 잡힘으로서 실패하였으며, 미국과 쿠바의 관계는 최악으로 치닫게 되었다.

의 위협에 자신의 정권을 떠받칠 바깥 기둥을 마련하고자 소련에 협력을 요청했다.

한편 소련의 후르시초프도 서방 압박용으로 시도했던 61년 베를린 위기와 장벽설치가 오히려 케네디 등 서방국가들을 단합시키는 결과만 가져왔고 스푸트니크 쇼크 이후 엄청난 투자를 했던 핵미사일 사업도 생각보다 효과가 미미해서 아래에서 설명하겠지만 장거리 탄도미사일 생산이 지지부진한 상황이었다. 여기에 재래식 무기에 대한 투자 감소로 인하여 소련 군부의 불만까지 사고 있었다. 이러던 와중에 피그만 침공과 더불어 카리브해의 긴장이 강화되자 후르시초프는 쿠바의 전략적 가치에 주목하였고, 이데올로기적 목적과 공산주의 확산이란 세계적 목표를 바탕으로 쿠바를 지원해야 한다고 판단하게 되었다. 당시 소련 지도부는 미국의 쿠바 침공이 임박하였다고 여겼다. 거기에 소련 지도부, 엘리트, 일반 시민들 사이에선 카스트로와 체 게바라를 비롯한 쿠바 혁명가들에 대한 지지와 기대가 높아지고 있었고, 이들 제3세계 혁명가들을 도와야 한다는 사회적 압력까지 있었다.

이러한 상황에서 소련과 쿠바 사이에는 긴밀한 비밀 연락이 오고 갔다. 그리고 그 결과 쿠바는 자신들 영토 내에 중거리 탄도미사일 기지를 설치해달라고 요청하게 되었다.

쿠바는 미국에서 엎어지면 코가 닿을 정말 가까운 거리에 있다. 쿠바의 요청은 소련의 치명적인 핵전력 열세를 일거에 평형 상태로 바꿀 수 있는 신의 한 수였다. 이미 대량 생산된 중거리 탄도탄을 쿠바에 배치해 미국에 대한 추가적 공격 수단을 갖는 것은 거부할 수 없는 매력적인 제안이었다.

후르시초프는 1962년 5월 21일 쿠바에 미사일 배치를 결정하였고, 간부회는 이 결정을 만장일치로 승인했다. 카스트로와 후르시초프는 1962년 7월 7일에 공식적으로 핵미사일 기지 건설에 합의하였다. 이 계획은 서방을 속이려는 목적으로 마치 시베리아에서 벌어지는 작전으로 시베리아의 아나디르강의 이름을 따서 아나디르 계획이라 불렀다.

이후 쿠바에 사정거리가 미국 동남부에 날하는 R-12 미사일과 여기에 탑재할 핵탄두를 9월 8일과 16일에 나누어서 보내주고, 이후 미사일 기지를 만들 전문 인력과 장비를 지원한다. 이 미사일 기지는 총 9개의 사일로를 가졌는데, 이 중 6개는 R-12를 위한 사일로이고 나머지 3개는 이후 설치될 R-14용 사일로였다. R-14는 미국 본토의 워싱턴주를 제외한 미 본토 전역에 핵 타격이 가능한 미사일이다.

4) 쿠바 미사일 위기 경과 및 시사점

1961년 4월 케네디는 공산주의자 카스트로가 혁명으로 정권을 잡은 쿠바에 대한 은밀한 침공계획을 허락했다. 소위 피그 만 사건으로 불린 이 계획은 무참히 실패했고 케네디 행정부는 도덕성에 큰 상처를 입었다. 더불어 미·소 관계가 이 사건으로 크게 악화되었다. 이런 불편한 관계는 소련이 쿠바에 장거리 공격용 미사일 기지를 건설하려던 1962년 10월에 이르러 최악의 사태로 발전했다.

쿠바 미사일 위기는 1962년 10월 어느날 케네디 대통령이 아침 식사를 하고 있는 상황에서 시작되었다. 국가안보담당 보조관 맥조지 번디가 소련이 쿠바에 핵미사일 기지를 건설하고 있다는 CIA의 정보를 그에게 알렸다. 전문가들은 일주일 내에 그 기지가 작동 가능하며 이는 미국의 안보에 심각한 위협이 될 수 있다고 평가했다.

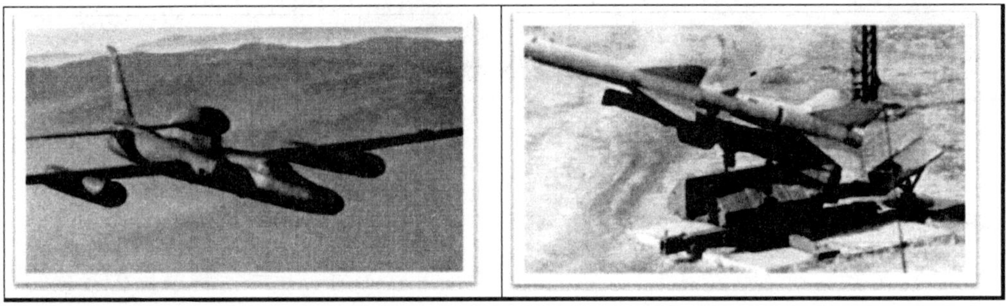

1962년 10월 14일, 쿠바의 하늘을 감시하던 U-2기가 찍은 항공사진 몇 장이 펜타곤과 백악관에 전달됐다. 촬영된 것은 소련이 쿠바에 건설 중인 미사일 기지 및 관련 시설 등이다. 이후 반나절 안에 모든 미군 병력에 비상경계가 발령되었으며, 소련제 중거리 탄도미사일의 사거리가 계산된 보고서가 만들어졌다. 미 의회는 북미항공우주방위사령부가 그린 가상 전황도를 보고 충격을 감추지 못했다. 앤틸러스열도 - 쿠바가 중심이 된 붉은 원은 말 그대로 미국 전역을 덮고 있었다.

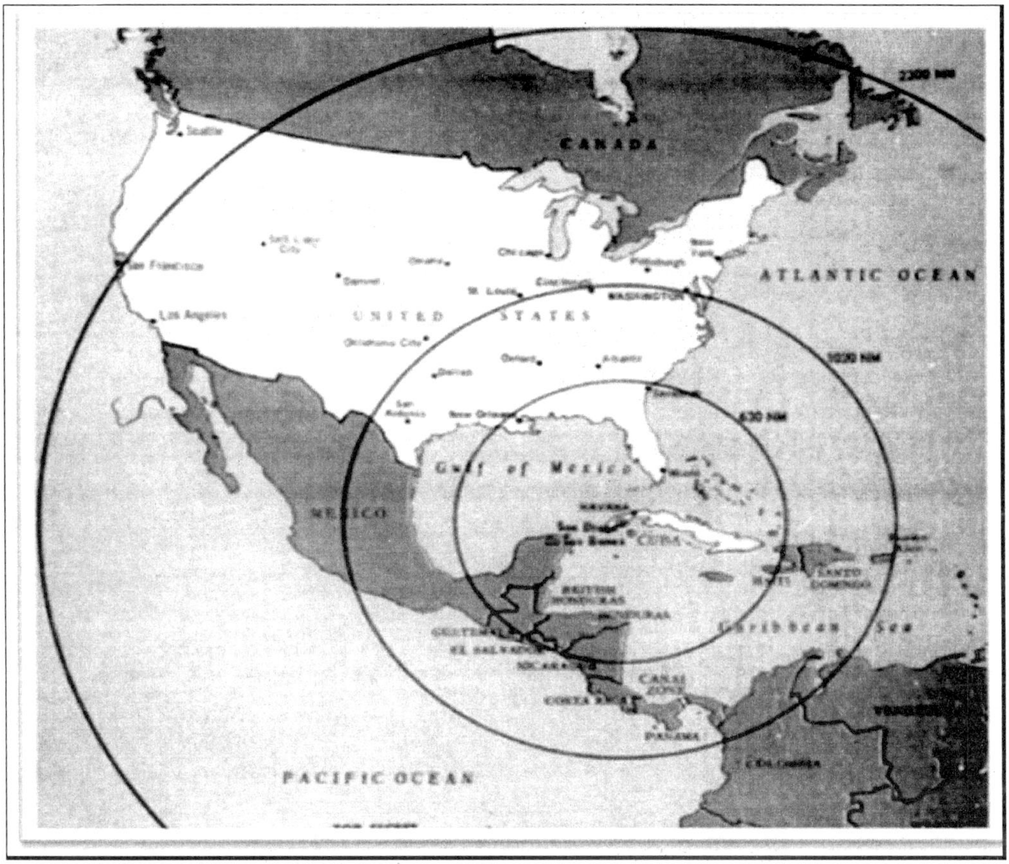

중간 크기의 원은 쿠바에 이미 배치했던 R-12의 사정거리고, 가장 큰 원은 그다음 배치하려던 R-14의 사정거리다. 이미 배치된 R-12로도 수도인 워싱턴 D.C. 타격이 가능한 데다 R-14로는 워싱턴주와 오리건, 캘리포니아주 일부를 제외한 미국 본토 전 지역이 사정권에 들어가 있다. 여기에 소련 극동 지방의 미사일도 고려하면 사실상 태평양의 섬들을 제외한 미국 전 영토가 소련의 중거리 미사일 사정거리에 들어오게 되는 것이다.

이에 케네디 대통령은 국가안보회의를 긴급 소집했다. 대다수 참모들이 소련이 쿠바에 핵무기와 미사일을 들여오지 못하도록 해군력을 동원, 쿠바 해안을 봉쇄할 것을 건의했다. 이는 미 해군이 소련 선박을 정지시켜 무기탑재 여부를 검색하는 것을 의미하며, 경우에 따라서는 심각한 무력충돌 상황으로 치달을 수 있는 것이었다.

케네디는 10월 22일 방송을 통해 쿠바를 봉쇄할 것이라고 밝혔다. 소련은 몹시 당황했다. 미국이 반발할 것은 예상했지만 이렇게 즉각적으로 대응하리라고는 생각하지 못한 것이다. 소련 정부는 쿠바의 미사일 기자는 방어용일 뿐이며 공격용 장거리 미사일이나 핵무기가 이곳에 설치되지는 않을 것이라고 말했다.

하지만 기지 건설은 가속화되었고 핵무기를 적재한 것으로 믿어지는 소련 선박이 쿠바에 점점 가까이 다가오고 있었다. 긴장이 고조됨에 따라 군에는 비상사태가 선포되었다.

존 F. 케네디 대통령은 즉시 국가안전보장회의(NSC; National Security

Council)를 소집했다. NSC 멤버 중에서도 핵심 참모들이 집행위원회(EXCOMM; Executive Committee)에 참여했는데, 린든 B. 존슨 부통령, 로버트 F. 케네디 법무장관, 딘 러스크 국무장관[9], 로버트 맥나마라 국방장관, 더글라스 딜론 재무장관, 존 맥콘 CIA 국장, 맥스웰 테일러 합참의장[10] 맥조지 번디 국가안보 특별보좌관, 시어도어 소렌슨 특별보좌역[11], 케네시 오도넬 보좌관 등의 쟁쟁한 인물들로 구성돼 있었다. 이들은 대책을 논의하였으나 내부에서조차 의견이 엇갈렸다.

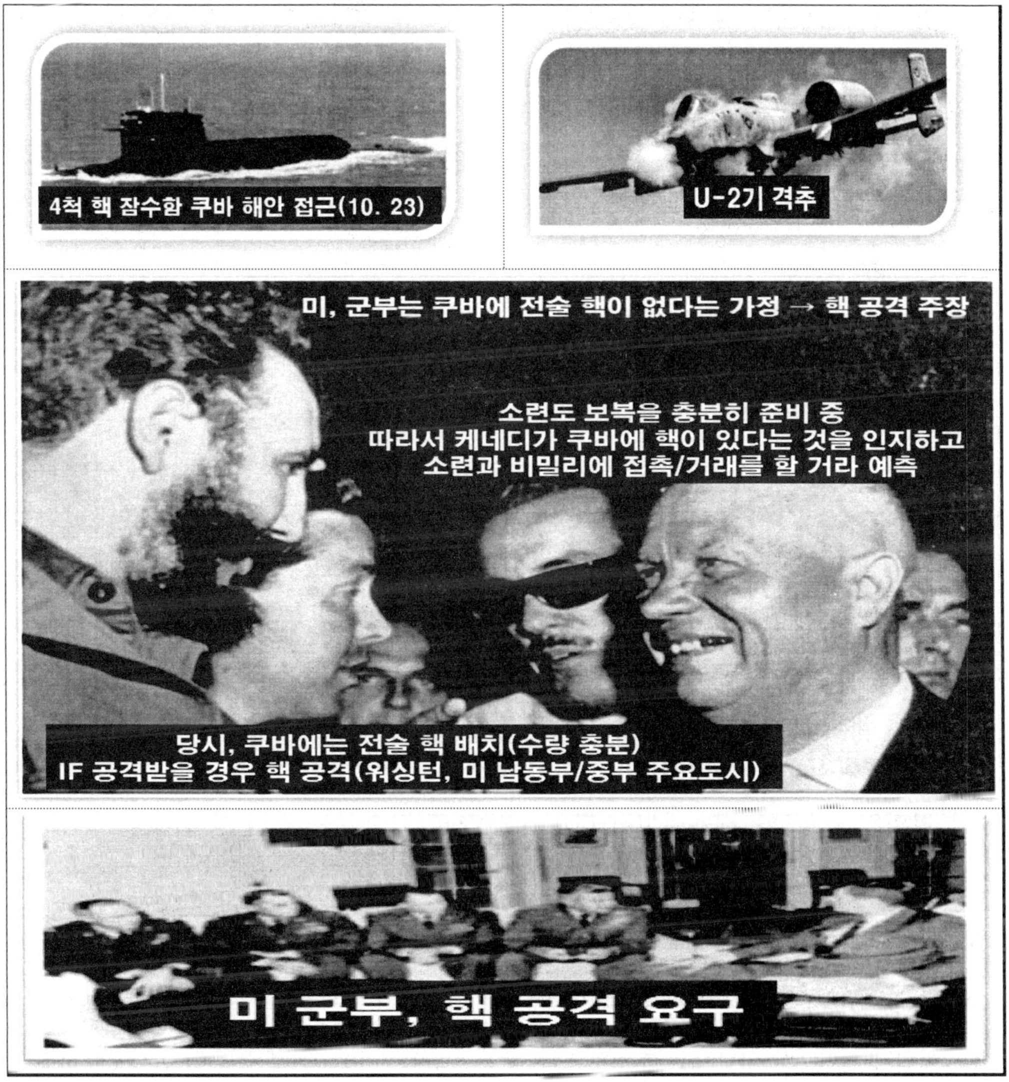

군부는 이를 명백한 도전으로 간주하고 폭격이나 미사일로 쿠바의 발사 시설을 날

려버리는 방안이 최선이라고 외쳤다. 특히 공군의 커티스 르메이는 EXCOMM(국가안전보장회의 집행위원회) 구성원이 아니었음에도 여러 루트를 통해 전면적인 선제 핵 공격으로 소련과 쿠바를 초토화해서 석기시대로 고고 하자고 주장했다.

물론 모든 인류의 생존이 걸린 제3차 세계대전이 일어날 수 있는 문제에 케네디 대통령을 비롯한 온건파는 다른 방안이 나올 때까지 결정을 내리지 않았다. 케네디는 이때 제1차 세계대전의 시작과 그 배경을 연구한 바버라 터크먼(1912~1988)의 역사서 〈8월의 포성〉[133)]을 읽은 터라, 사소한 행위가 얼마나 쉽게 대규모 전면전으로 갈 수 있는지를 심각하게 고려했다고 한다.

10월 22일, 케네디 대통령은 전군에 데프콘3을 발령했다. 아울러 항공모함 8척을 포함, 무려 90척의 대규모 함대를 집결시켜 쿠바의 모든 영해를 봉쇄한다. 케네디 대통령은 카리브해로 미사일 기지 건설 자재를 싣고 오는 모든 선박에 대한 강제 수색 명령을 내리고(만약 전략 물자가 발견된다면 압수하도록 지시했다) 이를 거부할 시 격침하라는 초강수를 둔다.

후르시초프는 미국의 쿠바 봉쇄를 "공해상 항행의 자유를 제한하는 국제법 위반이자 해적 행위"라고 강하게 비난하며, 미사일 부품과 기술자를 태운 자국 선박에게 미국의 해상 봉쇄를 뚫고 핵잠수함 6척의 호위 하에 쿠바로 강행 진입하라는 명령을 하달했다.

이에 미 해군은 P-3 정찰기와 순양함을 급파했고, 동시에 즉시 보유한 모든 핵전력에 비상대기 명령을 하달, 주요 전략폭격기에 핵탄두 탑재 준비를 마쳤으며, 탄도미사일들은 발사 준비 절차에 돌입했다. 바르샤바 조약기구와 NATO에 서로 비상이 걸리고, 동독과 서독은 물론이며 소련과 미국의 군사력이 맞닿는 모든 곳에서 위험한 분위기가 피어올랐다. 그야말로 "하루라도 더 버틸 수 있을까?" 싶은 상황. 모든 인류가 두려워했던 제3차 세계대전이 바로 눈앞으로 다가온 순간이었다.

---

133) 미국의 역사 저술가 바바라 터크먼은 1962년 〈8월의 포성〉이라는 책을 발간했다. 1차 세계대전 이후 세계는 완전히 다른 곳이 되었다. "전쟁을 불가능하게 만들 것이라고 기대되던 사회주의자들의 형제애 그리고 재정, 상업, 그 이외의 다른 경제적인 요인들 사이의 상호의존성과 같은 전쟁 억지력은 막상 때가 되자 기능을 발휘하지 못했다. 국가주의가 난폭한 돌풍처럼 일어나면서 그것들을 모두 날려버렸다." 막상 한 번 시작되자 전쟁은 뜻대로 쉽게 풀리지도 않았고, 마음대로 끝낼 수도 없었다.
http://weekly.khan.co.kr/khnm.html?mode=view&artid=201509011459101(검색일:2018. 8.14.)

한편으로는 미국과 소련이 협상을 시작하였다. 막후 협상으로 미국에서는 케네디의 동생인 로버트 케네디가 소련에서 주미 대사인 아나폴리 도브리닌이 나섰다.

또한 케네디의 초강경한 입장은 형식상 그렇다는 것이지, 실제로 무력의 사용을 최소화하라고 명령했다, 후르시초프도 전략 핵미사일이 쿠바에 도착하기 전에 상황이 해결되어야 한다고 여겼다. 교착 상황에서 10월 27일, 후르시초프가 먼저 해결책을 제시했다. 후르시초프는 케네디에게 터키에서 '유사한 무기'를 제거한다면 자신들도 쿠바에서 무기를 제거하겠다고 제안했으며, 미국과 소련이 UN 안보리에 터키와 쿠바 양국의 국경과 주권의 보전을 존중하겠다고 약속할 것을 제안했다.

10월 27일, 로버트 케네디와 아나폴리 도브리닌이 만나 쿠바를 침공하지 않겠다는 것과, 터키의 미사일 철수를 쿠바에서의 미사일 철수와 교환하자고 합의했다. 로버트 케네디는 이 거래가 공개되면 미국 국내와 나토의 동요와 분열이 있을 것이므로 비공개로 해야 한다고 주장했다. 소련은 이를 수용 가능한 주장으로 보았다.

결국 핵 전력은 물론 봉쇄를 돌파할 만한 재래식 해상전력조차 없었고, 끝까지 가면 국가 멸망을 피할 수 없던 소련의 현실로 인해 후르시초프가 먼저 GG를 쳤다. 후르시초프는 케네디에게 터키에 배치한 미국의 중거리 탄도딘의 철수를 조건으로 쿠바에 미사일을 설치하지 않겠다는 라디오 방송을 했다. 그러나 미국은 이것이 공식 루트가 아닌 라디오 방송을 통해 전달되었다는 점에서 언론플레이로 의심했고, 또 동맹국 터키의 안전보장 문제 때문에 결단을 내리지 못했기 때문에 일단 그 제안을 거부했다.

그러나 미국의 의심과는 달리 후르시초프의 제안은 진짜였다. 라디오 방송으로 제안을 한 이유 역시 경악스러운데, 이때 양국간에 핫라인이 없어서 전보를 통해 메시지를 전달해야 했다. 이 과정에서 암호화하여 보내고 다시 이를 해독하고 또 통보하는 시간 등등을 합치면 거의 하루가 날아간다. 게다가 그 전보가 진짜로 상대국의 국가원수에게서 온 것인지도 의심이 되는 상황이었다. 쿠바 미사일 위기 때 후르시초프는 2번 전보를 보냈는데, 미국은 이게 정말 후르시초프가 보낸 건지 고민했다. 3차대전의 위기에서 양국 수뇌 간 의사 교류에 시간이 이렇게 오래 걸려 문제가 더 악화되는 것을 막기위한 방법이 바로 라디오였다.

후르시초프는 10월 28일을 기하여 선단에 회항 명령을 내리고 쿠바의 미사일을 철수시키겠다고 공식 발표했다. 이로서 인류는 제3차 세계대전, 그것도 핵전쟁의 위기에서 기적적으로 벗어나게 되었다.

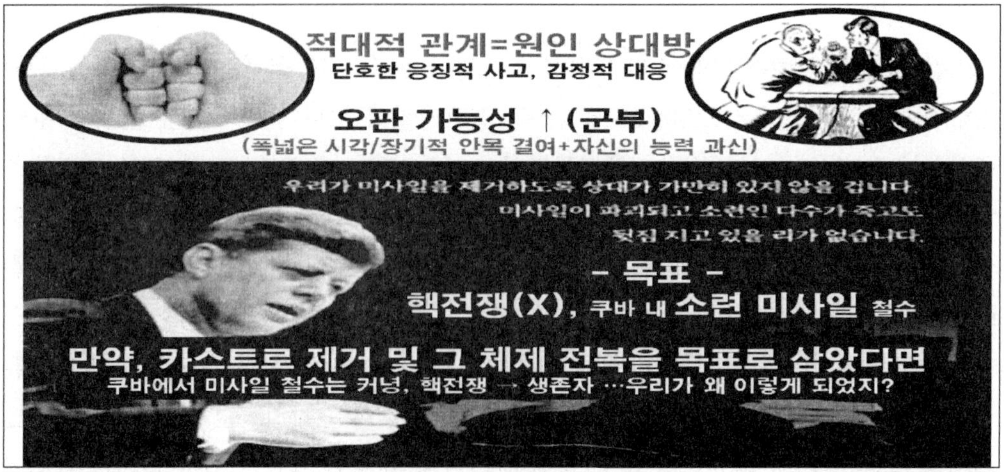

이를 좀 더 요약해 보면 다음과 같다. 10월 26일 쿠바를 향해 항진하던 소련 선단이 속도를 늦추었다는 소식이 전해졌고 같은 날 TV 뉴스에서는 미국이 쿠바를 침공하지 않겠다는 약속만 한다면 소련은 기지 건설을 그만둘 것이라는 소련 정부의 비공식적 발표가 보도되었다.

뉴스 방영 2시간 후 소련의 후르시초프 수상으로부터 케네디 대통령 앞으로 전보가 날아들었다. 그는 미국이 쿠바의 항구봉쇄를 해제하고 쿠바를 침공하지 않겠다는 것을 약속한다면 소련도 쿠바로부터 손을 뗄 용의가 있음을 밝혔다.

다음날 두 번째 전보가 도착했다. 소련이 쿠바에서 철수하는 조건으로 미국이 터키 내 나토 군사기지를 철수시켜야 한다는 새로운 요구조건이 포함되어 있었다. 케네디는 그런 소련의 압력에 굴복할 수 없다고 생각하고 쿠바 봉쇄와 미사일 기지에 대한 정찰 활동을 강화했다.

이 와중에 미 정찰기 한 대가 쿠바 상공에서 격추되고 핵무기를 탑재한 것으로 믿어지는 소련 선박이 봉쇄망을 치고 있던 미 해군 함정들의 코앞에까지 다가왔다. 바야흐로 미·소 간 무력 대결이 임박한 듯이 보였다.

정부 내 강경론자들은 소련의 도발을 기다릴 것도 없이 미국이 쿠바 미사일 기지를 선제공습할 것을 주장하기도 했다. 그러나 소련과의 전면전을 우려한 케네디 대통령은 이런 건의들을 묵살하고 소련과 최후의 담판을 시도했다.

미국의 입장은 두개의 전문 중 오직 첫 번째 전문에서 제시된 조건만을 미국이 수용할 수 있다는 것이었다. 이런 내용을 담은 케네디 대통령의 전문이 후르시초프에게 전달되었다.

공은 이제 소련으로 넘어갔다. 미국의 제의를 받아들여 사태를 평화적으로 해결할 것인가. 아니면 전면전의 위험을 무릅쓰고라도 강경하게 나가 미국의 양보를 얻어 내야 할 것인가를 선택하지 않으면 안 되었다.

결국 흐루시초프가 굴복했다. 10월 28일 흐루시초프는 쿠바 미사일 기지의 폐쇄와 소련 무기의 철수를 약속하고 미국 관리들이 기지 폐쇄상황을 감시하도록 허용하는 내용의 발표를 했다. 약속대로 기지 내 미사일 시설이 제거되었고 미국의 쿠바 해상봉쇄도 해제되었다. 이렇게 해서 전 세계를 공포에 떨게 한 2주간의 핵전 위기가 무사히 해소되었다.

위기가 해소되면서 미·소 관계는 오히려 크게 개선되었다. 얼세를 뼈저리게 절감한 소련이 대미 강경노선을 추구하지 않는 것이 득이라고 판단했기 때문이다. 미국 역시 소련을 상대로 이런 위험한 도박을 다시 벌이고 싶지는 않았다.

위기의 재발을 막기 위해 백악관과 크레믈린 간에는 소위 '핫라인'이라고 하는 직통전화가 개설되었다. 이에서 시작된 대화의 분위기가 결국 데탕드라고 하는 미·소 간 전면적 회해 무드 성책을 견인했다.

3 국가위기의 개념

국가는 끊임없이 일어나는 권력과 자유의 조화문제로 일어난 대립과 투쟁의 관계 또는 국가이익 문제를 둘러싸고 일어난 타 국가와의 대결과 충돌 관계에서 갈등·분쟁·위기가 일어나는데, 이것을 극복하지 못했을 때는 전쟁으로 확대된다. 따라서 국가안보는 국민의 생존권을 수호하고 평화와 번영을 추구하기 위한 핵심 가치가 된다.

현대국가에서 국가안보의 영역은 군사 분야뿐만 아니라 비군사 분야까지 포함한 포괄적 안보개념으로 확대되었다. 이에 따라 국가위기의 개념도 정치· 군사적 중심의 군사적 위기는 물론 테러· 대량살상무기· 마약 및 범죄·재해 및 재난· 무질서와 심각한 인권유린 등에 의한 비군사적 안보위기로 확대되었다.

이렇게 광범위하게 발생하는 위기를 극복하기 위해서는 인간의 지혜와 힘의 논리가 요구되고 있는데, 이러한 원리는 군사적· 비군사적 위기관리에서도 동일하게 적용되는 것이다. 특히 제2차 세계대전을 전후해서 카아, 슈와르젠버거, 모겐소 등의 세계적인 석학들이 국제정치의 본질은 힘의 정치(Power Politics)라는 것을 실증적으로 증명하였는데, 이러한 이론은 오늘날에도 국제관계의 과학적 인식으로 보편화되어 인용되고 있다. 이와 같은 힘 중심의 국가 간 관계에 있어서 각 국가의 외교정책 목적은 자국의 정치 · 경제 · 사회 · 문화 그리고 군사문제에 대한 이익을 추구하고 실현하는데 있다.

오늘날 국제정치에서 군사력의 역할과 효용이 작아지고 경제력의 역할과 효용이 커지고 있다고는 하지만 모든 국가는 여전히 군사력을 배경으로 하여 외교를 전개하고 있으며, 이러한 군사력은 상대에게 정치적·심리적인 압박을 가하여 자국의 이익을 확보하는데 중요한 수단이다. 자국의 이익이라는 것은 한 국가의 국민이 자국의 존속과 발전을 위해 필요하다고 생각하는 것이라 할 수 있는데, 그중 가장 기본적인 것은 국가 존립의 문제를 해결하는 것이다.

다시 말해 어떠한 국가의 이익추구 및 실현도 국가의 생존을 확보해야만 비로소 가능한 것이기 때문에 많은 국가의 목적 추구 및 실현의 전제 조건은 자국의 생존을 보장하는 것이며, 그 때문에 군사력과 정치외교력이 하나가 되어 결정적 역할을 수행하는 것이다.

이와 같은 과정에서 국가와 국가는 대립하며 갈등과 분쟁의 과정을 거쳐 위기로 치닫게 되는 것이다. 이때 정치지도자나 군사지휘자들이 갈등 · 분쟁 · 위기 속에서 효과적인 위기관리전략을 구사하여 전쟁으로 확대되는 것을 방지하고, 평화적으로 문제를 해결하면서도 자국의 국가이익을 도모하는 것은 대단히 중요한 과제가 된다. 따라서 국가 간의 위기문제를 해결하기 위한 위기관리는 사회과학의 다양한 방법들을 결합하여 연구되어야 하는데 이를 위해서는 ① 전쟁으로 유도될 수 있는 위기상황과 위기상태를 확인하고 ② 특정한 갈등 및 분쟁상황과 방치할 경우 위기로 진전될지도 모르는 추세를 평가하며 ③ 그러한 갈등상황이 분쟁이나 전쟁으로 악화되는 것을 예방하기 위해서 또는 갈등 및 분쟁을 억제하여 위기를 극복할 수 있는 위기관리가 이루어져야 한다.

가. 위기란

현대에 와서 위기라는 말은 정치, 경제, 사회, 문화 그리고 군사 등 모든 분야에서 사용하게 되었고, 특히 1962년 쿠바 위기 이래로 매일 생활 속에서 사용되는 낱말이 되어 왔다. 전쟁, 인간 문제, 정치경제문제 등과 결부시켜 현대를 '위기의 시대'로 표현하는 사상가들이 적지 않다. 원래 위기(危機)라는 글자는 위태롭다는 말(危 : danger)과 기회라는 말(機 : chance)이 합쳐져서 만들어진 것이다. 위태롭기는 하지만 사태를 정확히 파악하고 옳게 대처해 가기만 한다면 좋은 기회(chance)가 올 수 있을 것이라는 뜻으로 풀이해 볼 수도 있는 말이라서 대비와 대응이 매우 중요함을 시사해 주는 말이다.

'위기(crisis)[134]'란 난관에 봉착하여 즉각적인 대처 행동이 요구되는 아슬아슬한 상황 또는 어떤 사건의 전개 과정에서 사태 악화로 인해 파국이나 종언으로 치닫게 되려는 결정적인 국면전환의 고비를 말한다. 다시 말해서 위기란 시간적 급박함과 상황적 위태로움을 특징으로 하는 중대한 전환기적 상황을 의미한다.

134) 위험한 고비나 시기, 급박한 상황으로서, 정치/경제/사회/환경 등의 측면에서 개인 · 조직 · 지역사회 또는 사회전체에 불안정하고 위험한 상황을 초래하거나 초래할 수 있는 돌발적인 사건을 말한다. 김홍수, "한국적 특성에 부합한 국가 위기관리체계 구축방안, (2014, 국방정책연구, 제30권), p. 132.

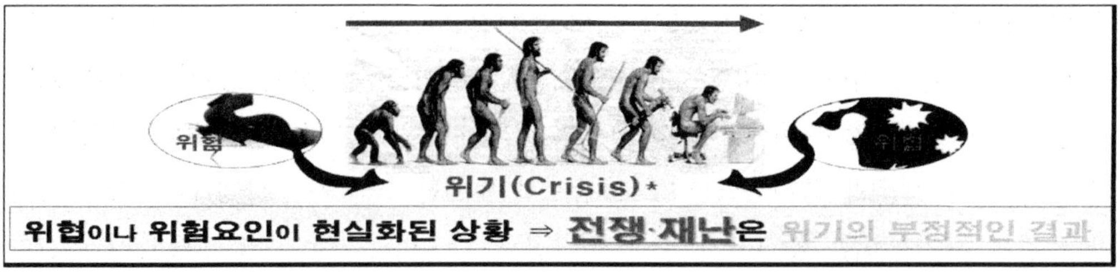

흔히 국제정치학에서는 국가가 처한 위기상황을 평화와 전쟁의 분기점으로 파악하고, 국가 간의 상충적 이해관계가 표출되어 갈등이 극도로 고조된 전쟁 발발 직전의 급박한 상황을 지칭한다. 따라서 국제적 위기상황은 구조적 변화, 불안정성, 전환기, 급박함, 위협의 인지, 폭력 발생 가능성, 불확실성 등의 특징을 내포하고 있다..

따라서 국가위기는 ① 국가의 핵심적 가치에 대한 위협을 내포하며 ② 그 위협은 군사적 충돌의 높은 개연성을 동시에 혹은 연속적으로 수반하고 ③ 결정을 위한 시간적 여부가 제한되고 ④ 사태 진전이 불확실한 상황을 말한다. 이러한 맥락에서 국가위기란 국가의 안위를 심각히 위협하는 사건이 발생하여 즉각적인 대응을 요구하는 상황이라고 할 수 있다.

나. 위기의 특성

위기는 매우 복잡한 원인에서 출발하여 다양한 환경과 조건에 따라 발생 하는 일반적인 특성이 있으므로 효과적이고 지속적인 위기관리로 위기확대를 방지할 수 있어야 한다.

첫째, 위기는 체제의 일상적인 능력으로 해결하기 어려운 상황을 유발하기 때문에 관련된 기관 및 사람들의 협조와 노력이 필요하다.

둘째, 위기는 사회 구성원 누구도 원치 않는 상황으로 돌발하는 사건의 성격과 사회 제반 가치와 규범 및 문화 그리고 관계들을 변화시키는 역할을 한다. 그러나 동일한 위기라 할지라도 위기의 긴급성을 인지하는 사람들의 차이에 의해 위기의 결과는 긍정적이거나 혹은 부정적으로 나타날 수 있다.

셋째, 어떤 개인이나 조직 혹은 국가도 위기로부터 자유로울 수 없다. 위기의 대상은 한정되어 있지 않고 어떤 국가나 사회, 조직, 가정 그리고 개인에 이르기까지 위기는 발생할 수 있다. 특히 오늘날 국제관계가 세계화, 도시화, 정보화됨에 따라 다양한 위기가 다양한 집단을 대상으로 발생하고 있다.

넷째, 위기는 반복적으로 발생하는 특성이 있다. 과거에 발생했던 위기에 대한 학습과 관리가 미흡한 경우에 동일 유형의 위기가 발생할 가능성이 있다.

다섯째, 언제, 어디서 발생할 것인지를 예측할 수 없으며 요건만 갖추면 시간과 장소에 관계없이 발생한다. 이러한 특성은 위기의 발생요건을 잘 인지하고 관리하면 사전에 예방하거나 적절한 조치가 가능하다는 긍정적 결과를 가져올 수도 있다.

여섯째, 위기는 발생 원인이 복잡하고 다양하다. 위기는 단편적인 원인으로 발생할 수도 있으나 대부분의 위기 원인은 복합적이고 다양하다는 것을 의미한다. 따라서 효과적인 위기관리를 위해서는 예방 · 대비 · 대응 · 복구 등이 복합적이고 총체적으로 관리되고 유지되어야 한다.

다. 위기의 종류

위기의 종류는 여러 가지 기준에 따라 고강도 또는 저강도 위기, 지속 정도에 따라 단기적 또는 장기적 위기, 위협내용의 성격에 따라 군사적 또는 비군사적 위기, 위협요소의 발생 소재에 따라 인위적 또는 자연적 위기, 유발 원인의 종류와 개수에 따라 단일적 또는 복합적 위기, 발생빈도에 따라 일회적 또는 반복적 위기 등으로 구분한다. 한편에서는 위협의 대상의 종류에 따라 아래와 같이 분류 한다.

위협대상	위 협 내 용	위 기 형 태	위협 수준
국가존립	정치적 주권상실, 국가안보, 국토침략 또는 유린, 국민생명 및 재산침해	전쟁, 점령, 약탈, 테러, 인암살	고(高) ↑
체제존속	통치이념과 정치체제 부정, 제도 및 기구 전복 시도	내란, 혁명, 폭동	
정권유지	정권의 정통성 시비, 공공정책의 집행 방해	반란, 소요, 과격시위	위
국가사회 안정발전	식량 및 전략자원 수급실패, 경제성장 둔화, 사회갈등 심화, 인명손실 및 생계유지 곤란	각종 제재, 외교고립, 실업, 인플레, 노사분규, 자연재해, 사고	협 정 도
자연환경 보 호	생태계 질서 파괴, 생활공간의 침해	자원고갈, 환경오염	
개인안전 삶의 질	각종 범죄, 마약, 약물 해악, 노인, 정신 질환 문제, 사회복지	비행, 자해(살), 정신병, 마약 중독 등	↓ 저(低)

라. 위기상황의 전개과정

위기의 종류에 따라 구체적인 사태의 진전과정이 달라지기 때문에, 모든 위기상황에 적용되는 하나의 일반화된 전개과정을 제시하기란 쉽지 않다. 일반적으로 잠재되어 있던 국가 간의 상충된 이해관계가 표면화되면서 야기되는 국가위기의 전개과정을 단계별로 도식화하면 아래와 같다.

〈위기의 전개과정〉

위기의 징 후 ⇒ 돌 발 사 태 발 생 ⇒ 긴 장 고 조 ⇒ 갈 등 심 화 ⇒ 위 기 관 리 ↗ 파국종언 또는 ↘ 위협해소

앞에서 위기의 근본적인 특성에서 지적했듯이, 위기란 돌발적으로 발생 된 예기치 못한 상황을 말한다. 그러나 사실상 완전히 돌발적인, 전혀 예기치 못한 의외의 사태인 경우는 드물다. 부주의나 감시 소홀 또는 실수로 위기상황의 도래를 감지하지 못했거나, 아니면 구체적이고 정확한 사태 발단의 시기를 알지 못할 뿐이지 대부분 경

우 사태 발생 이전에 어떤 징조나 암시가 나타나기 마련이며, 이들을 통해 어느 정도 사태 발생을 짐작하거나 예견하는 경우가 많다.

잠재적인 위협이 돌발 사태를 기화로 표출되어 인지되면 위기상황이 막 시작되는 초기 단계라고 할 수 있다. 이 단계는 정책결정자가 공식·비공식적 채널을 통해 돌발적 사태에 대한 정보의 보고를 접하게 되고, 사태의 심각성과 긴박함을 인식하는 대응방안을 검토하고 논의하는 단계이다. 이 단계에서는 정확하고 신속한 사태에 관한 정보가 매우 중요한 역할을 하게 된다.

그다음 단계에는 상황에 대한 분석과 대응방안의 검토 결과로 어떤 대응적 조치가 취해지고, 이에 대한 타국의 맞대응이 이루어져서 대립이 첨예화되는 단계에 이르면, 사태는 작용→반작용→상호작용의 확대과정으로 커지게 된다. 그러면 상황은 좀 더 긴장 고조와 갈등 심화의 대결국면으로 접어들게 되고 위기는 절정에 달하게 된다.

이 단계에 이르면 위협과 갈등을 해소하는 위기관리 조치들을 취하지 않을 수 없게 된다. 바로 이때가 강압과 양보의 적절한 조합을 통한 이해조정과 분쟁 해결 노력으로 더 이상의 갈등 증폭을 방지해야 하는 결정적인 위기의 분수령이기도 하다.

여기서 어느 한쪽에서 극단적인 대립을 회피하고 행동을 자제하게 되면 위협요인은 다시 잠재화되고 위기는 진정국면으로 전환된다. 그러나 상황이 더 악화되고 다각도의 위기관리 노력이 실패하게 되면 결국 사태는 파국으로 치닫게 된다. 반대로 위기관리의 조치들이 효과를 발휘하여 성공적으로 사태가 수습되고 위기가 해소되어 상황이 종료되는 것이다.

4 국가 위기관리 개념과 유형

우리가 위기관리를 언급 할 때 개구리가 자주 인용된다. 세 마리 개구리 중 첫째 개구리는 서서히 가열되고 있는 차가운 물통에 들어간다. 온도가 서서히 올라감으로 결국 뜨거운 물에서 죽고 만다. 둘째 개구리는 가열된 물통에 들어가려다 뜨거워 금방 뛰쳐나온다. 이 개구리는 화상을 입을지언정 생명은 건진다. 셋째 개구리는 미리 경계하여 이예 통속에 들어가지 않는다. 위기를 알고 사전에 방지하는 것이다. 위기 대응·관리와 관련해서 많은 시사점과 교훈을 주는 이야기이다.

가. 위기관리 개념

'위기관리'는 당면한 위기의 악화를 방지하기 위해 가용한 모든 수단을 동원하여 사태를 수습함으로써 원상회복 또는 상황개선을 추구하는 행위를 의미한다. 이와 같은 위기관리의 본질은 전쟁을 회피하면서 동시에 자신의 이익을 최대화하거나 손실을 최소화할 수 있도록 강압과 회유 두 가지의 전략을 최적의 비율로 혼합하여 구사하는 데 있는 것이다. 결과적으로 위기관리란? 발단이 되는 위협의 근원을 해소 또는 제거하는 작업이라고 할 수 있다.

위기는 개인, 조직 또는 국가 등 불특정 대상에게 나타날 수 있다. 개인의 경우에는 건강, 재산, 명예, 추구하는 가치 등에 위기가 닥칠 수 있으며, 조직이나 국가는 조직 및 국가의 존폐·흥망성쇠를 가름하는 위기가 닥칠 수 있다. 이러한 위기를 관리하는 데는 근본원리가 다를 수 없다. 발생 가능한 위기에 대하여 유발요인을 사전에 제거하거나 통제하여 위기 발생을 예방하는 것이 우선이다. 그래도 발생할지 모르는 위기 발생에 대비하기 위하여 철저한 위기대응준비가 필요하며 일단 위기가 발생하면 효과적으로 대응하여야 한다. 그다음에는 위기가 발생하기 이전 상태로 빨리 복구하는 것이다.

나. 위기관리의 유형(종류)

위기관리의 종류도 바로 위협의 근원을 해소하는 방식에 따라 ① 교섭적 위기관리, ② 수습적 위기관리, ③ 적응적 위기관리로 구분된다.

첫째, 교섭적 위기관리란 위협의 근원(sources of threat)이 상충된 이해관계에 있는 상대의 고의적이고 직접적인 도발 행위(act)로부터 기인된 위기상황을 해결하려는 노력을 말한다. 따라서 이 경우 위기관리 업무의 요체는 성공적인 위기협상(successful crisis bargaining)의 수행이다. 다시 말해 교섭적 위기관리란 이익의 양보, 관철 또는 상호조정을 위한 흥정이나 협상을 통한 상호작용적인 위기의 해결을 시도하는 것이다.

두 번째 유형인 수습적 위기관리의 대상이 되는 위기상황은 타국의 실수나 오류 또는 무의식적인 행위로 인해 발생한 우발적인 사건에서 위기가 연유된 경우나, 자연적·인위적 재난 재해 또는 대형사고로 인해 발생된 긴급사태에서 위기가 야기된 경우이다.

이를 위한 구체적 조치내용은 첫째로 타국의 실수나 오류에 의한 우발적인 사태로 야기된 위기의 경우는 ① 유관 국가들과 상황통제와 대책 논의를 위한 직접적인 대화 채널의 설치 ② 동맹국이나 관련 국제기구와의 긴밀한 협조 및 공조체제 확립 ③ 사태수습을 위한 관련 정보의 교환과 공동 노력에 의한 신속하고 효과적인 사태해결 방안 강구 ④ 사후 보상 또는 재발 방지를 위한 대책 마련 등이 주된 위기관리의 업무 내용으로 포함한다.

둘째로 자연적·인위적 재해재난으로 인한 비상사태 발생 시에는 ①신속하고 체계적인 사태수습을 위한 일원화된 상황지휘소의 설치와 비상연락을 위한 통신망의 구축 ② 유관기관의 협조와 지원을 받아 피해확산 방지를 위한 사태진압과 응급구호 및 구호 조치를 위한 인원·장비 및 물자의 투입과 활동 전개 ③ 상황 발생 지역의 주변 정리 및 질서 유지 ④ 사태수습 후 분석 및 평가와 개선방 향 검토 등을 시행 한다.

세 번째 유형인 '적응적' 위기관리는 위협의 근원이 국제 및 지역 주변 질서나 구조의 갑작스런 변화 즉 상황적 변화(situational changes)에서 발단된 경우에 대처하는 것이다. 이 경우는 실례로 새로운 무기체계의 개발이나 도입, 지역 또는 세계적 세력분포나 판도의 변화, 주요 동맹 관계의 변화, 새로운 종류의 국제적 행위자의 등장, 국제적 행위를 규정하는 원칙이나 규범의 변화, 또는 인접 국가의 정치·경제·사회적 질서의 갑작스런 변화 등을 들 수 있다.

적응적 위기관리의 핵심은 당면상황에 대한 신속하고 정확한 실체파악과 의미 분석, 그리고 이에 대한 장·단기적 대응방안의 수립을 통해 변화된 새로운 환경과 질서에 효과적이고 효율적이며 원만하게 적응하도록 하는 것이다. 정확히 말하면, 상황 적응적인 위기관리란 능동적이고 주체적인 대응책의 마련을 위한 적응 노력을 의미한다.

상황 적응적 위기관리업무에 해당되는 구체적인 조치내용은 ① 새로운 상황변화나 사태추이에 관한 신속·정확한 정보의 수집 ② 향후 전망에 대한 면밀한 관찰과 분석 ③ 정책적 대응 방향 정립과 구체적인 실천방안 모색 ④ 결정된 대응방안 집행과 실시에 대한 감독 및 분석·평가 등이다.

5 위기관리 법령

가. 법령의 종류

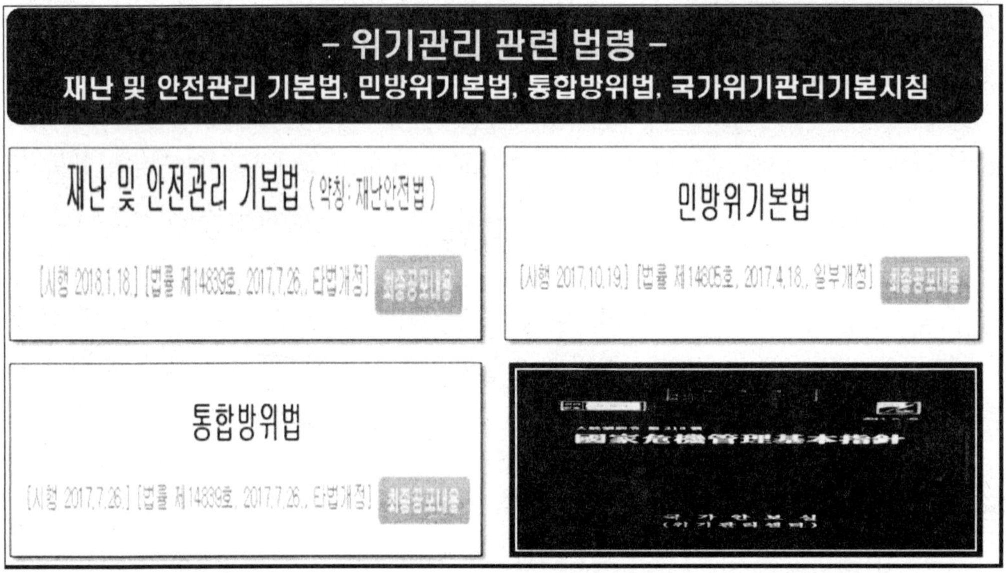

나. 재난 및 안전과리 기본법

1) 목적 및 이념[135)]

이 법은 각종 재난으로부터 국토를 보존하고 국민의 생명·신체 및 재산을 보호하기 위하여 국가와 지방자치단체의 재난 및 안전관리체제를 확립하고, 재난의 예방·대비·대응·복구와 안전문화 활동, 그 밖에 재난 및 안전관리에 필요한 사항을 규정함을 목적으로 한다. 이 법의 이념은 재난을 예방하고 재난이 발생한 경우 그 피해를 최소화하는 것이 국가와 지방자치단체의 기본적 의무임을 확인하고, 모든 국민과 국가·지방자치단체가 국민의 생명 및 신체의 안전과 재산 보호에 관련된 행위를 하는 때에는 안전을 우선적으로 고려하여 국민이 재난으로부터 안전한 사회에서 생활할 수 있도록 함을 기본이념으로 한다.

135) http://www.lawnb.com/Info/ContentView?sid=L000009640(검색일: 2018. 8. 14)

2) 주요 내용

재난 및 안전관리 기본법 (약칭: 재난안전법)

[시행 2018.1.18.] [법률 제14839호, 2017.7.26., 타법개정] 최종공포내용

국가 및 지방자치단체의 재난 및 안전관리체제를 확립하고, 재난의 예방 · 대비 · 대응 · 복구와 안전문화활동, 그 밖에 재난 및 안전관리에 필요한 사항을 규정함.

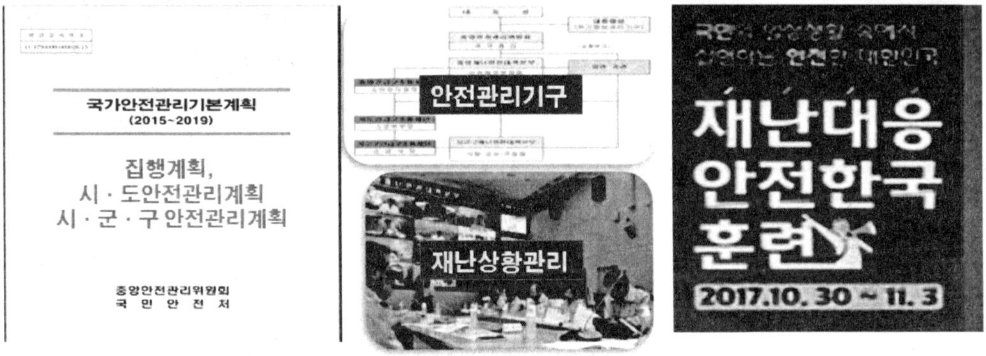

다. 민방위기본법 및 통합방위법

민방위기본법	통합방위법
[시행 2017.10.19.] [법률 제14805호, 2017.4.18., 일부개정] 최종공포내용	[시행 2017.7.26.] [법률 제14839호, 2017.7.26., 타법개정] 최종공포내용
전시 · 사변 또는 이에 준하는 비상사태나 국가적 재난으로부터 주민의 생명과 재산을 보호하기 위하여 민방위에 관한 기본적인 사항과 민방위대의 설치 · 조직 · 편성과 동원 등에 관한 사항을 규정	적(敵)의 침투 · 도발이나 그 위협에 대응하기 위하여 국가 총력전(總力戰)의 개념을 바탕으로 국가방위요소를 통합 · 운용하기 위한 통합방위 대책을 수립 · 시행하기 위하여 필요한 사항을 규정

라. 국가 위기관리 기본지침

<국가위기관리기본지침>

국가 위기관리업무에 관한 국가차원의 기본지침

- 각 부처 · 기관의 위기관리 업무수행에 필요한 사항 규정
- 국가 위기관리 기본지침의 주요 내용
  - 국가 위기관리 분류(안보 · 재난) 및 관리기구
  - 국가 위기관리 문서
    (위기관리 표준 · 실무 · 현장조치 행동매뉴얼)
  - 국가 위기관리 단계별 활동
    [경보 · 예방 · 대비 · 대응 · 복구]
  - 안보 및 재난 분야 위기 유형별 업무수행 지침
  - 교육, 연습 · 훈련, 평가 및 조사 업무 지침 제공

6 국가 위기관리 프로세스

가. 위기관리 단계

당면한 위기의 악화를 방지하기 위하여 가용한 모든 수단을 동원, 사태를 수습함으로써 원상회복 또는 상황개선 추구행위

예 방 (prevention)	사전 위험을 감소시키려는 노력 (현장점검 등)
대 비 (preparedness)	계획준비, 교육훈련시행 등 위기대응 능력강화
대 응 (response)	가용한 자원과 역량을 활용, 대처, 피해 최소화
복 구 (recovery)	신속하게 정상적 상태로 회복 및 평가

나. 위기경보 단계

관 심

징후가 있으나 그 활동수준이 낮으며 가까운 시간내, 위기로 발전할 가능성도 비교적 낮은 상태

- 영문표기 : MODERATE
- 징후 감시활동

주 의

징후활동이 비교적 활발하고, 위기로 발전할 수 있는 일정수준의 경향성이 나타나는 상태

- 영문표기 : SUBSTANTIAL
- 협조체계 가동

경 계

징후활동이 매우 활발하고, 전개속도 경향성 등이 현저한 수준으로 위기로 발전할 가능성이 농후한 상태

- 영문표기 : SEVERE
- 대비계획 점검

심 각

징후활동이 매우 활발하고, 전개속도 경향성 등이 심각한 수준으로 위기 발생이 확실시 되는 상태

- 영문표기 : CRITICAL
- 대응태세 돌입

7 국가 재난관련 위기관리매뉴얼 현황136)

매뉴얼	작 성 기 관	주 요 내 용
위기관리 표준매뉴얼	재난관리주관기관 (중앙부처)	재난관리체계 및 기관별 임무와 역할
위기대응 실무매뉴얼	주관기관 및 유관기관	재난대응에 필요한 조치사항 및 절차 규정
현장조치 행동매뉴얼	실무매뉴얼 작성기관의 장이 지정한 기관	재난현장 임무 수행기관의 행동절차 수록

분야	순번	위기유형	주관기관	분야	순번	위기유형	주관기관
자연 재난 (10)	1	풍수해	행정안전부	사회 재난 (27)	10	인접국가방사능누출	원안위
	2	지진	행정안전부		11	해양선박사고	해양수산부
	3	대형 화산폭발	행정안전부		12	사업장대규모인적사고	고용노동부
	4	적조	해양수산부		13	다중밀집건축물붕괴 대형사고	국토교통부
	5	가뭄	공동부처		14	교정시설 재난 및 사고	법무부
	6	조수	해양수산부		15	가축질병	농림부
	7	우주전파재난	과기정통부		16	감염병	보건복지부
	8	녹조	환경부		17	정보통신	과기정통부
	9	산사태	산림청		18	금융전산	금융위
	10	낙뢰	행정안전부		19	원전안전	원안위/ 산업부
사회 재난 (27)	1	산불	산림청		20	전력	산업부
	2	유해화학물질유출사고	환경부		21	원유수급	산업부
	3	대규모수질오염	환경부		22	보건의료	보건복지부
	4	대규모해양오염	해수부		23	식용수	환경부
	5	공동구 재난	행정안전부/ 국토교통부		24	육상화물운송	국토교통부
	6	댐붕괴	산업부/ 국토교통부		25	GPS전파혼신	과기정통부
	7	지하철대형사고	국토교통부		26	해양유도선수난사고	해양경찰청
	8	고속철도대형사고	국토교통부		27	경기장 및 공연장 발생사고	문체부
	9	다중밀집시설대형화재	소방청	-			

136) "재난분야 위기관리 표준매뉴얼 전면 개정된다.", 『e나라표준인증』, https://standard.go.kr/KSCI

Ⅱ. 사례

"메르스 사태, 정부는 국가 위기관리능력 발휘하라"137)

2015. 5. 30일 129명이던 격리 인원이 3일 1000명을 넘어서며 이로 인해 3명이 사망했다. 최초 발병자는 지난달 4곳의 병원에 다녔으나 '중동지역 방문'을 놓치고, 보건소에서는 대학병원에 가보라고 방역당국에 보고조차 하지 않았다. 네 번째 확진 환자는 스스로 격리조치를 요청했음에도 질병관리본부는 거부했다.

해당 관계기관인 질병관리본부는 홈페이지에 조차 메르스에 대한 분명한 대처방법이나 처방에 대한 자세한 안내는 찾아볼 수 없었으며, 메르스 의심 증상 때문에 전화문의를 해도 일목요연한 가이드 조차도 갖추어져 있지 않은 상태로 '가까운 병원을 찾아가 보라'는 것이 마지막 들을 수 있는 대답이 전부인 상태다.

메르스 양성 판정을 받은 대부분의 환자가 첫 환자와 접촉한 2차 감염자여서 전염을 우려한 병원 인근의 학교는 일제히 휴업에 들어가는 등 국민의 불안감은 가중되고 있다.

더구나 메르스 환자와 밀접하게 접촉하고, 홍콩을 거쳐 중국으로 간 남성이 메르스 감염자로 확진을 받으면서 국제적인 문제로까지 번지는 사태로 나타나고 있다. 중국과 대만 일부에서는 한국 관광여행을 취소하는 등 우리나라 관광산업에까지 막대한 영향을 미치고 있다.

최근 '세월호 참사'를 계기로 후폭풍에 시달린 정부는 국가 위기 대응에 보다 효과적이고 신속한 대처를 위해 대대적인 정부조직 개편을 예고하면서 다소 긴장하는 듯 심기일전을 외쳤지만, 이번 메르스 사태를 맞아 정부 관계기관 어느 곳도 제대로 가동되는 모습을 보여주지 못하고 속수무책으로 우왕좌왕하는 동안 국민은 기대했던 만큼 실망감을 더 크게 느끼고 있다.

시시때때로 겪으면서 이미 충분한 위기의식을 가져야 할 조류인플루엔자(AI), 구제역 등 각종 사회적 문제로 부터 정부가 온전하게 집행하는 국민의 안전장치는 현실적으로 더이상 기대할 수 없고, 당할 만큼 당해야 겨우 수습되는 형국이다는 것이 국민이 성토하는 목소리다.

각종 바이러스나 환경적 재난이 사회적 문제로 확산돼 국민의 생명을 위협할 수 있는 조짐은 이미 여러 곳에서 예견된 지 오랜 일임에도 정부와 정치권은 한가롭게도 밥그릇 싸움으로만 일관하면서 번번이 아까운 세월을 낭비하고 있다. 그러다 이번 메르스 사태만 해도 그동안 의료 강국을 자처해온 우리나라가 방역에서부터 후진국 수준을 여실히 보여주는 대목이다.

물론 지역적인 풍토와 자연 환경적 요인이 다르다고 하지만 국가가 위기를 인식하는 타이밍과 대처능력을 비교할 때 미국의 경우 지난해 5월 메르스 환자가 발생했지만 신속한 초기 대응으로 환자 수를 2명으로 차단하는 데 성공했다. 빠르게 환자의 여행력(曆)을 파악해 격리 조치시킨 결과다.

점입가경이 아닐 수 없는 것은 예상치 못한 갑작스런 메르스 확산 조짐에 정부 관계당국이 안일한 늑장 대응으로 일관하는 동안 메르스 발병지역과 감염 경로 등에 대해 명확한 정부 차원의 정보가 없는 시민들이 급기야 불안감과 궁금증을 풀려는 상황에서 갖가지 개인적 정보들을 쏟아내면서 혼란이 가중됐다.

---

137)「서울투데이」, "메르스 사태, 정부는 국가 위기관리능력 발휘하라", 2015. 6. 3.

이에 경찰은 지난달 30일 '메르스 관련 괴담이나 유언비어를 퍼뜨리는 자를 처벌하겠다'고 엄포를 놓으며 색출에 나섰다. 하지만 오히려 이 같은 대응은 불안감에 떨던 국민들로부터 정부에 대한 불신만 더 키우는 형국으로 흘러가고 있다는 것에 심히 우려되는 대목이다.
불안에 떠는 국민이 다급한 심정으로 메르스에 대한 불분명한 정보들을 쏟아내는 것이라면 그 근본적인 원인을 해소해야 하는 것이 정부나 정치권, 관계 당국에서 취해야 하는 적절한 해법이라는 것을 꼭 되풀어 설명이 필요한 일은 아닐 것이다.
전염력 강한 질병을 제대로 관리하는 것도 국가 위기관리 능력 중의 중요한 하나일 것이다. 이제라도 정부는 지체할 여유 없이 민관합동 대책반을 적극 가동해 방역에 총력을 기울여야 한다.
정부와 관계 당국은 물론 의료진들이 접촉자 확인과 의심자 관리 실패, 당국·의료기관 간 엇박자 공조 등 미진했던 부분을 이제라도 철저히 재점검해 추가 확산을 막아야 한다.
현실적으로 100% 방역은 가능하지 않겠지만, 보건 당국은 현장 실무자들까지 일사분란한 움직임으로 이번 메리스 사태를 국가 위기 관리능력을 발휘한다는 심정으로 총체적 대응에 나서야 할 것이다.
아울러 이미 상벌제도가 엄중하다는 정부 정책에 따라 지금과 같은 국가 위기 사태가 발생했을 경우 공과를 엄격하게 구별해 수훈자에게는 포상을, 그 책임자에게는 엄중한 책임을 물어야 할 것이다. 그리고 이번을 게기로 보건 및 의료 관련 기관들은 방역이나 전염병 의심환자에 대한 관리를 보다 철저히 해야 할 것이다.
· · · · 중략 · · · ·
2015년 온 국민을 공포에 몰아넣었던 신종 감염병 '메르스'. 그동안 메르스에 감염됐던 환자는 186명이고 이 가운데 36명이 목숨을 잃었다. 여전히 12명이 병상에서 사투를 벌이고 있다. 2달 동안 메르스로 인해 발생한 경제 피해액은 정부 추산 10조 원 대에 달한다.[138)]

138) 「뉴스타파」, "오판, 오만, 비밀주의가 빚은 '메르스사태'", 2015. 7. 24.

Ⅲ. 발표 및 토의

구분	토의 주제	비고
주제 1	우리가 위기관리를 언급할 때 개구리가 자주 인용된다. 이것은 개인이든 조직이든 직면하고 있는 위험과 위협을 어떻게 대응하고 관리할 것인가? 에 관한 해답이다. 위기관리 개념을 제시하고 그 개념을 자신의 위기관리 관점에서 무엇이 위험이고 위협인지 그리고 어떻게 대응 및 관리할 것인지에 대해 발표하시오	개별 발표

사 후 평 가

Ⅰ. 체크리스트

'국가와 국가안보' 교과목에 대해 학습한 것을 토대로 다음 표를 이용하여 자신의 수준에 해당되는 칸에 ✔표 하시오. 학습자 스스로 학습한 결과를 토대로 다음 표를 이용하여 자신의 수준에 해당되는 칸에 ✔표 하시오.

구 분	문 항(수행준거)	매우 미흡	미흡	보통	우수	매우 우수
국가란 무엇인가?	1. 나는 '리바이던'에 기초한 국가의 필요성을 이해하고 있다.	1	2	3	4	5
	2. '국가주의 국가론'을 이해하며 그 문제점을 인지하고 있다.	1	2	3	4	5
	3. '자유주의 국가론'을 이해하며, 국가의 역할과 책무을 알고 있다.	1	2	3	4	5
개인과 국가	4. 나는 스스로 '정의로운 국가'에 대한 관점을 이해 및 설정하고 있다.	1	2	3	4	5
	5. 국가와 국민의 관계 속에서 바람직한 국가관이 무엇인지 알고 있다.	1	2	3	4	5
	6. 민주시민으로서 애국심을 어떻게 실천해야 하는지에 대해 인지하고 있다.	1	2	3	4	5
국가 안보	7. '사드(THAAD)문제'를 통한 국제관계의 본질을 이해할 수 있다.	1	2	3	4	5
	8. 21세기 국가안보의 영역의 확장과 그 개념의 변화를 설명할 수 있다.	1	2	3	4	5
	9. 동북아시아의 안보 정세에 대해 이해하고 있다.	1	2	3	4	5
	10. '한반도 지정학'에 대해 과거, 현재, 미래로 구분하여 이해하고 있다.	1	2	3	4	5
	11. '한반도 안보'를 위협하는 요인들을 설명할 수 있다.	1	2	3	4	5
	12. 해양안보의 중요성에 대해 이해할 수 있다.	1	2	3	4	5
	13. 국가위기관리의 프로세스에 대해 이해하고 있으며, 위경경보에 따라 행동할 수 있다.	1	2	3	4	5

Ⅱ. 평가방법

체크리스트의 문항별로 자신이 체크한 결과를 아래 표를 이용하여 해당하는 개수를 적어보자.

능력단위 요소	수행준거별 점수	총점	총점 / 문항 수	교재 page
국가란 무엇인가 이해하기	1점×(　　)개		총점 / 3 =(　　)	pp. 21~53
	2점×(　　)개			
	3점×(　　)개			
개안과 국가의 상관관계 이해하기	4점×(　　)개		총점 / 3 =(　　)	pp. 71~99
	5점×(　　)개			
	1점×(　　)개			
국가안보 이해하기	2점×(　　)개		총점 / 7 =(　　)	pp. 117~245
	3점×(　　)개			
	4점×(　　)개			
	5점×(　　)개			
	1점×(　　)개			
	2점×(　　)개			
	3점×(　　)개			

Ⅲ. 평가결과 후속조치

3점 이상 : 우수
3점 미만 : 부족

→ 평가수준이 '부족'인 학습자는 해당 학습모듈의 교재 page를 참조하여 다시 학습하십시오.

참고 자료

1. 강정인, (2017), “박정희시대의 국가주의”, 「개념과 소통」.
2. 권숙도, “김정은 시대 북한의 경제 · 핵무력 병진노선의 의미와 평가”, 「국가안보와 전략」, (2015).
3. 국방군사연구소, (1996),「한국전쟁 피해 통계집」.
4. 김갑식, (2009), “동북아 지역안보 패러다임과 북핵문제”, (통일연구원).
5. 김연지, (2014), “지정학적 완충체계 이론과 한반도”, (국제문제연구).
6. 김성한. (2013), “동아시아 강대국 정치와 한국의 좌표”, (JPI 정책포럼).
7. 리단 · 전형권,(2010), “중국의 대 남북한정책의 지속과 동”,(정치 · 정보연구).
8. 박완규 (역), (2007), 리바이어던, 근대국가의 탄생, (사계절).
9. 신정현, (2016), “세계화와 국가안보: 한반도 평화와 통일을 전망하면서”, (한미안보연구회).
10. 신현훈, 「실천하고 행동하는 군대윤리」, (도서출판 글로벌).
11. 우철구, 박건영, (2004), 「현대 국제관계이론과 한국」. (사회평론).
12. 유시민, (2012), 국가란 무엇인가?, (돌베개).
13. 육군교육사령부, (2012),「군사입문」, (국군 인쇄창).
14. 이남주, (2011), “G2시대와 한반도,” (황해문화).
15. 이상우 저, (2006), 「국제관계이론」, (박영사).
16. 이상숙, “김정일-후진타오 시대의 북중 관계: 불안정한 북한과 부강한 중국의 비대칭협력 강화,” (한국과 국제정치).
17. 이상현, (2018), “트럼프 행정부 국가안보전략(NSS) 보고서와 한반도 정세”, 「정세와 정책(세종연구소) 」.
18. 이성현, (2024), “2024년 국제정세 전망”, (정세와정책).
18. 조영남, (2013), “시진핑 시대의 중국 외교 전망,” (한국과 국제정치).
19. 이수훈, (2009), “탈냉전 · 세계화 · 지역화에 따른 동북아 질서 형성과 남북관계”, (한국과 국제정치)
20. 이수형, (2009), “한반도 평화체제와 한 · 미동맹, 통일과 평화”, (한국과 국제정치).
21. 전봉근, (2015), “세기 한국 국제안보 연구: 개념과 실제”, (외교안보연구소).
전봉근, “북한 핵 문제의 엄중성”, (외교안보연구소).

22. 엄상윤, (2012), "한국의'안보/통일 딜레마'와 파생효과 감소방안",(종정액 연구).
23. 최소자, (1997), 「明淸時代中韓關係硏究」, (이화여자대학교 출판부).
24. 최종철, (1998), "한국의 신 안보패러다임과 안보정책", (한국전략문제연구소).
25. 홍현익, (2008), "21세기 한국의 국가안보전략과 한·미동맹", (세종정책연구).
26. 하상식, "중국의 대한반도 전략적 이해관계".
27. 해군교육사령부. (2013). 국가와 안보, (국군 인쇄창).
28. 해군교육사령부. (2013). 군사입문, (국군 인쇄창).
29. John Mearsheimer, 역 이춘근, (2004).「강대국 정치의 비극」, (나남).
30. Richard A. Gabriel, To Serve With Honor: A Treatise on Military Ethics and the Way of the Soldier(Westport: Greenwood Press, 1982)
31. Zhu, Liqun. "China's Foreign Policy Debates," Chaillot Papers, No. 121(September 2010)
32. 주요 일간지
『New York Times』, 『Beijing Review』, 『China Digital Times』, 『worldvision』, 『경향신문』,『한겨레』, 『노컷뉴스』,『연합뉴스』,『서울경제』등 다수
33. 인터넷사이트
국가안보전략연구원, http://www.inss.re.kr/
통일부 홈페이지, www.unikorea.go.kr
외교통상부 홈페이지, www.mofa.go.kr
경남대학교 극동문제연구소, ifes.kyungnam.ac.kr
세종연구소, www.sejong.org
학술연구정보서비스, www.riss.kr
KOTRA, www.kotra.or.kr
한국무역협회, www.kita.net
주한 중국대사관 홈페이지, www.chinaemb.or.kr/kor
위키백과, https://ko.wikipedia.org/wiki
NAVER 지식백과, https://terms.naver.com
아산연구소 , https://www.asaninst. org/

저자 약력

▌노병석

- 정치학 박사(경남대학교 정치외교학)
- 3사관학교 졸업
- 육군(교육본부 교육계획 장교, 육본 기참부 전력계획장교, BCTP 훈련통제장교) 근무
- 교육과학기술부 비상안전담당관
- 교육부 비상계획담당관
- 현) 국제대학교 군사학과 근무